大学生社会责任教程

李邦红　程东峰◎编著

U1004502

安徽师范大学出版社
·芜湖·

图书在版编目(CIP)数据

大学生社会责任教程 / 李邦红，程东峰编著. — 芜湖：安徽师范大学出版社，2018.10
(2021.12重印)
ISBN 978-7-5676-3723-8

Ⅰ. ①大… Ⅱ. ①李… ②程… Ⅲ. ①大学生 - 社会责任 - 高等学校 - 教材 Ⅳ. ①G641.7

中国版本图书馆CIP数据核字(2018)第189129号

大学生社会责任教程 李邦红 程东峰◎编著

责任编辑：吴顺安 房国贵
封面设计：陈 爽
出版发行：安徽师范大学出版社
芜湖市九华南路189号安徽师范大学花津校区
网 址：http://www.ahnupress.com/
发 行 部：0553-3883578 5910327 5910310(传真)
印 刷：安徽联众印刷有限公司
版 次：2018年10月第1版
印 次：2021年12月第3次印刷
规 格：700 mm×1000 mm 1/16
印 张：16.5
字 数：262千字
书 号：ISBN 978-7-5676-3723-8
定 价：49.00元

如发现印装质量问题，影响阅读，请与发行部联系调换。

大学生社会责任教育研究与实践的重要参考

——读《大学生社会责任教程》有感

《大学生社会责任教程》是皖西学院李邦红副教授、程东峰教授潜心合作完成的一部学术研究成果。读罢书稿，思绪万千，感触颇多。

与两位作者均相识于2013年。李邦红副教授是我2013年上半年在国家教育行政学院参加思想政治理论课骨干教师培训时的同期同学，在3周时间内共同学习、实践，也是他帮我找到了程东峰教授，自此以“大学生社会责任教育”为纽带，彼此联系更加紧密。程东峰教授是我自2010年研究责任问题时就开始关注、寻找的一位学者，2013年下半年我在筹办“首届全国大学生社会责任教育论坛”时通过李邦红副教授才联系上的。程东峰教授是我国较早地从伦理学的角度关注责任教育问题的一位重要学者，1990年便在上海《社会科学》上发表了题为《论责任教育》的学术论文，1994年出版的《责任论》是我国改革开放以来第一部以责任为研究对象的学术专著，伦理学泰斗罗国杰教授、宋希任教授对该书成稿给予具体指导，罗国杰教授在序中对其价值予以充分肯定。此后，程东峰教授先后出版了《责任伦理导论》《责任与自由——当代中国青少年成长研究》《责任论：一种新道德理论与实践的探究》等学术著作，并发表了《关于大学生责任教育的几点思考》等一大批学术论文。

非常荣幸的是程东峰教授、李邦红副教授应邀与我的研究团队及国内诸多高校共同发起、见证了“全国大学生社会责任教育研究高校联盟”的成立与发展，两位作者一同出席了我在天津、河北、云南、安徽、陕西等地连续举办的五届“全国大学生社会责任教育论坛”和两次专题研讨会，并对我组织开展的四次“全国大学生社会责任感现状调查”（2014—2018）提供了帮助。特别是，2016年4月“全国大学生社会责任教育研究高校联盟”在皖西学院召开专题研讨会前后，两位作者做了大量具体工作，确保了此次会议的圆满召开。

当前，“拒绝崇高”“规避伟大”的“小我时代”思潮甚嚣尘上，以受此感染的人们在想问题、做决策、办事情时，常常以“我做不了道德高尚的人”“我没有触犯法律”为托词，甘做“冷漠”的“局外人”。如此一来，长期激励和约束人们行为的“道德失灵了”“法律失灵了”。究其原因，这虽然是“事不关己，高高挂起”的“明哲保身”错误思想在作祟，但探其根源，这是人们对自我应负责任的客观无知或有意推卸或两者皆有之。以上情况在当代大学生中虽然不是主流，但也不少见，危害巨大，社会责任教育任重道远。正因社会责任教育任重道远，方显社会责任教育研究潜在的巨大社会价值与意义。事因任重而才非凡，行因道远而才可贵，“全国大学生社会责任教育论坛”和“全国大学生社会责任教育研究高校联盟”正是在这样的教育背景下催动而生的。积极回应社会重大道德问题关切，是高校德育工作的使命，也是广大高校德育工作者的职责。本论坛暨联盟组织自成立之日始，就着重围绕大学生社会责任教育面临的显著问题开展广泛的学术交流和专题研讨，取得了令人欣慰的丰硕研究成果，如何把研讨交流所取得的理论成果真正运用到课堂教学以服务大学生顺利成长成才，是摆在本研究联盟和联盟研究者面前的一项重要而又务实的工作。尽管在其期间也有相关大学生社会责任教育教材或论著相继推出，但总显得不尽如人意，要么学理性太强，要么太偏重实践活动层面，不完全符合教材指导课内外教学的教育需要，如何打造一部集教育理论与实践于一体以满足大学生社会责任教育需要的特色教材，就显得尤为迫切必要。李邦红副教授和程东峰教授合著的《大学生社会责任教程》，就是顺应如此形势潜心研究的一部特色教材，必将发挥应有的教育教学作用，也为今后更高水平教材的规划编写奠定基础。

责任人人有，责任处处在，没有人能够无责任的生存，更不会有不承担责任的成功。所以说，承担责任，勇于担当，特别是承担社会责任是人之为人的标志，更是当代大学生应该深刻认知、高度认同、积极践行的必然选择。我以为，《大学生社会责任教程》为丰富和深化大学生社会责任教育研究做出了积极探索，为责任伦理学由学术成果向责任教育教学成果转化方面进行了有益尝试，为开设、讲授“大学生社会责任”课程提供了参考教材。作为一部全新教材，不乏两位作者创造性劳动，其可圈之点集中体现在：其一，从教学活动环节来看，真正实现了理论教学环节与实践教学环节、课堂教学与课外教学的有机统一，附有完整的教学大纲，设计了系统的实践活动教学方案，真正实现了大学生社会责任教育全方位、全过程覆盖；其二，从理论教学知识体系来看，除第一章概述和第九章总结外，其他七章围绕主体责任实践，从责任认同、责任教育、责任分配、责任实现、责任评价、责任监督、责任赏罚等逻辑顺序铺展，结构严谨，体系完备，彰显教育教学主题与效果；其三，从教材教法使用来看，既有教学主干内容的呈现，又有教材内容的分析，是一部集教法与学法为一体的教学用书，不仅可以作为教师教学参考用书使用，也可以作为学生自学辅导用书使用。

大学生社会责任教育的目标，就是要强化大学生社会责任担当，提高大学生服务国家服务人民的社会责任感，使其成为能够担当民族复兴大任的时代新人。我有理由相信，《大学生社会责任教程》必将以其重要的理论意义、广泛的应用价值和明显的示范效应，为“培养担当民族复兴大任的时代新人”做出重要贡献，为我国大学生社会责任教育理论界和实践界所称道。

魏进平
2018年8月19日于天津

自 序

《大学生社会责任教程》是本人承担的2017年皖西学院校级教学研究委托项目《社会责任教育实施方案》（项目号WXXY2017133）研究成果，也是该教研项目结项的主要支撑成果。为此我觉得在这里有必要把《大学生社会责任教程》编写的动意以及与之相应的研究项目立项的过程作简要的回顾与介绍，就权当是本书的自序吧！

促使本人承担《社会责任教育实施方案》研究任务并努力编著《大学生社会责任教程》的动因主要有三个方面：域外责任伦理研究的成熟；建设中国特色社会主义伟大实践的需要；高校人才培养目标的需要。

第一，域外责任伦理研究的成熟。“责任”虽然都是中外传统伦理所关注的重要概念，但作为一门新兴伦理学体系，责任伦理兴起于西方，是在继承西方传统伦理学有关责任思想的积极成果基础上发展起来的。在责任伦理概念提出之前，以康德为代表的德性伦理学在西方社会占据主导地位，康德的德性伦理学把责任建立在人们对至高无上的道德法则绝对崇敬的基础上，责任是人出于对规律敬畏的行为必要性。这种高高在上且具有普遍性的行为法则，恰恰因其过于神圣崇高使人可望而不可即而遭众人抛弃，从而变得不具有普遍性，脱离现实生活，不能解决社会发展所遇矛盾之需求，不能回应现实人们工作生活所遭困境之诉求，最终因其缺乏社会适用性令其价值作用的发挥严重缩水，大打折扣。马克思·韦伯从职业活动的需要提出责任伦理概念，并主张“在行动领域责任伦理先于信念伦理”的责任观，一下子把人们从传统德性伦理对责任的失落和困惑中振作起来，引起强烈的共鸣，激发人们从政治、经济、社会等方面问题切入，加强对责任伦理的研究，使责任再次成为大众视线聚焦的热点和敏感话题。这时的“责任”已从神圣崇高回归理性世俗，马克思·韦伯把责任伦理建立在理性知识之上并通过理性思维帮助人们提高对行为后果的责任预判，这是责任祛魅化回归现实的重要体现。

后来，汉斯·约纳斯、汉斯·昆等伦理学家进一步丰富和发展了马克思·韦伯的责任伦理思想，构建了全球化和高科技时代背景下实现人类社会可持续化发展、实现人与自然共生共荣为终极价值目标的新兴责任伦理学体系，使之理论化、体系化、适用化。随着全球化运动浪潮的席卷，大量高科技成果广泛渗透于人类生产和生活领域，人类社会发展遭受众多前所未有的诸如环境伦理问题、核技术伦理问题、医学伦理问题、网络伦理问题等严峻挑战。为积极回应人类社会所遭遇的这一严峻发展问题，汉斯·约纳斯在马克思·韦伯责任伦理思想的基础上，构建了以“自然的价值”为基础的“为未来负责任”的责任伦理学体系，并认为当代伦理学的核心问题就是责任问题。至此，责任伦理研究已经成熟，理论体系完备，理论研究所彰显的价值意义既接地气又影响深远。与此相对应，责任伦理学正是这样一种祛魅化地面向大众、面向现实、面向高科技、面向未来的、实现可持续化发展的新兴伦理理论体系。

第二，建设中国特色社会主义伟大实践的需要。改革开放是中国特色社会主义建设最重要、最显著、最具影响的社会实践，奏响了中国特色社会主义建设的集结号，加速了中国社会结构的深度转型，引起了人们思想观念的深刻变革，各种新思想、新举措、新发展开始在中国大地上正迅速孕育涌动。以家庭为单位的土地联产承包责任制就是这种改革创新精神涌动的最典型体现，从此正式拉开了中国社会改革的大幕，开启了中国特色社会主义建设的光辉征程。土地联产承包责任制在广大农村试点的成功，其经营管理模式迅速在社会其他各行业被广泛推广借鉴，责任制也在我国社会经济领域、管理领域被真正执行落实。责任制的成功实施和推广落实使中国社会渐露生机和活力，极大调动了人们生产和工作的积极性，也改变了人们对社会和自我的既有认识，因而责任概念深入人心，成为家喻户晓、广为热议的社会话题。

随着中国特色社会主义建设实践的进一步深入，社会发展所暴露的责任问题更加突出，责任不清、责任缺失、责任麻木所导致的诸多社会发展问题使政府不得不提高对责任重要性的认识，强化对公民的责任教育以培养他们的社会责任意识，呼吁广大伦理工作者持续关注并加大对责任的理论研究力度。2013年11月，党的十八届三中全会提出教育要“坚持立德树人，加强社会主义核心价值体系教育……增强学生社会责任感、创新精神、实践能力”；2015年12月，重修订的《中华人民共和国教育法》第六条规定：“教育应当坚持立德树人，对受教育者加强社会主义核心价值观教育，增强受教育者的社会责任感、创新精神和实践能力。”2017年2月，中共中央、国务院印发《关于加强和改进新形势下高校思想政治工作的意见》，强调“把社会主义核心价值观体现到教书育人全过程，引领师生树立正确的世界观、价值观，加强国家意识、法治意识、社会责任意识教育”。2018年5月，中共中央办公厅印发《关于进一步激励广大干部新时代新担当新作为的意见》，激励广大干部要争做一名见贤思齐、奋发有为、敢于担当、勇于担当的新时代好干部，努力创造属于新时代的辉煌业绩。

中国责任伦理研究已成为服务中国特色社会主义建设实践当务之需。理论既是有国度的，但又是可以相互借鉴学习的。由于中国特色社会主义建设实践所遇到的责任问题，既与西方责任伦理研究所关注的责任问题有共性的一面，即实现社会可持续化发展以及人与自然的和谐共荣，但又具有中国特色，体现在政治、经济、社会、文化、生态等方面。因此，一方面，中国责任伦理研究必须立足中国国情，以服务中国改革开放伟大实践为研究宗旨，以马克思主义伦理学为指导，充分吸收中国传统责任思想中的优秀成分；另一方面，必须科学借鉴西方责任伦理的成熟理论架构和合理思想。中国改革开放的时代性和政治性决定了中国责任伦理研究，既不是对中国传统责任思想的简单复制，又不是对西方责任伦理的照搬照套，必须进行全新的整合，既满足中国特色社会主义建设实践的需要，体现中国特色，又要有自己理论的架构体系、逻辑体系、话语体系。

尽管中国责任伦理研究起步较晚，但由于研究的服务宗旨明确，研究的理论意义和实践意义重大深远，同时又以责任伦理思想所彰显的社会价值认同度不断扩大为基础，吸引了国内部分伦理学者对责任伦理概念的关注并逐渐投身到责任伦理的研究治学中，目前已取得了一定的研究成果，在服务中国特色社会主义建设实践需要的同时，又扩大了在国内伦理学界的影响，当然也为中国责任伦理体系的逐步成型奠定初步的学理基础。本人深信，随着中国特色社会主义建设实践的不断深入和全社会对责任伦理研究重要性的高度重视，中国责任伦理研究的意义价值会更加凸显，将会吸引更多的国内伦理学者加入责任伦理研究这个大家庭中来，到那时也必将会有更多高水平研究成果的诞生，既助力中国责任伦理体系建设进一步成熟化、完备化，又能更好地服务中国特色社会主义建设实践的需要。

第三，高校人才培养目标的需要。新时期我国教育方针明确要求教育必须为社会主义现代化建设事业服务，《国家中长期教育改革和发展规划纲要（2010—2020）》和新修订的《中华人民共和国教育法》第六条都明确规定，把提高和增强学生的社会责任感作为教育的中心任务。责任教育，是塑造公民优良素质、培养公民优秀精神的道德基石，已成为当前的聚焦热点；加强大学生社会责任教育，不断增强大学生社会责任感，已成为当前高校人才培养目标的重要内容；培养大学生富有民族振兴、国家富强、人民幸福的责任担当精神，是高校德育的根本价值遵循。正是在这样的教育背景下，以大学生社会责任教育为研究内容的学术组织——“全国大学生社会责任教育研究高校联盟”于2013年9月在河北工业大学成立，本人和我校程东峰教授有幸被邀成为该论坛组织的始创成员，皖西学院也自然成为该研究高校联盟的首批发起单位。“全国大学生社会责任教育研究高校联盟”自成立以来，已先后成功召开了五届学术年会和两次专题学术研讨会，本人和我校程东峰教授悉数参加并积极参与学术交流，其中，2016年4月召开的专题学术研讨会就选择在皖西学院举行。这次专题学术研讨之所以选择在皖西学院召开，一是因为2015年10月安徽省教育厅在全国率先下发了《关于深化高校教学改革加强大学生社会责任教育的意见》的通知，体现了我省对大学生社会责任教育的高度重视，在当时产生了较大的教育反响；二是因为我校程东峰教授在责任伦理研究方面所取得的显著成就以及对本论坛组织学术活动开展所做出的积极贡献。正是安徽省教育厅对大学生社会责任教育的重视和强调以及全国大学生社会责任教育专题学术研讨会在我校成功召开的促使，学校才决定拿出实质性的大学生社会责任教育实施方案，以委托项目的形式进行立项招标，最终本人被学校委以重任，从事大学生社会责任教育实施方案的研制工作，也才有今天《大学生社会责任教程》的问世。

2016年11月在天津召开的第四届“全国大学生社会责任教育论坛暨全国大学生社会责任教育研究高校联盟”学术年会，对促动我编写《大学生社会责任教程》起着非常关键性的作用。在这届论坛年会上，我校程东峰教授把他当年出版的新著《责任论：一种新道德理论与实践的探究》带到会上并作简要的介绍，而且还在其著结尾部分附录了《大学生责任教育》课程教学大纲，引起了与会代表的极大关注，可见这本专著非常适合作为大学生社会责任教育的参阅教材，但它还不是真正的教材，需要对它进行范式转化和体系重构。可以说，没有这届论坛会议的触动，就没有我编写《大学生社会责任教程》的动意；没有程东峰教授新著《责任论：一种新道德理论与实践的探究》的即时出版，也就没有《大学生社会责任教程》的后来诞生。《大学生社会责任教程》既不是《责任论：一种新道德理论与实践的探究》的缩写，也不是《责任论：一种新道德理论与实践的探究》的简单翻版，而是对其进行重新构建。虽然《大学生社会责任教程》基本结构框架借鉴了《责任论：一种新道德理论与实践的探究》的内容架构，但《大学生社会责任教程》有自己的架构体系、逻辑体系、话语体系，应该说，《大学生社会责任教程》是把《责任论：一种新道德理论与实践的探究》从学术专著体系转化为教材教学体系的一部新作。

在《大学生社会责任教程》编写过程中，程东峰教授一直给予本人无微不至的关怀和语重心长的勉励，并就《大学生社会责任教程》内容架构和思想观点提出了诸多修改、甄别建议。尽管如此，由于本人才疏学浅，不能完全领悟《责任论：一种新道德理论与实践的探究》的学术思想精华，甚至会出现解读有偏差或不到位的地方，在此，恳请程东峰教授多多宽解。此外，还要向河北工业大学马克思主义学院魏进平研究员表达诚挚的感谢，是他给我提供了广泛向学界同仁学习借鉴的交流平台；还要向皖西学院马克思主义学院郝先中教授深深致谢，是他一如既往支持我参加

“全国大学生社会责任教育论坛暨全国大学生社会责任教育研究高校联盟”历次会议，拓宽了我的学术视野；还要衷心感谢我的工作单位皖西学院，正是学校对大学生社会责任教育的高度重视，才有本人争取立项研究的机会，并给予本人研究的充分信任、全力支持；另外，对于像北京青年政治学院刘世保教授以及其他同仁和师长长期以来对本人学术成长的关心和帮助，在此一道表达我最真诚的感激！

李邦红

2018年8月6日于皖西学院

目　录

第一章 责任概述

导　言

当今社会发展面临的医学伦理问题、网络伦理问题等各种挑战，无不考验着人类行为的责任良知。责任无时不有，责任无处不在，责任像幽灵一样死死地纠缠着我们，不讲责任已成为当今社会的一大公害。只有人人讲责任、个个尽责任之时，才是中华民族腾飞之时，人类也才有真正的和谐安宁之日。责任伦理学视域下的责任不同于一般意义上的义务、任务，但与角色、义务、任务又存在着密切联系。

教学目标

通过本章教学，使大学生明白，责任伦理学视域下的责任是客观的，是人与社会、人与自然关系的内在规律反映，不管你是否意识到，责任时时存在，责任处处存在。不负责任已成为当今社会的一大公害，履行责任是高科技时代下社会可持续化和谐发展对人类行为的基本要求。

通过本章教学，使大学生充分认识到履行责任是个体胜任角色的必然要求。角色的诞生意味着责任与义务的生成，积极自觉履行责任和义务即为角色的胜任。人是角色中的人，人在不断的角色扮演和转化中生存和发展，只有时时铭记责任，处处履行义务，才有个体的自由全面发展，最终也才有社会的和谐安宁。

通过本章教学，让大学生在充分领会责任科学内涵的基础上，分清责任与角色、义务、任务的关系，避免概念使用和语词表述的混乱，从而强化责任学科体系意识，增强大学生接受责任教育的必要性和重要性。

教学建议

1.教学内容重难点的把握和突破。

（1）关于对责任伦理精神的领会是本章教学的首要内容。

责任伦理学和规范伦理学虽然都关注责任、强调责任，都致力于道德规范的建设，都关注人类道德行为，希望通过道德善的伦理魅力实现人们生活世界的当下价值和普遍意义，但两者又有着本质的不同。规范伦理学强调主体德性修养，十分注重主体对道德的敬畏以及对道德规范的信仰，努力遵循高尚的道德准则以求使自己的道德行为达到应然的善，即行为主体只对道德信念负责，只对当下负责，至于主体德性能否修成以及行为结果及其影响如何，也就不再多虑了。而责任伦理是在当今全球化发展全球性问题不断涌现、高科技时代科技运用伦理悖论纷纷呈现的背景下，因人类行为责任不清、责任不明导致的全球发展遭遇危机的产物，是人类发展实践所面临责任困境呼唤应对的结果。它不仅强调行为主体的责任良知和道德品性，更突出主体行为结果的善，是适应时代发展需要、实现人类以及人类与自然长久共生共荣的一种全新伦理。领会责任伦理精神就是突出其在当代和未来的发展价值，突显大学生接受责任伦理教育的必要性和重要性。

为了讲清这个问题，一是可以从西方伦理学研究发展的历史沿革，通过对传统规范伦理学与责任伦理研究内容的比较，突出责任伦理的时代精神。责任伦理虽然亦属于规范伦理学，但不等于规范伦理学，责任伦理是对传统规范伦理学的超越和发展。责任伦理也像传统规范伦理学一样重视道德规范的建设，揭示人生的目标、意义和价值，但更在乎主体行为结果的善，体现了对自我和他人的责任、对当下和未来的责任的有机统一。二是可以与中国传统伦理中的责任思想进行比较，折射出责任伦理是一种去理想化和形式化、完全接地气的大众的、世俗的、平等的、开放的、全面的新型伦理体系。中国传统伦理具有丰富的责任思想，强调个体对天、对地以及对国家、对亲人、对师长的责任，从而形成了以忠、孝、仁、义、礼、智、信为核心的基本道德规范，但在当时这些道德规范对于绝大多数处于社会最底层的民众来说，具有明显的理想化和不切合实际的成分，不注重实际效果，很多道德规范最终都沦为空谈和形式。三是可以结合全球化和高科技时代背景下，人类发展所遭遇的前所未有的全球性环境伦理问题、核技术伦理问题、医学伦理问题、网络伦理问题等挑战，分析总结以上诸伦理问题产生的缘由，都是人类在技术力量的疯狂驱使下，盲目放纵、为所欲为的恶果。责任伦理也是为避免上述恶果重复蔓延而构建，试图克服人类因全球化发展、科技广泛运用而产生的伦理危机，体现了责任伦理是基于现实、面向未来的可持续发展的全新伦理体系。

（2）关于“责任”概念是本章教学的又一重要内容。

“责任”既是本章教学内容的重要概念，也是本教材体系的核心概念，是构建责任伦理学科体系的基石。从教学来看，以“责任”概念为抓手是本门课程教学的切入点，是铺展其他章节教学的基础，也是大学生能否进入角色学好本门课程的关键，因此，教师有必要把它讲清、讲明、讲透。

首先，要弄清“责任”概念的学科归属，因为“责任”概念使用语境较宽泛，政治学、法学、社会学、伦理学都讲责任，不同学科背景下的责任含义是不同的。这里我们讲的“责任”是伦理学意义上的概念，只有学科背景定准了，才能准确理解把握责任的科学内涵，这点非常重要。其次，教师还要围绕责任主体、责任角色、责任认同、责任自由、责任实现、责任监督等进一步拓深对责任内涵的解读，深化大学生对“责任”概念的认识和理解。

（3）厘清责任与角色、义务、任务的关系是本章教学的难点。

确切地说，在责任伦理学没有构建之前，在很多学者眼里责任与义务、任务是不分的，责任也没有属于自己学科下的完整定义，经常被互用，甚至混用，感觉差不多，既能讲得通，又能让人懂，让人感觉它们之间没什么区别，也没有区分的必要。责任与义务、任务的语义相近甚至叠加，并非意味它们之间没有区别，或区别甚微，这恰恰是厘清它们内在关系的必要所在，也是难点所在，体现学科建设和教学态度的规范性、严肃性，有利于大学生对责任内涵的科学领会。要想区分它们之间的内在关系，一方面可以从语词学上对彼此语义进行甄别，另一方面从学科归属上对它们进行区分，这是关键，因为只有在特定学科语境下才能完全准确界定概念的本质内涵，也是区分彼此最有说服力的依据。

2. 教学方法建议：理论讲授法；例证教学法；课堂研讨教学法。

3. 教学课时建议：2个教学课时。

第一节　责任定义

概念只有置于其学科背景下才能准确理解和掌握。这里的责任属于伦理学范畴，经历了从传统责任思想到全球化、技术时代责任伦理学的发展。传统责任思想广泛渗透于规范伦理学（德性伦理学）体系中，在西方其代表人物是康德，康德的责任观强调使人绝对遵从最崇高、无条件的神圣道德命令，“责任是人出于对规律敬畏的行为必要性”[①]。但因这种高高在上的具有普遍性的规则，因脱离现实生活实际而变得缺乏适用性。

一、责任伦理学概述

责任伦理强调对行为结果的责任，崇尚整体性和可持续化发展，“立足本土，环顾全球，立足当前，面向未来”[②]是全球化和高科技时代背景下人们对人类发展实践所面临诸多伦理困境积极反思的理论产物。责任伦理概念由德国著名社会学家马克思·韦伯首提，由于责任伦理概念提出的社会影响不断扩大，人们对责任伦理的关注度和研究兴趣也随之不断高涨，汉斯·约纳斯和汉斯·昆进一步丰富和发展了责任伦理思想，成为责任伦理研究最负盛名的代表人物。马克思·韦伯于1919年1月在自由学联巴伐利亚分部“以政治为业”的演讲中，从职业活动的行为引出并关注责任，提出在行动领域责任伦理先于信念伦理的观点；后来，汉斯·约纳斯在其《责任原理：技术文明时代的伦理学探索》《技术、医学与伦理学：责任原理的实践》等著作中进一步丰富和发展了责任伦理思想，构建了以“自然的价值”为基础的“为未来负责任”的责任伦理学体系。汉斯·约纳斯认为，当代伦理学的核心问题就是责任问题。2001年12月，在法国里尔召开的“第一届世界公民大会”上通过的《人类责任宪章》，对责任伦理做了全面而又深刻的概括，责任在21世纪“已成为世界伦理的核心，因为它使我们生活中的三个要素紧密地联系起来了：自由、权力和相互依赖”[③]。我国

① 郭金鸿.道德责任论[M].北京:人民出版社,2008:9-10.

② 程东峰.责任伦理导论[M].北京:人民出版社,2010:16.

③ 程东峰.责任论:一种新道德理论与实践的探究[M].合肥:合肥工业大学出版社,2016:39.

传统伦理虽富有丰富的责任思想，但对责任伦理的关注和研究起步较晚，直到改革开放后责任伦理才被引入到国内，并引起部分伦理研究学者的兴趣，到目前为止，已取得了一定研究成果。

总之，责任伦理学的问世，既是伦理理论自身发展以适应现实社会发展的需要，“也是对当今现实对伦理规范提出的新要求的一种应答，一句话，责任伦理恰如其分地体现了当代社会在技术时代的巨大挑战面前所应有的一种精神需求与精神气质”①。那么，到底什么是责任？责任伦理学视域下的责任意味着什么？“责任是行为主体对在特定社会关系中定在任务的自由确认和自觉服从。”②

综上所述，责任伦理学视域下的责任与法律、道德一样，都是维系社会有序发展、促进人类自由生存需要的产物。责任无时不有、无处不在、无孔不入地渗入人们生活的方方面面。

二、科学理解责任内涵

何为责任？伦理学视域下的责任意味着什么？仅从“责任”的一句话定义是理解不透的，还需要从责任主体、责任角色、责任认同、责任自由等方面做具体分析，才能较为全面深刻理解把握责任的科学内涵。

1.责任主体。责任履行由责任主体、责任客体、责任行为构成。责任主体即形成责任关系的核心，没有责任主体的责任行为是不存在的。责任行为即责任主体针对责任客体而发生的行为。“社会是由全体成员组成的，因而保证社会和谐、健康、稳步前进所需要完成的各项任务，必须由社会全体成员来共同承担。责任是社会成员根据社会需要和个人能力确认的自己应当承担的社会任务。每个社会成员，根据所处社会经济关系和社会关系，经过理性思考和自由选择，自觉自愿地承担和履行的任务，才叫责任。”③

2.责任角色。责任是客观的，因而责任不是任何外在力量任意摊派和随意强加的。责任只与角色相关，与角色密不可分，只有角色范围内的职

① 郭金鸿.道德责任论[M].北京：人民出版社，2008：10.

② 程东峰.责任论：关于当代中国责任理论与实践的思考[M].北京：中国林业出版社，1994：15.

③ 程东峰.责任伦理导论[M].北京：人民出版社，2010：2.

责或任务，才叫责任，即角色责任。责任是对角色意义上的职责或任务的自觉认同和自愿履行；角色意味着责任的担当，角色关系的变化必然会引起责任内容的变更。“责任不是平均分配的，也不是固定不变的。责任是根据行为主体‘扮演’的角色变化而变化的。责任永远和角色联系在一起。个人扮演的角色多，相应承担的责任也多；个人扮演的角色大，相应承担的责任也就大。责任分配的依据，即角色分配的依据，只能是行为主体的认知能力和责任实现能力。”①

3. 责任认同。“责任一经行为主体认同，就会产生强烈的责任感，就会成为自己的内心信念和自觉行动。”②责任感、责任心、责任意识、责任精神等责任品质的形成是责任主体对外在社会规范和要求积极认知、选择、接纳、内化的必然结果，没有责任主体对外在社会规范与要求价值选择与判断的过程，也就没有主体责任品质的最终形成。责任认同是主体自由意志积极活动的表现。

4. 责任自由。责任与自由是不可分的，责任亦可称之为自由责任，自由是责任的前提。无自由即无责任，责任是行为主体自由意志的体现。“在责任伦理中，自由居于前提性、关键性、根本性的位置，没有责任主体的自由选择和自由确认，也无所谓责任伦理。”③自由地认知责任、自由地选择责任、自由地实现责任、自由地承担责任是责任关系与责任行为成立的前提。

第二节　责任与义务

讲授责任紧紧围绕责任内涵沿革的阐述是不够的，要想把责任概念的内涵讲清、讲透，就有必要通过概念比较的方法，厘清同其他内涵与之相近的概念关系，这样才有助于对责任概念的理解和把握。讲授责任必须讲清责任与义务的关系，因为这两个概念内涵有很多叠加或相近的地方，正因如此，常被人们混用，甚至等同。因此，科学区分责任与义务的关系，对责任概念的讲授以及大学生准确领会责任概念的内涵至关重要。

① 程东峰.责任伦理导论[M].北京：人民出版社，2010：2.

② 程东峰.责任伦理导论[M].北京：人民出版社，2010：2.

③ 程东峰.责任伦理导论[M].北京：人民出版社，2010：114.

一、义务的含义

义务常作为政治学概念、法学概念、伦理学概念被广泛使用，这里的义务属于伦理学范畴，即道德义务。因为责任与义务经常在伦理学视域下被使用，在伦理学意义上义务与责任的关系非常密切，都是主体自觉自愿的行为，因而才有述清界定义务的必要。一般来说，“道德义务是指人们从所处的社会关系中产生的对社会和他人应尽的道德责任，是社会对人的基本道德要求”①。道德意义上的义务行为是一定社会物质生活条件和经济关系下的行为主体在道德理想支配下道德认知、情感、意志积极活动的结果。“所谓义务就是对他人或社会做自己应当做的事情，就是对他人和社会做与自己的职责、使命、任务相宜的事情。”②马克思和恩格斯在《德意志意识形态》中也指出：“所谓义务，就是指一定社会或阶级，基于一定社会生活条件，对个人确定的任务、活动方式及其必要性，所作出的某种有意识的表达。”③至此我们可以这样给义务下一个简洁的定义：“义务是主体在道德理想支配下自由选择的为善的应然行为。”④

二、道德义务的特征

道德义务的含义揭示了一定社会物质生活条件和经济关系下人们之间的道德关系，强调道德主体行为的应然，相对于责任伦理所强调的责任义务或其他诸如政治义务、法律义务、经济义务而言，缺乏必要的定在性和强制性。责任伦理所强调的责任义务既在乎主体行为的应然，更在乎主体行为“善”的结果，而且必须实现行为的“善”，否则就要追究相应的责任；而道德义务强调的是主体道德行为的应然，至于道德行为“善”的结果能否实现，就只能理想化地寄希望于道德主体坚定的道德信念以及对道德义务他律性规定的自觉自愿认同和践行了，即便道德主体行为违背了应然的结果，也没有多少实质性责任可追究。由此可以看出道德义务具有明

①《伦理学》编写组.伦理学[M].北京：高等教育出版社，2012：194.

② 罗国杰，马博宣，余进.伦理学教程[M].北京：中国人民大学出版社，1986：215.

③ 马克思恩格斯全集：第三卷[M].北京：人民出版社，1960：491-492.

④ 程东峰.责任论：关于当代中国责任理论与实践的思考[M].北京：中国林业出版社，1994：10.

显的规范性、非权利动机性、自律性、广泛性等特征。

1. 规范性。道德义务基于一定社会客观条件和发展的需要，以他律的形式对个体道德行为做出明确的规范要求，引领人们道德认识，培养人们道德信念，约束人们道德行为，个体如若拒绝或逃避道德义务，则会受到公众舆论的谴责或内心良知的自责。道德义务的规范要求不像法律规范具有严厉的强制性，只具有一定的弱强制性，“主要依靠人们在长期的社会实践中所形成的道德信念、道德意志和社会风俗习惯、社会舆论以及个人良心的支持”[①]。

2. 非权利动机性。道德义务的履行不以道德权利的谋取为目标动机，这是道德义务履行与其他义务履行尤其是法律义务履行的最重要的区别。道德义务的履行体现的是主体道德行为的高尚，甚至在一定意义上意味着道德行为主体的无私奉献或牺牲自我正当合法权益，这是道德义务履行的真正价值与意义所在，“在一定程度上，道德义务更多的是其本身具有的目的价值，其道德属性正在于它具有这种相对独立的目的价值，道德的高尚也正在于此”[②]。

3. 自律性。道德义务在内容上具有客观必然性，是一定社会物质生活条件和经济关系下各种政治关系、经济关系、文化关系、法律关系等在道德层面上的反映，以他律的形式予以规定，具有不可改变性。但道德义务的履行，规范性要求只是一种他律形式，关键取决于主体的道德自觉，自律性是确保道德义务履行最有效可靠保障，只有自律性，才能把外在的道德义务他律要求转化为主体内在道德行为自觉意识，从而完成道德义务履行的自我立法。主体实现道德义务履行的自我立法是其人格自主性的重要体现，也是人格自律精神的必然要求，“正是由于自律才使道德义务由客观变为主观，由外在变为内在，由强制变为自愿，从而使道德义务具有道德的属性，呈现出不同于法律义务和其他义务的自觉、自主、自为的特征”[③]。

4. 广泛性。相比较于其他义务，道德义务所规定的内容和所涉及的领域

①《伦理学》编写组. 伦理学[M]. 北京：高等教育出版社，2012：198.

②《伦理学》编写组. 伦理学[M]. 北京：高等教育出版社，2012：197.

③《伦理学》编写组. 伦理学[M]. 北京：高等教育出版社，2012：197.

更为广泛。从道德义务内容规定的广泛性来看，道德义务不针对某个体具体行为或某一领域作具体要求，而是对所有人、任何行为、一切领域作普遍性的共性要求，并以抽象的道德精神、道德品质、道德原则等形式表现出来。从道德义务所涉及领域的广泛性来看，道德义务所关注和调节的问题不仅仅是道德领域内的事，还广泛渗透于政治、经济、文化等领域并影响上述诸领域各种关系的调节和问题的解决。政治、经济、文化等领域无处无时不显现道德义务的身影，更何况道德义务贯穿人类社会发展的始终，存在于一切社会形态之中。

三、责任与义务、任务的关系

责任与义务、任务一样都是应社会关系和谐有序运行的客观需要而被强调。但它们虽有一定内在联系，甚至在特定语境下意思非常接近，然而毕竟是不同概念，在不同学科语境下含义殊异，因此既不能混同，更不能随意替换，弄清它们之间的内涵关系有利于我们对责任的理解。

1. 联系。责任、义务、任务都是外在对主体行为的要求，具有“使命性”，要求主体必须作为，但各自要求的强度不同。义务强调主体的自觉自愿性；任务则是职务工作的规定，具有一定的强制要求。与主体角色一致的义务与任务，一经主体自由认同便成为责任，必须履行。责任是被主体自由认同的义务或任务。义务与任务只有与主体角色一致，才有可能成为责任。同一责任在不同的角色身上可以表现为不同的义务行为和任务要求。

2. 区别。从内涵上来看，据商务印书馆第七版《现代汉语词典》释义：责任，一是分内应做的事；二是没有做好分内应做的事，因而应当承担的过失。义务，一是公民或法人按法律规定应尽的责任，二是道德上应尽的责任，三是不要报酬的。任务，指定担任的工作或责任。由此可见，责任外延更宽，既可以是道德和法律上的规定，也可以是道德和法律以外的政治、经济、文化、社会、生态等方面的规定或习俗，责任关系是客观存在的，具有定在性。义务可分为道德义务、法律义务、政治义务、经济义务等，伦理学上的义务即为道德义务，非常具体明确。道德义务具有层次性，道德义务的履行主要靠道德信仰的力量和道德主体内心自觉。自觉履行高层次的道德义务叫高尚，意味着奉献和牺牲。任务主要是职业工作的规定，最具岗位特定性。工作任务的完成，主要取决于主体的工作能力和工作态度。失职属于责任事故，是责任心和责任能力不强的表现，要承担一定的法律、道德、经济的责任，甚至政治责任。从主体行为发生后果来看，责任伦理更注重主体的责任行为后果，以责任履行的好坏和完成的多少来定责任有无与大小，根据责任失误事实追究并承担相应的责任；道德义务强调主体的道德自觉，弱化对行为结果的责任追究，即便有也是道德意义上的精神谴责和良心自责，没有实质性的责任可追究承担；任务是职责意义上的正义应然行为或非正义应然行为，如是正义应然行为，则具有道义性，应承担相应的责任，如是非正义应然行为则不具有道义性，纯属于“义务”行为，因为行为主体没有选择的自由，只有对任务或命令的服从，因而对行为后果不承担任何责任。从学科归属来看，责任属于伦理学范畴；义务既可以在伦理学语境下使用，还常使用于法学、经济学和政治学语境；任务常与职业连在一起，应属于社会学概念。

第三节　责任与角色

讲授责任、理解责任必然要引入角色，避开角色谈责任就会名不正、言不顺。角色是理解、确认责任的依据，两者形影不离，没有角色的责任和没有责任的角色都是不存在的。责任是在特定社会关系中由角色赋予的，角色必然规定相应的责任，角色和责任是名与实、表与里、形式与内容的关系，因此，责任也叫角色责任。角色是责任伦理中责任关系形成的根据，离开角色，责任无从谈起。

一、角色的含义

（一）什么是角色

角色作为概念常使用于社会学和心理学，社会学意义上的角色简单地说就是指人的面具，即人在社会上出现和活动的身份印记。角色在本质上反映的是一种社会关系，是抽象概念，不是指具体的人，但角色的扮演者是人。通常角色关系主要表现为社会角色、职业角色、家庭角色等。那么什么是角色呢？所谓角色是指“行为主体在特定的时空所处社会关系确立的表征，这种确立和表征是由人为法、习惯法、自然法所确认的”[①]。

（二）正确认识角色

正确认识角色，既是角色理解的需要，又是进一步深化角色与责任关系的认识需要，更是责任内涵科学界定的需要，因此，正确认识角色是非常必要的。那么，接下来我们应从哪些方面切入以助于正确认识角色呢？

1.角色获得。角色既是社会赋予的，又是个体争取的。作为社会赋予的角色，一是因自然联系而产生，甚至是与生俱来的，不可逃避，天经地义，如父子关系、兄弟关系等；二是社会强行分配的，主要表现为与公民身份相一致的责任角色，如抢险、救灾、保家卫国使命等。作为个人争取的角色主要表现为身份角色，如学位、职称、职位等。

2.角色地位。“角色是人的社会地位和身份的显现。人的角色不同，意味着这个人在社会上的影响和贡献也不同。”[②]角色虽然只是一个符号标识，但这个标识所代表的内容是具体丰富的。一个人在社会上扮演什么样的角色，就要按相应的角色要求去包装自己，履行相应的责任和义务，并获得与之对应的权利。

3.角色根基。角色根基研究的是角色获得和分配的依据，无视角色获得和分配的依据，角色地位和任务无从获取。角色获得和分配具有一定客观性，要遵循一定的社会规则和自然规律。角色获得和分配所遵循的社会规则和自然规律即为角色根基，角色根基是角色获得和分配的依据。角色根基的形成：“一是自然的血缘关系形成的根基，如父子、母女和兄弟角色；二是经过社会法律关系形成的根基，如夫妻、师徒和合法收养子女的角色等；三是凭能力、经验、影响和群众认同形成的根基，如学术上的头衔、科学技术上的荣誉、政府官员和社会职务的角色等。”[③]此外，主体人格的德性也是角色根基形成不可忽视的重要因素。

4.角色是动态的。社会角色是动态存在的。事物在运动中存在、在运

① 程东峰.责任伦理导论[M].北京：人民出版社，2010：28.

② 程东峰.责任伦理导论[M].北京：人民出版社，2010：24.

③ 程东峰.责任伦理导论[M].北京：人民出版社，2010：24-25.

动中发展，运动是事物存在的方式，社会角色亦是如此。社会角色的动态性是由人的社会关系的动态性、角色争取和角色实践的动态性所决定的。“社会角色的动态存在不仅表现为主体在行动中争得社会角色，还表现为行为主体在实践中保持社会角色，更表现为社会角色是流动的。”[①]角色的动态性归根到底是由社会的发展性和竞争性引起的，生产力发展、社会进步、角色竞争导致角色内容和角色关系处于不断的变更当中，旧的角色消亡，新的角色诞生，角色的新陈代谢是角色动态发展的显现。

二、责任与角色的关系

责任与角色的关系犹如身影一般，角色意味着责任，责任是一定角色关系中的定在任务。角色决定责任的内容和履行，责任实现是角色关系和角色地位得以维系确立的根本保证。“角色和责任的关系，是名与实的关系，是表与里的关系，是形式与内容的关系。责任是角色的连带物，无角色就无责任，有角色就有责任。”[②]责任与角色上述密切关系并不能遮蔽两者的区别，责任与角色必定是两个不同的概念，有必要甄别开来。

（一）责任与角色的区别

1. 内涵不同。责任是主体对在特定社会关系中定在任务自由确认和自觉服从的结果，如果没有主体的自由确认和自觉服从，这种“特定社会关系中定在任务”只能是一种外在规定或要求，不能成为主体责任，不具备责任的主体性，因此，主体的自由确认和自觉服从是外在任务转化为主体责任的关键；而角色表征的是人的一定社会关系，具有确定性和不可回避性，必须面对和扮演。关于角色的上述属性可以从角色获得和分配的形成根基中得以体现，不论是自然社会习俗还是法律强制规定，至于个人喜欢或不喜欢、愿意或不愿意、接受或不接受，都必须服从和胜任。

2. 运行机制不同。责任具有客观性，一经主体自由确认，就必须履行，逃避责任或失责就要受到相应的制裁；而角色关系虽然一经确定也具有一定客观性和相对稳定性，但这种客观性存在是相对的，不是永恒的，在动态中存在，在动态中演变。角色具有动态性，如因个体社会关系变化

① 程东峰．责任伦理导论［M］．北京：人民出版社，2010：26.

② 程东峰．责任伦理导论［M］．北京：人民出版社，2010：26.

或无法完成胜任某一角色，就意味着角色变动或解除。

3.学科归属不同。严格来说，责任属于伦理学范畴，不论是规范伦理学还是责任伦理学，都强调主体对责任履行的道德自觉；而角色属于社会学范畴，表征着人的社会存在和社会关系，体现的是个体社会身份与社会地位。

（二）责任与角色的联系

1.角色的确立是责任产生的前提。责任是角色的连带物，因角色关系的确立而产生，也因角色关系的取消而解除。英国伦理学家齐格蒙特·鲍曼指出："责任依赖于角色，而不依赖于完成任务的人。角色并不是'自我'——只是在我们工作期间穿上的工作服，当下班后，我们就又会把它脱下来。"[①]履行没有角色的责任往往会被认为是名不正、行不规，是越权、侵权或多管闲事的行为表现。

2.角色责任的积极圆满完成是角色关系维系的保证。角色就意味着相应的责任，角色失去责任的支撑就名不副实或名存实亡；当个体不能胜任特定角色关系中的定在任务，就意味着原有角色的解除或消失。角色的实质是履行责任，这也是角色对责任实现的要求与期待。

3.角色认同和责任认同的一致性。角色与责任的表与里、名与实的关系揭示了两者价值目标取向的一致性，是确保主体社会存在和价值实现的基本前提。角色认同必然意味着责任认同，责任认同是角色认同的继续和巩固。角色认同和责任认同统一于主体社会实践活动中，都体现了主体的社会认知能力和行为活动能力。角色认同意味着责任担当，责任认同意味着角色胜任。

4.角色认同和责任认同都建立在主体综合能力基础之上。角色认同和责任认同需要主体对自身能力的确信，角色认同和责任认同的过程全面考量的是主体的认知能力、行为能力以及人格魅力，如果主体能力不足、人格精神有缺陷，那么，角色就难以获得，即使获得了角色，也因角色责任无法完成而最终导致角色的失败。因此，主体必须不断提高自身综合能力，没有相应的能力、德性与智慧，任何角色和责任都是无法承担的，而

① 齐格蒙特·鲍曼.后现代伦理学[M].张成岗，译.南京：江苏人民出版社，2003：22.

角色认同和责任认同对己就是一种不幸和灾难，对他人和社会就是欺骗和不负责任。

思考题

1. 什么是责任？如何理解责任的科学内涵？

2. 结合中国传统伦理道德规范，说明责任伦理与传统德性伦理的关系及其当代价值。

课外阅读书目

1. 程东峰. 责任伦理导论[M]. 北京：人民出版社，2010.

2. 程东峰. 责任论：一种新道德理论与实践的探究[M]. 合肥：合肥工业大学出版社，2016.

3. 北京大学哲学系. 西方哲学原著选读[M]. 北京：商务印书馆，1982.

4. 中国哲学史编写组. 中国哲学史：上册[M]. 北京：高等教育出版社，2012.

5. 赵轶峰. 当代文明的困惑与追求：解读《人类责任宪章》[M]. 北京：团结出版社，2006.

第二章 责任认同

导　言

责任是客观存在的，但责任若不被人们主动接纳并积极履行是没有意义的。责任由外在客观规定转化为行为主体的自觉意识，需要经过转化，这一转化过程就是责任认同过程。责任认同过程是主体对客观责任自主认识和自由选择的过程，这一过程是复杂的，并影响主体责任认同的程度。责任认同的程度与主体的主体性、主体受教育的程度、主体的责任能力、主体的觉悟程度以及主体的实践范围密切相连。

教学目标

通过本章教学，使大学生明白，责任认同在责任教育与责任实践中占据着举足轻重的地位，起到承上启下的作用。没有主体的责任认同，责任教育与责任实践只能落为空谈，责任仅表现为外在的客观规定，无法内化为主体的责任品质。没有责任品质的奠基，主体也就没有行为的责任自觉，也就不可能外化为积极履行责任、勇于承担责任的实践行为。

通过本章教学，使大学生认识到，由于社会是一个庞大复杂的组织系统，具有层次性、局域性，个体生活在这样的结构体系中，因职务变迁和角色转变，从而形成不同分量、不同内容要求的责任认同。主体责任认同的层次和内容是丰富多样的，既可以通过个体努力争取，又是外部赋予不可推卸的责任，因而主体只有不断提高责任履行的能力，才能最终实现责任认同的价值目标。

通过本章教学，使大学生懂得，主体责任认同是一个复杂过程，受到诸多主客观因素的制约，既有社会的外部制约因素，又有主体自身内在的制约因素。因此，在主体责任认同过程中，既要发挥自身能动性的作用，又要发挥外在教育的启迪与引导作用，只有善于采用科学的教育方法，抓住关键的教育契机，才能促成认同的飞跃，从而提高责任认同的效果。

教学建议

1.教学内容重难点的把握和突破。

（1）责任认同是本章教学的首要内容。

说其重要，作为概念，责任认同是本章教学内容的核心概念。责任认同的范围和内容、责任认同的方法、责任认同的契机等教学内容都是围绕责任认同的内涵展开的，是本章其他教学内容呈现的依据。深刻领会责任认同这个核心概念的科学内涵，是理解掌握后面章节内容的关键，也为学好后面章节内容奠定基础。从责任教育和责任实践过程来看，责任认同是主体把外在规范转化为自我责任行为自觉的关键。没有责任认同，外在规范就不可能转化为主体内在责任品质；没有责任品质的奠基，也就没有外在行为的责任自觉。因此，责任认同在责任教育和责任实践过程中占据着举足轻重的地位。

教师在解读责任认同概念内涵时，要抓住主体性，要讲清、讲透。主体性是责任认同的最本质特征，凸显责任认同在责任教育和责任实践中的重要性，是理解领会责任认同概念内涵思想的关键。因为责任认同是主体的责任认同，没有主体性的主体是没有责任认同能力和资格的，即便认同，也是没有责任可言的，这样的责任认同当然也是违背责任内涵精神的。主体性是主体在自由状态下的自我独立人格精神的表现。自由性、自主性是主体性的重要特征，只有经主体自由确认、自主认同的规范要求，才具有责任意义。

影响责任认同的制约因素是责任认同概念的又一重要教学知识点。主体的责任认同不是在真空状态下进行的，而是在现实生活中完成的，受各种内外主客观因素的制约，这些因素都直接或间接影响主体责任认同的进程、程度乃至最终效果。分析阐述责任认同的制约因素是确保责任认同实效性的前提，只有明确了影响责任认同的制约因素，施教者才能在责任认同方法教学和责任认同契机关键节点把握上对症下药、有的放矢，促成受教者认识的飞跃，进而也为责任认同方法、责任认同契机等内容教学埋下伏笔。

（2）责任认同的方法是本章教学的又一重要内容。

责任认同是一个复杂的心理活动和价值评判的过程，受社会客观和自我主观等各种内外因素的制约。好的教育方法是建立在问题意识基础之上，只有明确了责任认同的各种制约因素，才能制定对症下药的有效教育方法。

首先，教师要认真梳理制约主体责任认同的社会因素和自我因素有哪些，在此基础上教师要清楚社会因素和自我因素对主体责任认同的具体影响作用及其相互关系，这是本知识点教学要求的关键所在。社会因素决定了主体责任认同的客观需要，体现了责任认同的社会价值；自我因素反映了主体责任认同的自我生存和发展的主观需要，体现了责任认同的自我价值。由此可见，虽然社会因素和自我因素对主体责任认同的影响具有相对独立性，但不是彼此毫无相干的，而是互为影响、相互制约的。因为人的自我价值和社会价值是统一的，在责任认同价值取向上的表现当然也是一致的，这是由人的个体性和社会性的关系所决定的。当主体责任认同在满足社会需要和自我需要保持一致时，不仅能增强认同的主动性、使命感、坚定性，又能在实践中积极履行责任、勇于承担责任，既胜任了社会角色扮演的需要，又满足了自我生存发展的需要。

其次，教师在讲授责任认同的方法时，还要注意区分不同方法间的侧重性和关联性，尤其是责任理论传授与责任实践体验的关系。由于责任认同起于认知，没有责任认知，就没有责任行为，责任行为是责任认知的必然结果，主体责任认知的科学性、深刻性、远瞻性直接关系到责任认同的完成以及责任行为的态度倾向，因此，加强对主体责任规范、责任意义、责任代价等方面信息的教育传授甚至必要的灌输，是实现责任认同预期目标的有力保障。然而，纸上得来、口头传授的知识总是肤浅的，只有植根于实践的体验总结才是至深的。主体只有在实践中亲历积极履行责任、勇于担当责任的“光荣与自豪”以及感受逃避责任、拒绝责任的可耻与代价时，才能增强责任认同的使命感，激发责任认知的主动性，激励责任履行的自觉性。

（3）责任认同的契机是本章教学内容的难点。

责任认同的契机之所以作为本章教学内容的难点，主要原因有：第一是由责任认同方法与责任认同契机两者的关系决定的。责任认同方法与责任认同契机既存在区别又有联系，只有充分有效发挥两者在责任教育中的作用，才能最终实现责任认同的理想效果。第二是由责任认同的“契机理论”所决定的。严格地说，“契机”属于哲学语义上的概念，教师只有具备一定的哲学理论素养，熟知事物量质互变关系原理，讲清“契机”在实现从量变到质变飞跃中的关键作用，才能使学生明白“契机”在责任认同中的重要性，从而自觉捕捉“契机”，主动接受“契机”的教育催化，最终实现责任认同的飞跃。

围绕第一方面的难点教学，教师要理清责任认同方法与责任认同契机两者的关系。责任认同方法解决的是责任教育的措施及其有效性，属于教育方法论的范畴；而责任认同契机强调的是责任教育的关键节点及其“临界效应”，属于教育“机遇论”的范畴。责任认同方法与责任认同契机存在区别的同时，又相互作用、相互影响，两者共同贯穿于责任教育全过程。好的教育方法需要对契机的捕捉，加速教育效果的实现；契机只有建立在科学教育方法之上，才能产生教育的催化效应。有契机却没有科学有效的教育方法，或者拥有好的教育方法但坐失教育契机，都会影响责任认同的最终实效。

关于第二方面的难点教学，教师要借助量质互变关系哲学原理，突出契机在责任认同中的飞跃作用，从而提高学生对责任认同契机的重视和对契机的自觉把握。为了实现这一教学目标，教师首先要通过对契机在事物从量变到质变过程中所起关键作用的分析，然后结合责任认同教育，举例说明契机的关键作用在责任认同中也是同样存在的。因为责任认同发轫于责任认知，而人的认知过程受主体心理和外在因素的共同影响。当人的认知处于困惑、犹豫不决或一时受蒙、难以接受时，契机能帮助主体迅速走出情绪的低谷，扒开盘踞在心头上的迷雾，从而冲出认识的误区，豁然开朗，茅塞顿开，加速认识的飞跃。

2. 教学方法建议：理论讲授法；案例教学法（视频资料）；课堂提问法。

3. 教学课时建议：4个教学课时。

第一节　责任认同的含义

责任认同是主体把客观外在责任要求转化为自我责任精神的重要前提。简单地说，责任认同就是主体对外在客观责任的认知、接纳与同化。责任认同是个复杂的过程，具有丰富的内涵。理解责任认同的思想内涵，对培养大学生责任心、增强大学生责任意识具有非常重要的意义。

一、什么是责任认同

（一）责任认同的定义

责任认同是指行为主体对自己所扮演的角色所应当承担的社会责任的确认，这种确认是理性思考和自由选择的结果①。

（二）责任认同的特征

1. 与角色认同的同步性。角色与责任是一致的，责任即为角色责任，角色必然赋予责任，责任与角色的关系决定了责任认同与角色认同的同步性。“责任认同也是主体的角色认同；责任的选择也是角色的选择。责任认同意味着责任主体把外在客观的要求转化为内在的自觉行动，或者说，是把客观世界需要他完成的任务，变成内在自觉自愿履行的责任。”②

2. 主体性。主体对责任的认知、接纳与同化是在自由独立状态下进行的，是在主体主观能动性充分发挥基础上的理性选择过程，不受外在强制力量和因素的干扰与制约。与此相对，有时候主体责任认同是在外在力量干预下被迫接受的，其自主性和能动性完全被蒙蔽，因而主体履行责任的心态和自觉性是不一样的，尽管最后也履行了义务，但充其量也只是例行公事式地完成任务，能动性、自觉性不敢恭维。

二、影响责任认同的不同因素

责任规定只有被主体自觉履行才有意义。责任从外在客观要求转变为主体自觉责任行为，责任认同在其中起着承上启下的关键性作用。没有责

① 程东峰.责任论：一种新道德理论与实践的探究［M］.合肥：合肥工业大学出版社，2016：26.

② 程东峰.责任论：一种新道德理论与实践的探究［M］.合肥：合肥工业大学出版社，2016：26.

任认同，就没有责任由外在规定到主体自觉责任行为的实现转化。责任认同源于责任认知，主体责任认知的过程是复杂的，受各种主客观因素共同影响和制约，区分并科学分析这些主客观因素在主体责任认知中的作用，有助于加快责任认同的进程，提高责任认同的程度和最终效果。影响责任认同的因素尽管众多，但据其属性可分为社会客观因素和自我主观因素两大类。

（一）影响责任认同的社会因素

1. 社会的客观需要是责任认同的前提。责任认同是双向的，既指主体对外在客观责任的认同，也包括社会对主体扮演责任角色、胜任责任角色的认同。责任之所以被规定和认同是为了满足主体自由生存、社会和谐发展的需要，反之，那些对主体行为活动、社会良性运行毫无价值作用的责任就没有被规定和认同的必要。“人之所以能够认同责任，与定型的社会秩序和相对稳定的文化氛围分不开。这种社会秩序和文化氛围对责任认同不但有熏陶教育的作用，而且还有激励和监督的作用。责任认同，是人的社会化的重要内容。”①

2. 个体生存发展的需要是责任认同的动力。希望能早点顺利融入社会、能被社会完全接纳、能拥有立足发展之地，并依此不断做强做大自己，最终成就社会价值和自我价值，是每个有理想、有追求个体的发展目标。个体能否如愿成就愿望、实现目标，关键取决于自己对社会责任的认同把握并能够完美胜任、勇于担当。“在完善的、健康的社会里，要想有前途，要想受到人们的尊敬和社会的重用，要想充分发展，全面实现自我价值，就得品行好，就得认认真真、不折不扣地履行责任。”②

3. 责任认同影响个体价值的实现。责任认同程度与个体人生价值大小成正比例。按照马克思主义科学价值观的评判标准，个体人生价值大小的取得与其财富的多少、与其社会地位的高低、与其出身门第和工作地域都没有直接关系，当然与其身材长相也没有多大关系。个人的人生价值的大小取决于他对社会的贡献，取决于他对人民群众利益的满足程度，取决于他个人事业成就的大小，而这一切成就又最终决定于个体责任能力以及对

① 程东峰. 责任论：一种新道德理论与实践的探究[M]. 合肥：合肥工业大学出版社，2016：28.

② 程东峰. 责任论：一种新道德理论与实践的探究[M]. 合肥：合肥工业大学出版社，2016：28-29.

他人和社会责任心与责任情感的强度。总之，“个体责任认同程度高，其人生价值就大；个体责任认同程度底，其人生价值就小”[①]。

(二)影响责任认同的个人因素

责任认同不仅受社会因素制约，还受个体因素制约。个体因素影响责任认同，既体现在主体对客体认知、评价的立场、观点和方法等方面，又体现在主体情感、心态和意志等个体心理方面。由于每个个体社会身份背景不同，导致彼此阶级观点和分析问题的方法论的迥异；加之每个个体在受教程度、认知能力、生活阅历、心理素质等方面又存在差异，这些差异都将直接或间接影响着个体的责任认同。

1.情感。情感是人们根据自己的生活经验和利害冲突而形成的凭直觉对外界刺激做出好恶评价反应的心理活动。情感是人的一种非理性精神活动。情感主要影响主体责任认同的态度倾向。当主体积极接纳外在客观责任时，便转化为内在强烈责任情感，并在责任情感的作用下，有助于主体责任心的加强；当外在客观责任与主体利益选择产生矛盾时，便会产生抵制和消极情绪。

2.心态。心态是人在某一特定环境中所表现出来的心理状态，是心境的一种表现，源于人的心情。一般来说，人的心态常表现为低落和昂奋两种，这两种不同的心态对主体责任认同产生不同的影响。平衡的心态是理智的心态，理智的心态对责任认同有利，对责任意义、价值能做出正确的选择和判断。不平衡的心态，无论是低落还是昂奋，对责任认同都不利：低落的心态往往会逃避、拒绝一些应当的责任认同；昂奋的心态容易估高自我责任能力，甚至僭越责任界限。

3.意志。意志是情感的理性化，表现为人对既定目标的坚定执着追求，是人的一种不折不挠精神和顽强不屈品质。意志是人成熟心态、崇高人格的表现，更是人强烈事业心的表现。意志是主体责任认同、选择责任、履行责任的强大动力，只有坚强的意志才能保证主体对应尽责任的忠于和坚守，并达到至善境界。

① 程东峰.责任论:一种新道德理论与实践的探究[M].合肥:合肥工业大学出版社,2016:29.

第二节 责任认同的范围和内容

前面我们学习了责任认同的必要性，只有经责任认同，才能把外在客观规定的责任转化为主体的自觉责任行为，最终实现服务个体自由成长和维护社会有序运行的价值目标。责任是普遍存在的，有大有小，表现为不同层次和内容规定，因而对责任主体的要求也是不同的。责任认同的范围和内容研究的是“哪些人和哪些组织要认同哪些责任，不同的人和组织要在哪些层面上进行责任认同，不同层面的责任又有哪些内容”[①]。

一、社会组织对责任的认同

社会组织既包括国家的各级政府，也包括党群各级组织，还包括非政府社会组织。从法学意义上来讲，大部分社会组织都属于法人，法人既赋予相应的权利，又要承担相应的责任与义务。社会组织对责任的认同与该社会组织的宗旨、纲领和性质有极大关系，但最终都要服从社会整体发展的整体利益。“社会组织对自己应尽的义务、责任，必须尽职尽责；对自己职能范围的事务，必须准确认知、积极选择、认真执行。”[②]

（一）国家

国家既是社会力量的集中代表，又是全体人民利益的集中代表，因此，国家责任认同的主要内容有：依据现阶段社会生产力发展状况，制定相应的发展目标；围绕发展目标制定具体的路线、方针、政策；为了更好地贯彻路线、方针、政策，进行必要的舆论宣传、政治教育和干部人事选拔任免机制；为了实现共同目标，动员全体社会成员齐心协力、努力工作，并以国家（政府组织）名义制定具体的法律、道德、纪律、法规；采取政治、经济、法律、文化等手段，制定奖勤罚懒、扬善抑恶的奖惩机制。

（二）党派组织

大凡党派都具有鲜明的政治色彩，都有自己的政治信仰，有严密的政治组织和纪律，以实现政治理想为目的。其责任认同的主要内容有：根据

① 程东峰.责任论：一种新道德理论与实践的探究[M].合肥:合肥工业大学出版社,2016:30-31.

② 程东峰.责任论：一种新道德理论与实践的探究[M].合肥:合肥工业大学出版社,2016:31.

社会历史发展现状和需要确定政治信仰；树立理论权威，指导政党建设；拟定党派政治纲领；建立严密政治组织和严格政治纪律；积极宣传党派政治主张。

（三）社团

这里说的社团即为非政党性质的社会团体，政治色彩较淡，多为公益性的社会或民间团体。作为合法性的社会组织，社团也有自己的纲领和组织纪律，也拥有一定权利并承担相应的义务。社团组织责任认同的内容主要有：认清性质，立定宗旨，听取反映，组织活动，积极工作，名副其实。此外，作为社团的负责人处理好与政府的关系，确保其和谐发展，也是社团责任认同的重要内容。

二、社会组织对责任的科学分解

社会组织对责任的科学分解有两层含义：一是分解到下一级组织，或者是分解到同一层面的各职能部门；二是分解到个体。分解到个体不仅是基层组织的责任，也是高层组织责任分解的一个重要方面的内容。

（一）分解到下一级社会组织

把责任分解到下层组织和平行机构的有关职能部门，是社会团体组织认同应当承担的责任后，为实现责任要完成的第一个关键环节。因为大部分一级社会组织尤其是政府机关是责任的发布者、责任的落实监督和管理者，而不是责任的完成者，科学分解责任是社会组织的重要职责。科学分解责任直接关系到责任的落实和执行效果，因此，社会组织在此过程中要做到：责任分解要遵循有章可循，不要想当然、乱扣帽子，否则责任很难分解下去，就是分解下去也很难被履行；责任分解要秉持公平原则，因为公平直接影响到主体履行责任的心情，当然最终影响到责任的履行；从实际出发，要做到责任分解的多少、大小与主体履行责任能力的高低相一致，否则也会影响主体履行责任的积极性。为了确保分解下去的责任能被有效履行，社会组织还应向下级或同层次责任履行单位交代必要的方法措施和注意事项，必要的关心有助于责任的履行。

（二）分解到个体

相比较责任分解到下一级部门组织，责任分解到个体要复杂得多，因为责任被分解到下一级部门组织是“公对公”，属于上下级关系，比较好安排落实；而责任分解到个体是“公对私”，不仅牵涉用人原则问题，还受到上下级领导与职员间的彼此情感的影响。因此，组织领导在把责任分解到个体时，要遵从任人唯贤、能力优先、能力至上的原则，同时，还要了解个体的性格特征、脾气习惯、精神面貌，只有把责任分解到最适合、最能胜任的人，才能最终确保责任如期顺利完成。

三、个人对社会责任的认同

不管什么形式的责任分解或是何种层次的责任分解，最终都要落实到个人，社会责任只有最终分解落实到个人并被个人认同，才能被最终履行，否则只是形式上的分解而导致落空。个体责任的认同主要分为社会公德责任认同、公民责任认同、信仰责任认同、职业责任认同、对自然的责任认同等五种类型。

（一）社会公德责任认同

社会公德，顾名思义，即在公共领域所表现的道德规范。现代社会的发展对社会公德的要求越来越高，社会公德是维系社会公共生活文明有序、确保社会和谐稳定、促进社会经济健康发展的重要保障。遵守社会公德是每个公民应尽的道德义务。公民应尽的社会公德内容主要有：文明礼貌，助人为乐，爱护公物，保护环境，遵纪守法。

（二）公民责任认同

我国宪法规定了公民享有和应尽的基本权利与义务，对应尽义务的认同并自觉地履行就是个体的责任认同。我国宪法规定公民应尽的基本义务有：维护国家统一和民族团结，维护祖国安全和荣誉，保卫祖国，依法服兵役，依法纳税等。

（三）信仰责任认同

信仰是指对某人或某一学说、主张、原则、宗教的极度信服和崇拜，并以之为自己的行为准则和榜样。信仰是个人获得前进发展的精神动力。

个人对信仰的责任认同主要表现在两个方面：一是确立科学的信仰，只有科学的信仰才会对人的发展和社会进步产生强大的推动作用，马列主义、毛泽东思想、邓小平理论、“三个代表”重要思想、科学发展观、习近平新时代中国特色社会主义思想都是被实践证明了的科学理论，是指导社会主义建设事业和人们行动的科学指南，必须予以坚定；二是主体要对自己确立的信仰矢志不渝地奋斗，坚定不移，毫不动摇，这样才能真正发挥信仰对个体发展和社会进步所产生的强大引领作用，我们要以马列主义、毛泽东思想、邓小平理论、“三个代表”重要思想、科学发展观、习近平新时代中国特色社会主义思想为指导，为共产主义和人类幸福事业奋斗终生。

（四）职业责任认同

职业虽然是个体谋生的依托，但这不是职业的真正属性，职业的根本属性是它的社会性。职业是社会发展分工的产物，又是维系社会繁荣稳定、促进社会发展的基本保障。个体对职业责任的认同就是要从职业的社会意义、职业道德的社会价值等方面提高对职业的认识，从而在职业活动中始终自觉保持爱岗敬业、尽职尽责、衷心为人民服务的职业操守。“我们一切工作干部，不论职位高低，都是人民的勤务员。”[①]

（五）对自然的责任认同

当前人类发展所面临的环境危机使人类充分认识到保护环境、协调人与自然关系的重要性，人类从来没有像今天如此高度重视寻求与自然的和谐发展，保护环境人人有责深入人心。“建设生态文明，关系人民福祉，关乎民族未来。保护生态环境就是保护生产力，改善生态环境就是发展生产力。”[②]个体对自然的责任认同：一方面要求个体深知人与自然的关系，尤其是人类对自然的依存关系，大自然是人类的真正衣食父母；另一方面，个体还要意识到自然系统是有规律的，违背规律必然严遭惩罚。此外，个体还要清楚导致当前人与自然关系恶化的根源是人类的贪婪与自私，只有全人类联手合作，才能真正实现人与自然的和谐融洽。

① 毛泽东文集：第三卷[M].北京：人民出版社，1996：243.

② 习近平.习近平谈治国理政[M].北京：外文出版社，2014：208-209.

四、社会成员之间的责任认同

相对于前面几种责任认同，社会成员之间的责任认同要难得多，这是由人与人之间交往的复杂性所决定的，毕竟对人的认识了解要比对物的认识了解困难得多，人心难测，人善于伪装，有时表里不一，在利益面前容易失信变卦。除此之外，人的角色也不是固定不变的，总是处于变换当中，在不同时间、不同场合不断转换。在此，我们只能选择生活中最常见、最重要的家庭角色责任、朋友角色责任、同事角色责任和一般社会成员之间的角色责任等几种人际之间责任认同供大家参考。

(一)家庭角色责任

家庭是构成社会的最基本单位，只有家庭的稳定，才有社会的和谐。家庭的稳定取决于家庭成员对各自角色责任的认同与履行。一般来说，家庭越大，角色越多，责任也就越多越大。现代家庭的角色主要有父母、子女、兄弟姐妹、祖孙、婆媳、岳婿等，其中父母、子女是核心角色，各自角色责任的认同与积极履行是维系家庭稳定的保证。“家庭所有角色的共同责任是：多一点理解，多一点尊重，多一点体贴，多承担一点义务，多付出一点爱。”[①]

(二)朋友角色责任

朋友一般是指双方建立在志同道合基础上而形成的彼此深厚而又稳定的情义关系。古人云：人生得一知己足矣。可见知己朋友对个体生存发展的重要性。朋友相处要遵循基本原则：相互尊重，诚实守信，宽容善意，互帮互惠。

(三)同事角色责任

同事，顾名思义是指在同一单位工作的人。同事角色关系比较丰富，单位越大，角色越复杂，履行难度相对越大。通常同事角色主要有上下级关系、领导与被领导关系、同级别同事关系、师生关系、师徒关系、服务与被服务关系等，其中，领导与被领导关系、同级别同事关系是最重要的同事关系。在领导与被领导角色关系责任中，领导要关心下属，一视同

① 程东峰.责任论：一种新道德理论与实践的探究[M].合肥：合肥工业大学出版社，2016：39-40.

仁，知人善任；而下属对领导要尊重，支持工作。在同级别同事角色关系责任中，要做到彼此关心，相互合作，恪尽职守，不推卸责任。

（四）一般社会成员之间的角色责任

一般社会成员之间的责任是因职业关系形成的，具有不确定性，总是处于变换之中，如医患关系、顾主与顾客的关系、公交司机与乘客的关系等。他们之间的责任关系要求是：主方要遵守职业道德，客方要遵守社会公德。

第三节　责任认同的方法

责任认同的过程是主体理性思考和自由选择的过程。责任认同的最终结果取决于主体自由意志状态、认知能力、道德觉悟水平。在此基础上，适当的方法可以提高主体对外在责任认知、接纳、内化的能动性，最终实现提高主体对外在责任规范内在品质化、内在责任品质外在行为化的效率过程。因为责任对每一个个体来说是无法回避的，因而责任认同也是每一个责任主体必须完成的。然而每一个个体因受教育水平、生活阅历、思想境界等不尽相同，因此个人、家庭、组织和社会都要采取适当方法，帮助人们认同责任、承担责任、履行责任。生活中常见且实效的责任认同的方法有社会经验、责任教育、强制灌输。

一、社会经验

这里的社会经验包括生产经验、工作经验、生活经验等，是人们在长期生产生活实践过程中形成的约定俗成的规范和方法。社会经验虽然缺乏理论性和体系化，但对于提高人们生产生活技能、维护社会秩序、规范人们行为、淳朴社风民风等方面具有积极作用，体现了人类生产生活中的真、善、美、能，具有道德价值，久而久之，随着时间的推移和积淀，也就习以为常，成为习惯了，被人们广泛接受。对充满着真、善、美、能等道德价值的社会经验的学习、模仿、体验，就是人们责任认同的一种非常实效的方法。

1.学习。这是最基本的要求，主要对社会经验的知识性了解，认知是行动的起点。所有的社会经验都是在实践活动基础上形成的知识总结。

2.模仿。模仿是把人们对社会经验的学习由静态的知识获取演变成动态的行为活动，在动态的实践活动中完成对静态的社会经验的学习。不管是有意识的模仿或无意识的模仿，对于人们良好道德品性的养成、社会义务的积极履行具有重要意义。“在现代社会，我们仍然不能忽视模仿在人的责任认同过程中的作用。特别是在那些文化不太发达的地区。环境对人的影响，就是通过模仿起作用的。”①

3.体验。体验在责任认同的作用中是学习和模仿所无法取代的，对责任的认同践行至关重要。“体验就是通过自己的亲身实验、思考，而后认准选择的责任行为。体验能通过亲身实践、理性分析达到自觉自由的境界。”②

二、责任教育

教育有利于人的责任认同的形成。这里所说的教育包括家庭教育、学校教育、社会教育，是广义上的。人不仅可以通过教育获得文化科学知识、生产生活技能，而且还可以知晓做人的道理、生活的目的和意义。无论是人们世界观的形成、文明习惯的养成还是终身事业的促成，都与责任认同有直接的关系。人们接受责任教育是人生成长发展过程中不可或缺的重要组成部分。当今社会责任教育应是思想品德教育和理性纪律教育的具体化。“教育人认识责任，授人以履行责任的知识技能，让人们树立自觉履行责任、主动争取责任和矢志为责任辛勤工作的责任心，是责任教育的三个步骤。”③

三、强制灌输

强制灌输是思想政治教育过程中常用的一种行之有效的教育方法，这种教育方法对责任教育同样也是适用的。作为一种特殊的教育方法，是在受教者还未达到认识自我觉悟的状态下强行完成某项教育内容以达到预期

① 程东峰.责任论:一种新道德理论与实践的探究[M].合肥:合肥工业大学出版社,2016:42.

② 程东峰.责任论:一种新道德理论与实践的探究[M].合肥:合肥工业大学出版社,2016:43.

③ 程东峰.责任论:一种新道德理论与实践的探究[M].合肥:合肥工业大学出版社,2016:43.

教育目的的教育行为，是特殊时期、特殊情况、特殊教育内容、特殊教育目标要求所推行的特殊教育方法。责任教育中的强制灌输，就是基于形势和目的需要，让主体认识责任、接受责任并积极履行责任。

第四节　责任认同的契机

责任认同是主体责任内化的重要前提，没有责任的认同，就不可能有主体责任心、责任意识、责任精神等责任品质的最终形成。那么，主体责任认同能否形成以及在此前提下责任内化的品质优秀程度，主要取决于对重要事件的把握和关键时间节点的掌控，因为同样的方法、同样的内容，在不同的时段、不同的场合，作用于同一人，会有不同的认同结果，这就是责任认同的契机。所谓契机是指事物转化（多指向好的方向转化）、思想升华、认识飞跃、触发灵感的关键事物和关键时间节点，起到助推和催化的作用。“在人们的社会实践活动和科学理论研究中，把握契机，即掌握好事物发展转化的关键、枢纽、决定性环节，对顺利实现事物的质变、飞跃，推动事物的发展，具有重要的意义。”[①]在认识论上，契机是受教者接受信息、理解信息的最佳关节点。那么，责任认同的契机是什么呢？

一、要善于抓住由量变到质变飞跃的关节点对责任认同的影响

关于量质互变原理以及在人们生活工作实践中的方法论意义在此就不再赘述了。那么，从责任认同的角度，这样的契机作用主要体现在三个方面：

第一，通过理论点拨或价值引导，提高责任主体对外在责任认识的飞跃。责任认识的飞跃有助于责任主体内心产生强烈的责任心，“责任心促使他自觉地认同责任、坚决地履行责任，还会为实现责任而不断地提高责任能力”[②]。

第二，当责任主体在责任实践中屡遭挫折或不断碰壁后，在其彷徨、矛盾时，通过点拨开导，能激发责任主体“雪耻”“纠错”“将功补过”等

① 程东峰.责任论:一种新道德理论与实践的探究[M].合肥:合肥工业大学出版社,2016:44.
② 程东峰.责任论:一种新道德理论与实践的探究[M].合肥:合肥工业大学出版社,2016:45.

强烈教育认同契机的形成。

第三，当主体接受并准备完成某项工作任务时，主观上非常渴望出色完成这一使命，但又苦于信心不足，这时给予适当而又必要的责任信心和责任能力的鼓励，有利于提高主体对完成责任意义的认识，并在此基础上产生完成任务的强烈责任感和自信心，这是一种“迫切需要”型的责任认同契机。

二、要善于尊重并利用人的认知能力的提高对责任认同的影响

责任认同，既与主体的理解认知能力有关，又与他的生活阅历有关，讲责任，只有对具备责任能力和资格的人才有意义。只有当主体具备相应的生活阅历和认知能力时，这时对他谈责任精神、履行责任的必要性以及逃避拒绝责任的严重后果，才有教育警示意义，才能对他产生强烈的认同责任、履行责任的强大动力契机。

三、要善于利用工作和生活环境的变迁对责任认同的影响

人的一生中工作职务和生活环境不是永恒不变的，而是处于不断变化之中。职务和环境的变化即意味着角色和任务的变化，对主体既是机遇，又是挑战；既充满着希望，又隐约着恐慌。这时围绕他的新工作进行责任教育，有助于消除他的不安，增强履新的责任感和使命感，培养责任自信。

四、要善于发挥真理和逻辑的力量对责任认同的影响

“运用强大的真理力量和强大的逻辑力量，动之以情，晓之以理，摆事实，讲道理，说服行为主体，使他在‘明理’‘懂事’的基础上认同自己的责任，让他们不得不服，不能不服。选择好责任教育的理论切入点和说理突破口，目的是为了将人们之所以要负责任的道理‘讲清’‘讲透’，用‘真理’的力量‘征服人心’。”[①]用强大的真理力量和强大的逻辑力量进行责任教育，是责任认同最好的收效“契机”。

① 程东峰.责任论:一种新道德理论与实践的探究[M].合肥:合肥工业大学出版社,2016:46.

五、要善于运用信仰的力量对责任认同的影响

执着的信仰之所以能成为责任认同的契机，是因为信仰也是一种执着追求的力量，具有稳定性、坚定性，深深植根于人们内心深处，难以动摇改变。信仰责任一旦形成，是任何力量所无法改变的。试想一个没有信仰的人的责任认同，往往只是短暂的、功利的，一旦遇到挫折与困难，就可能放弃此认同。因此，我们应抓住各种有利机遇加强对责任主体的信仰教育，如社会主义核心价值观、“中国梦”、“两个百年奋斗目标”等都是很好的信仰教育主题，充满着正能量。

思考题

1.什么是责任认同？影响责任认同的不同因素有哪些？

2.如何理解个体需要与社会需要的统一在责任认同过程中的作用？

3.举例说明“契机”在责任认同中的关键作用，如何创造和把握“契机”？

课外阅读书目

1.马克思恩格斯全集：第三卷[M].北京：人民出版社，2002.

2.毛泽东文集：第三卷[M].北京：人民出版社，1996.

第三章 责任教育

导　言

主体责任认同是建立在其责任认知和责任实践基础上的必然结果。责任认知离不开责任教育。主体对责任的认知能力、对他人责任行为的价值评判及其标准不是先天生而有之，是后天教育灌输的结果。主体只有在后天获得的相关责任理论知识指导下，才能在实践中深化对责任以及履行责任社会意义与价值的理性认识，从而增强履行责任、勇担责任的自觉性和坚定性。责任教育就是施教者通过传授责任知识、宣传责任理论、促进责任认知和内化为目的的教育，从而让人们认识责任，接纳责任，并自觉履行责任。

教学目标

通过本章教学，使大学生明白接受责任教育的重要性和必要性，增强受教者（包括大学生在内）自觉接受责任教育的积极性和主动性，提高教育效果。个体责任意识、责任情感、责任精神、责任能力等品质的形成，不是自己先天生而有之，而是在后天教育的熏陶下，通过自我不断实践而逐渐培养形成的，尤其是责任行为价值标准的确立。责任行为价值标准影响主体对责任的认识、选择与履行，没有责任教育的灌输与启迪，就没有主体科学责任行为价值标准的确立。

通过本章教学，使大学生认识到，个体角色关系是复杂多变的，因而形成与之相应的角色责任内容也是丰富多样的。同时，通过教学还能让大学生了解个体角色责任内容与层次固然重要，但不断增强与强化个体履行责任的自觉意识、炽热情感和过硬能力则更加重要。只有这样，才能把个体角色关系所赋予的责任内容从形式上的外在规定变成主体内在自觉有效的积极行动，从而产生实际社会价值和自我价值。

通过对大学生实施责任教育层次和责任教育方法等内容教学，一方面使他们明白，责任教育层次没有绝对意义上的重要与次要之分，只有教育场合大小之别，家庭、学校、社会对大学生责任教育的影响不是彼此孤立的，而是互相作用、互为渗透的，因此，大学生要珍惜来自任何方面的责任教育，不断提高自我对责任认识与履行的能力；另一方面，让大学生清楚认识到，教育方法所产生的实际教育效果是建立在受教育者端正教育态度和对教育内容意义的科学认识基础之上，只有这样，才能确保好的教育方法最终产生理想的教育效果。

教学建议

1.教学内容重难点的把握和突破。

（1）责任教育的目的和意义是本章教学的重点和难点。

①这是由此教学内容在本章教学中的地位以及责任教育在整个教材教学体系中的地位所决定的。这是因为：首先，从该教学内容在本章教学中的地位来看，责任教育的目的和意义直接点明了当代大学生接受责任教育的必要性和重要性，激发他们自觉接受责任教育的主动性，明确学习目标和意义，端正学习态度，从而为本章教学的顺利开展及其预期理想教育教学效果的取得奠定伏笔与基调。其次，从本章教学内容在整个教材教学体系中的地位来看，责任教育居于核心地位，起到灵魂和统帅作用。责任教育在整个教材教学体系中之所以处于如此重要的地位，原因的第一点是由责任教育知识体系内在逻辑关系决定的。责任教育是责任认知、责任认同、责任履行的前提，是责任分配、责任实现、责任评价、责任监督、责任赏罚等一切责任教育教学活动能够或有必要开展的根源。原因的第二点

是由责任理论与责任实践的关系所决定的。一定责任理论的储备与修养是指导主体责任实践的行动指南，尤其是科学的责任行为价值标准的确立直接影响主体的责任认知、责任选择、责任评判与责任行为，而科学的责任行为价值标准的确立是责任教育理论灌输与主体责任实践相结合的结果。责任理论指导责任实践，责任实践丰富深化责任理论。

②这是由责任教育的目的和意义所体现的教育价值的抽象性所决定的。一般来说，知识教育的目的与意义都属于教育的价值范畴，因而理论性和抽象性都较强。怎样把说理性和抽象性都较强的知识教育价值理念讲清说透，让学生信服并自觉形成价值信仰，对教师来说是不小的挑战，因为抽象的理论教学，如果教师把握不好，很容易陷入枯燥无味的教育尴尬。因此，教师不仅要具备哲学、社会学等相关学科背景方面较扎实的理论功底，还要有较丰富的生活阅历，这样，教师在教学中理论上既能站得高、驾驭得住，又能联系实际，晓之以理，动之以情，做到说理入心、举例动情，使抽象的教育价值理论让学生听在耳里、烙在心上，并最终转化为自我能力与素养。

③为实现对上述教学重点和难点的突破，建议教师围绕责任教育与个体存在和发展、个体与他人交往的需要、社会发展对个体角色规定的要求等方面来阐述。

第一，关于责任教育与个体存在和发展的关系，可以借助哲学中的“人的本质理论”和社会学中的“人的社会化理论”进行论证说明。马克思主义关于“人的本质理论”告诉我们，社会属性是人的本质属性，是人之为人且获得社会存在的本质规定。胜任社会角色并自觉履行角色责任是人的社会属性最重要的体现，是确保个体顺利立足社会并获得自由成长的基石。人的社会化理论揭示：人的社会化过程是人获得社会人的“身份与名分”的资格过程，人的社会化过程实质是个体人格优化与完善的过程，实现人格的自由与独立。责任人格居于人格精神的核心地位，自觉认同并履行责任是独立自由人格精神的重要表现，个体只有具备这样的人格精神，才能适应社会，赢得社会接纳，从而健康自由地成长发展。

第二，关于责任教育与个体和他人交往的需要，仍然可以借助马克思主义关于“人的本质理论”来进行论证。马克思主义认为，人的本质在其现实性上是一切社会关系的总和。人的所有社会关系主要表现为人与人的关系、人与社会的关系以及人与自然的关系，在上述所有关系的背后集中体现为利益关系。个体只有明确角色关系并积极履行与之相应的角色责任，才能正确处理角色利益矛盾，从而融洽人与人、人与社会以及人与自然的关系，为个体社会价值和自我价值的实现创造良好的人际环境。

第三，关于责任教育与社会发展对个体角色规定的要求，可以借助马克思主义“人学”中的相关理论进行阐述。马克思主义“人学”理论指出，个体的存在是个性与社会性的统一，社会性规定个性，个性反映社会性，不反映社会性的个性是不存在的，个体也无法立足社会。社会性代表着大众性、广泛性、世俗性，表征着世俗伦理规范、大众道德要求、普遍公序良俗。个体只有自觉遵循这些法律规章和道德规范，积极履行道德义务和法律责任，其行为才具有正当性，富有正义价值，才能获得大众和社会的认同，从而成就自我存在和社会价值。

（2）责任教育的内容是本章教学的又一难点。

为什么说责任教育的内容是本章教学的难点？这不是从责任教育内容的本身来说的。单从责任教育内容来说，其表现不外乎包括个体对自己的责任、个体对他人的责任、个体对家庭的责任、个体对社会的责任以及个体对自然的责任等。这些责任内容的规定，要么是历史传统沿袭的结果，要么是现实社会发展需要的结果。上述这些方面责任内容的规定表现及其产生，对大学生来说，听起来并不生疏，理解起来也并不难，甚至有些内容规定，教师不说他们也知道，问题难就难在教师如何通过教育，让大学生对责任内容的认知转化为他们对责任内容履行的自觉行动。从责任认知到责任履行的转化过程，既是主体对责任的认同与接纳的过程，也是主体责任意识、责任情感、责任精神等品质内化形成的过程，这一过程会受到教育的主体与客体、责任教育内容的主观因素与客观因素等诸多内外因素的制约。因此说，责任教育的内容是本章教学的又一难点。

教师在教学过程中，如何突破这一教学难点，提高教学实效，实现预期教育效果，建议：

①教师在讲授责任教育的内容时，要重点强调和突出责任内容规定与履行所体现的社会意义和自我价值。责任内容的规定是社会为实现和谐与稳定的发展需要赋予个体对自己、对他人、对家庭、对社会、对自然的定在责任与义务，个体在对这一定在责任与义务的自觉有效履行中，集中体现了自我道德人格善与行为自觉美的有机统一。总之，教师对责任内容规定与履行所体现的社会意义和自我价值阐述越明晰，学生对责任内容规定与履行所体现的社会意义和自我价值领悟就越深刻，越有利于个体责任意识的强化、责任心的加强，最终越有利于个体对责任自觉履行的笃定。

②教师在讲授责任教育的内容时，要向大学生阐明：尽管责任内容存在形式是主观的，但责任内容是客观的，不管你是否意识到，它都是客观存在的，勿以你的意志而转移。责任内容的客观性是社会确保有序运行与顺利发展需要对个体角色义务的规定，不管你喜欢或不喜欢、愿意与否，抑或主动或被动，面对社会对你应尽角色责任的规定，都必须而且尽可能出色履行，因为责任背后存在强大约束力量作后盾与支撑。当你出色履行角色责任时，不仅体现自我价值存在及其行为的合法正义性，而且还会受到社会应有的物质与精神的褒奖；反之，当你选择逃避或拒绝的不作为责任行为，给他人和社会造成重大损失时，自我存在与行为既被社会抛弃和否定，又会遭受他人和社会应有的道德谴责和法律制裁，从而使自己付出精神和物质的双重代价。突出强调责任的客观性与个体责任行为的赏罚机制，旨在引导大学生把责任时刻铭记在心，不断强化责任意识，增强责任心，养成自觉履行责任的良好习惯与优良品质。

（3）责任教育的层次和方法是本章教学的另一重点。

众所周知，内容决定形式，形式服务内容。但好的形式既能与内容相得益彰，又能映衬内容，使内容增辉添彩。责任教育的层次和方法属于责任教育的形式，它服务于责任教育的内容与目标，但只要选择的教育途径（层次）与方法妥当，使用恰到好处，就能凸显责任教育的效果，顺利实现责任教育目标。因此说，责任教育的层次和方法是本章教学的重点。为了让大学生充分认识到责任教育的层次和方法对责任意识、责任心、责任精神等责任品质形成培育的影响，努力珍惜和科学利用责任教育的层次和方法，建议教师在教学时应做到：

①教师要向学生讲明，个体责任意识、责任心、责任精神等责任品质形成培育的过程是终生的、系统的，不是一朝一夕就能完成的，因而家庭教育、学校教育、社会教育对个体的影响是永远受益的，只是不同教育层次对个体责任品质形成培育影响的侧重有所不同。通常情况下，家庭教育有利于个体早期责任意识的启蒙，很重要；学校教育尤其是高级阶段的学校教育则注重从理论上帮助学生确立科学的责任行为价值标准，这是关键；社会教育，既有利于个体责任能力的培养，又有利于个体责任品质的优化，更有利于个体责任行为价值标准的完善，因而对个体教育的影响是全方位的，是不可替代的。因此，大学生要倍加珍惜每个层次教育，深刻意识到每一层次教育对自我责任品质形成培育的影响，并从中受益。

②教师要向学生讲清道明，家庭教育、学校教育、社会教育对个体责任品质形成培育的影响不是彼此孤立的，而是互为影响、互为渗透的。家庭教育、学校教育、社会教育对个体责任品质形成培育的影响，相对来说，有所倾向，但不是唯一的，而是共同承担对个体责任意识、责任心、责任精神等责任品质形成培育的任务。所以，大学生要综合利用所有教育层次途径，以利于自我责任品质的形成培育，力戒顾此失彼，厚此薄彼。

③教师要积极引导大学生科学处理好课上与课下、理论学习与实践活动的关系。教师凭借娴熟精湛的传道解疑之教技，既要吸引大学生注重课堂理论学习，提高理论修养，深化理论认识，又要以身作则，身体力行，引导组织大学生积极深入社会生活实际，接受社会实践教育。只有这样，才能把家庭教育、学校教育、社会教育有机结合起来，实现大学生责任教育从认识到行为自觉转化、从低级到高级不断升华的完美对接。

2.教学方法建议：理论讲授法；例证教学法；课堂提问法；比较分析法。

3.教学课时建议：4个教学课时。

第一节　责任教育的目的和意义

长期以来，主体责任不清、责任不明是当今社会较为普遍存在的现象。正是由于主体责任不清、责任不明，才是造成当前社会工作相互推诿、扯皮和效率不高的主要原因，它的存在社会危害性极大，直接影响经济建设和改革开放事业的顺利推进，因此，对主体不负责任行为所造成的社会危害，几乎人人都有切肤之痛。“让全国人民，特别是国家机关工作人员和在各行各业担任重要职责的人，明确责任，切实负起责任，并且把这些责任内化为内心信念，已是当务之急。责任教育，就是通过各种教育手段，让人们明确自己的责任，认清自觉履行责任的重要意义，增强人们的责任心，树立责任权威，努力形成人人讲责任、个个负责任，以自觉履行责任为荣，以逃避责任或对责任打折扣为耻的良好社会风气”[①]，从而服务并推动社会主义各项建设事业不断向前发展。“责任是一种赋予每个人、每个社会组织不可推卸的权力和义务，履职尽责是维持社会和谐、推动社会发展进步的基本动力。一个缺乏责任感的人是不可靠的人，一个缺乏责任感的组织注定是一个失败的组织，一个缺乏责任感的民族必然是一个没有希望的民族。责任还是一种担当，能否履行好自己担负的责任，不仅对个人的前途发展，而且对集体、组织乃至国家、社会的前途命运都至关重要。”[②]

一、责任教育对个体成长和发展的意义

就个人来说，通过责任教育，可以强化人的主体意识，完善个体人格。讲责任、负责任、担责任是人格精神的重要表征，责任居于人格精神的核心地位，是健全独立人格的最本质特征；不负责任，或是没有独立履行责任能力的人，就没有独立的人格，不能算是一个健全完善的社会人。从责任意义上来说，“所谓主体意识，就是行为主体在各项社会活动和人际交往中，能够凭借自己的经验和理性判断，认识责任，自由选择责任，并

① 程东峰.责任论:一种新道德理论与实践的探究[M].合肥:合肥工业大学出版社,2016:113.

② 傅锁根,等.中国梦与尽责圆梦[M].呼和浩特:内蒙古人民出版社,2017:86.

有自觉自愿地履行责任的能力。责任教育，就是要通过教育灌输、环境熏陶、典型引路和强制约束等手段，让人们提高认识责任、选择责任和履行责任的能力，增强人们的责任心。教育的结果，必然使受教育者人格得到完善，主体意识得到加强”[①]。

二、责任教育对实现社会整体利益的意义

“就社会来说，通过责任教育，提高了社会成员的素质，增强了责任心，有利于社会整体（国家）利益的实现。”[②]政治方面，通过责任教育，提高了人们责任能力，增强了人们责任心，避免了工作中彼此相互扯皮推诿，消极敷衍，玩忽职守，甚至顶风违纪，有利于营造风清气正的政治生态环境；经济方面，责任教育增强了公民诚信守法的道德自觉性和法律自律性，有利于维护市场秩序，确保社会主义市场经济健康发展；道德文化方面，责任教育提升了公民道德境界和文明修养，有力促进了社会主义精神文明建设，尤其是当前网络文化建设。总之，开展对公民的责任教育，“有利于国家的安定团结，有利于端正社会风气，有利于社会主义精神文明建设，也有利于国家的长治久安”[③]。

三、责任教育对密切个体与他人、与社会、与自然间和谐关系的意义

就个体与他人、与社会、与自然间的关系来说，通过责任教育，可以密切个体与他人、与社会、与自然间的和谐关系。马克思曾说过，人是一切社会关系的总和，人若脱离社会关系就无法生存，并通过适应和成功扮演关系角色获得发展。一般来说，个体日常活动主要穿梭于人与人、人与社会、人与自然间的各种关系中，这些关系说到底无外乎都集中表现为建立在利益基础上的责任关系。只有通过责任教育，不断提高公民对责任认识和履行的能力，增强责任心，强化责任感，才能在实践中正视个体与他人、与社会、与自然间的责任关系，消除个体与他人、与社会、与自然间的利益对立，从而实现人与人、人与社会、人与自然间关系的和谐交融。

---

① 程东峰.责任论:一种新道德理论与实践的探究[M].合肥:合肥工业大学出版社,2016:113-114.

② 程东峰.责任论:一种新道德理论与实践的探究[M].合肥:合肥工业大学出版社,2016:114.

③ 程东峰.责任论:一种新道德理论与实践的探究[M].合肥:合肥工业大学出版社,2016:114.

第二节 责任教育的内容

人之所以要接受教育，就是要解决对未知世界的认知，并指导自我实践，达到知行统一，最终实现理想的教育结果。责任教育就是解决主体对责任的认知，笃定对责任的信仰，明确对责任的履行，进而实现责任主体的知、信、行、果的有机统一。

一、明确角色意识

作为一种意识形态，角色意识反映的是主体对角色的认识，对角色的情感、信念和意志。明确角色意识意在强化主体对自己所扮演角色的认识和对角色的投入。责任总是与角色连在一起，行为主体角色意识越强，并且从情感到行为都很投入，那么其角色扮演就越成功，当然其角色责任的履行也就越出色。角色投入与角色意识关系密切，一般来说，主体角色投入的多少、深浅既取决于其主观付出的多少，又决定于其对角色的理解程度及其责任能力。那么，在具体角色关系和角色实践中，主体应如何明确自己的角色意识呢?

第一，明确角色意识，必须要对已经担任了的比较稳定的主要角色，给予深入的认识和继续不断的投入，特别是关系到自己前途命运的核心角色，一定要慎重。在人生扮演的诸多角色中，有大有小，有主有次，对于一般普通角色只要“在场”完成即可；但对于哪些关系到个体生存发展、人民幸福、国家安危、社会稳定的重大角色一定要高质量完成，不得有半点马虎，因为这些直接关系到个体的社会名誉和价值实现。

第二，明确角色意识，必须要提高对个体发展将产生重要影响的可争取角色和机遇角色把握捕捉的自主性和敏锐性。人的众多角色中，有的是天然的、既定的，但有很多角色是外在的，不是每个人都能胜任和拥有的，需要个体积极地去争取捕捉，往往这些角色对自己成长发展影响更大。通常情况下，角色分配与个体知识能力有关系，个体平时知识能力储备越充分、越全面，那么获得的角色机会的可能性就越大，机遇也青睐于哪些有准备的人。个体一旦获得这样的可能机会和偶然机遇，自我角色就获得更多的锻炼和发展，那么，个体价值实现的空间和几率就越大。

第三，明确角色意识，还要科学处理好角色大与小、轻与重的关系。核心角色、关键角色固然重要，但并非意味一般普通角色可以忽视，因为角色大小、轻重是可以相互转化、相互影响的。人不是一生下来就可以胜任重大关键角色的，都是从一般小角色不断练就开始的，个体只有从普通一般角色扮演起，才能为赢得重要角色的胜任积累经验、储备能力、完善人格。小中见大，细节决定成败，大凡大人物都是从小角色的出色扮演中脱颖而出的，更何况“真正有高尚品德和很强的责任能力的人，无论是大角色还是小角色，无论是主角色还是次角色，都能恰到好处地投入，都能恰如其分地履行责任”①。

二、明确角色责任内容

明确角色意识固然重要，但明确角色所要承担的责任内容，才是责任教育的核心。由于个体角色扮演与转化是多样化的，因此，形成的角色内容当然是丰富多彩的。此外，社会组织为了维系自身的有序运行和发展，也必然赋予个体不同内容和层次要求的角色责任。总之，作为社会生活中的人，角色无处不有、无处不在。那么，个体在明确和履行这些角色内容时，就不能笼统简单化，要因人、因时、因事、因地而宜，因而从特点上对角色内容进行归纳分析，便于个体认知接纳。

1. 角色责任内容的历史继承性。这类角色内容大多都是通过对中国传统礼仪中的优秀成分沿袭积淀而成的，具有习惯性和约定俗成性，多数表现为与个体文明修养、待人接物等方面的角色内容要求相关。历史承袭下来的角色责任是最基本的角色责任内容，世代相传，习惯成自然，具有较大的稳定性。“人们对历史继承性角色内容的明确和接受，多是通过陈陈相因、模仿效法、耳濡目染和环境熏陶”②等渠道获得和完成的。

2. 角色责任内容的现实规定性。角色责任内容的现实规定性是相比较角色责任内容历史继承性而言的，是因现实社会发展的需要，或因解决现

① 程东峰.责任论:一种新道德理论与实践的探究[M].合肥:合肥工业大学出版社,2016:117.

② 程东峰.责任论:一种新道德理论与实践的探究[M].合肥:合肥工业大学出版社,2016:118.

实社会发展中存在问题的需要而规定的新的角色责任内容。社会是发展变化的，人类道德观念、价值原则、法律精神也在不断丰富完善之中，因而对原有角色责任内容规定就要更新，赋予新的更高的要求。此外，社会发展又会产生众多新的社会组织，尤其是一些经济组织和社会服务组织，直接关系社会公平和和谐发展。因此，对个体来说，角色内容越来越丰富，角色关系越来越复杂，必然会形成与之相应的新的角色责任内容。

3.角色责任内容的客观实在性。角色责任内容是客观的，角色责任观念是主观的，主观观念是对客观存在的有意识反映的结果。角色责任内容的客观性是人类社会发展规律和代表国家整体利益的需要所规定的，是不以任何阶级和个人的主观意志的变化而改变的，个体的道德善良和责任境界只是对客观责任内容的主观反映。只有符合现实社会利益需要、反映社会发展规律要求的角色责任内容，才真正具有客观实在性。

4.角色责任内容的主观性。角色责任内容是客观的，但角色责任内容的反映形式是主观的，只有通过主观反映形式，客观责任才能被主体认同接纳、自觉履行。由于每个主体的人生经历、生活阅历、认知水平、责任能力是不同的，因而对角色责任内容的主观能动反映的结果也是存在差别的，这种反映的差别会导致主体对责任认同的结果以及履行责任的态度，即对责任履行一般与良好的差别或拒绝履行与积极履行的悬殊。责任教育的必要，在一定意义上说，就是努力消除这种差别，使差者、劣者向好者和优者看齐。

总之，“责任教育工作者，要充分考虑到角色责任内容的历史性、现实性、客观性、主观性的特点，给责任主体以实事求是的有针对性的点拨和提醒，并给予适当的规定，让其真正明确角色所应承担的责任内容，即选择好的、尽可能好地履行责任的方式方法（即手段），以利其完整地实现责任。”①

三、明确角色责任赏罚

明确角色责任赏罚和加强责任心教育，其目的都在于教育引导责任主

① 程东峰.责任论：一种新道德理论与实践的探究［M］.合肥：合肥工业大学出版社，2016：120.

体通过对角色责任内容认知、内化的基础上，自觉履行责任，只是两者实现目的的手段不同而已。明确角色责任赏罚强调的是外部刚性机制的威慑作用，而加强责任心教育突出的是发挥责任主体内在自觉能动性作用，一外一内，一刚一柔，共同作用责任主体，实现对角色责任内容积极认同与自觉履行的目的。

1.明确建立角色责任赏罚机制的必要性。角色责任的形成是因社会关系和谐的需要而产生的，明确履行角色责任的意义在于维护社会秩序，确保社会有序运行，只有被主体自觉履行了的角色责任才能发挥这样的价值作用。角色责任的履行需要发挥责任主体的自觉能动性作用，但仅靠责任主体的自觉能动性是很难保证角色责任被不折不扣地履行，责任自觉是替代不了责任监督与约束在确保督促责任主体对角色责任履行中的作用。

2.明确建立角色责任赏罚机制的作用。人性是有善恶之分和境界高低之别的，人的道德善良只有在积极主动履行角色责任基础上，才有意义，否则，只能是一种道德虚伪。责任应是当代道德评价的标准，积极出色地履行责任就是善；反之，消极逃避责任则为恶。明确责任赏罚，就是要把这一道理明确授予受教者。“责任履行不仅仅靠自觉自愿，还要靠社会约束，不履行责任、逃避责任是要受到惩罚的。”[①]责任赏罚的最终目的在于对责任主体起到引导、教育、约束的作用。赏和罚都不是目的，而是为了实现让人们明确角色责任并自觉自愿地履行责任的最终目的而采取的两种不同有效手段。

四、加强责任心教育

完全靠外部机制刺激和约束作用来确保主体履行责任是不现实的，因为其代价太大，效果也很有限，因而不是最理想的手段。最理想的手段应是通过加强对主体的责任心教育，不断强化其责任担当意识，努力提高其责任履行能力，从而引导促使其自觉主动地履行责任。

1.什么叫责任心？所谓责任心是指个人对自己和他人、对家庭和集体、对国家和社会所负责任的认识、情感和信念，以及与之相应的遵守规

① 程东峰.责任论：一种新道德理论与实践的探究[M].合肥：合肥工业大学出版社，2016：121.

范、承担责任和履行义务的自觉态度。首先，责任心是主体基于对社会关系的体验并经过理性思考而产生的一种比较稳固的主观道德意识；其次，责任心是主体对自己所属的社会、团体以及与之发生关系的他人的一种高度负责的情感；再次，责任心是主体自觉主动地去克服困难、努力履行责任的精神动力。

2. 加强对主体的责任心教育。“加强责任心教育，就是培养行为主体热爱生活、主持正义、敢于担当，对社会、对国家、对他人高度负责的一种道德感情，这种感情一经理性化就变成了责任心。”[①]那么，为了实现上述对主体责任心教育的初衷，在教育过程中，施教者应注意把握哪些具体的细节内容呢？

第一，加强责任心教育必须和责任相联系。一般来说，有责任心的人都会自觉自愿地、按质按量地完成角色责任。通常情况下，我们把那些对责任范围认识到位、对责任内容明确清楚、对责任履行及时出色的人，视为责任心强的人；反之，对那些责任认识模糊不清、消极逃避责任、履行责任不出色的人，则视为责任心差的人。

第二，加强责任心教育必须和责任能力相联系。从责任的角度，个体价值的大小、有无与其履行责任的能力高低成直接的正比例关系。若个体履行责任能力强，则承担的相应责任就多且重要，因而出色完成后其社会价值就大；反之，可以类推。“责任心不仅能驱使人自觉主动地履行责任，而且还能促使人不断地进取，勇敢地实践，努力提高自己的责任能力，刻苦学习履行责任的本领。”[②]

第三，加强责任心教育必须与责任的客观根据相联系。之所以加强责任心教育必须与责任的客观根据相联系，旨在强调主体履行责任的职责性、正当性和正义性。如果主体在履行责任时，超出自己的职责范围，那就是越权，乱担责任，反而有干涉他人履行责任之嫌；如果主体在履行责任时，造成他人正当合法利益蒙受损失，或造成国家民族整体利益遭受重大损失，这样的履责是没有多少意义和价值的，抑或是大打折扣，甚至适得其反。因此，施教者在强化主体责任心教育过程中，必须使其意识到履

① 程东峰. 责任论：一种新道德理论与实践的探究[M]. 合肥：合肥工业大学出版社，2016：121.

② 程东峰. 责任论：一种新道德理论与实践的探究[M]. 合肥：合肥工业大学出版社，2016：121-122.

行责任时认清责任的客观依据的重要性，从而对责任的归属和履行责任的正当正义性做出科学的分析与取舍，最终做出正确的行为选择。

第三节 责任教育的层次

通常影响个体成长环境主要有家庭、学校、社会，由于家庭、学校、社会对个体成长影响的场合和范围是不同的，据此，我们就可以把责任教育分为家庭教育、学校教育和社会教育三个不同层次。家庭教育、学校教育和社会教育虽各有侧重，但不是彼此孤立的，而是互相渗透、彼此制约，共同影响主体对责任的认同和履行。

一、家庭教育

(一)如何理解家庭教育

常言道：家庭是孩子最早的启蒙学校，父母是孩子天然的第一任老师。由此可见，家庭环境和父母的言行对孩子成长的影响是多么之大、多么之深。优良的家教家风影响孩子良好行为习惯的养成，有益于孩子形成正确的做人行为准则。因此，父母应从多方面入手，加强对孩子的早期责任启蒙教育，积极发挥家庭责任教育的应有功能。

(二)家庭教育的功能和作用

家庭教育的功能和作用主要体现在对孩子的教育启迪和行为引导，从责任教育来看，在对孩子早期责任认知的启蒙和责任行为习惯的养成同样不可轻视。不论从一般意义的教育和引导，还是从责任视角下的认知启蒙和行为习惯养成，家庭教育的功能和作用主要表现在以下方面：第一，教育孩子说真话，不撒谎，有意识培养孩子不推卸责任、诚实做事的良好习惯；第二，培养孩子合群意识，帮助孩子养成入群合流、互相合作、遵守规则、共同承担责任的良好习惯；第三，鼓励孩子独立做事、勇敢面对困难和失败的信心，孩子在独立做事、战胜困难、克服失败的过程中，既学会了独立思考，又锻炼了能力，更培养了敢于担责的意识；第四，帮助孩子正确对待错误，孩子犯错并不可怕，就怕孩子犯了错误，无视错误，有错不改，因此，家长要以科学的方式和善意的批评帮助孩子分析错误，从而让孩子自愿主动承认错误、改正错误，“教育孩子勇于承认错误，并自觉改正错误，这就是要教育孩子有负责人的态度和自觉担当的精神”[①]。家庭教育的基本方法与要求是：“爱而不溺，严而不蛮，松紧适度，重在培养良好习惯。”[②]同时，父母的言传身教和良好的家风对孩子的影响也很至关重要。

二、学校教育

（一）学校教育的含义

相对于家庭教育来说，学校教育要规范得多、系统得多、科学得多，因而对孩子教育、成长的影响也大得多。尤其是这一阶段正值孩子价值观、人生观、世界观形成和发展的关键时期，因此，学校系统而科学的教育对孩子责任心和责任能力的培养十分重要，可以说，学校每一项正当有意义的教育活动都直接或间接地培养了学生的责任心和责任能力。所以，学校教育对公民责任心和责任能力的培养扮演着重要角色。

（二）学校教育的功能和作用

1.全面贯彻党的教育方针和教育法规。我国的教育方针要求使受教育者在德、智、体、美等方面得到全面发展。其中，德育有利于学生责任心的培养；智育、体育有利于学生责任能力的培养；美育有利于学生正确责任价值标准的确立。2015年12月，重新修订的《中华人民共和国教育法》第六条规定：教育应当坚持立德树人，对受教育者加强社会主义核心价值观教育，增强受教育者的社会责任感、创新精神和实践能力。

2.严肃校纪校风，严格学籍管理。严肃校纪校风和严格学籍管理，有利于学生责任品质的养成。平日学习和考试中的弄虚作假、徇私舞弊、抄袭夹带等恶习，是学生对自己、对父母、对学校、对社会的不负责任与欺骗行为；自由散漫、无故旷课、不能按时按质按量完成作业等行为，反映了学生没有追求、无视校纪校规的无责心理。严肃校纪校风和严格学籍管理，能有效避免上述恶习的形成蔓延，有利于学生良好学习责任习惯的养成。

① 程东峰.责任论：一种新道德理论与实践的探究[M].合肥：合肥工业大学出版社，2016：123.

② 程东峰.责任论：一种新道德理论与实践的探究[M].合肥：合肥工业大学出版社，2016：123.

3.加强实践环节，强调知行合一。实践性是责任的重要社会属性，是责任教育开展的最终落脚点。“从伦理学的角度来看，善与不善，负责任还是不负责任，主要看行为主体的行动和实践，负责任是做出来的，不是说出来的。”[①]没有责任实践，就没有责任关系、责任行为、责任结果的发生。培养学生为他人、为社会真诚服务的动手能力，在实践中强化学生的社会责任意识，是责任教育中不可替代的重要途径。

4.教师的表率作用。如果说父母的言行对孩子的成长起到潜移默化的作用，那么，教师的言行对学生的成长就起到积极引导和示范作用。教师教学中的一丝不苟、诲人不倦精神折射出教师严谨负责的教风，对学生责任心的培养起到直接的表率作用，他们以实际行动向学生诠释什么叫责任、如何尽责的职业操守。当然，以严谨教风为核心的优良校风对学生责任意识的培养也是非常重要的，优良校风有利于学生包括责任精神在内的良好品质的培养。

三、社会教育

(一)社会教育的含义

社会是个大舞台，生活是本无字的书，接受社会教育是个人顺利成长不可或缺的重要环节。社会教育的内容十分丰富，对个人成长的影响也很深远。我们这里所说的社会教育是相对于家庭教育和学校教育而言的，主要包括社会舆论导向、政策导向、法制教育、职业规范教育和社会风气等方面。

(二)社会教育的功能和作用

1.社会舆论导向。社会舆论是一个国家和社会统治阶级表达主流思想、传播核心价值观的重要凭借，在导向力上具有强大的约束力和巨大的影响力。当今社会以新旧媒介为载体的社会舆论，对人们的责任教育影响相当大，社会舆论通过理论说服、价值引领、榜样树立等形式，对人们责任心的确立大有裨益。“舆论导向正确，人心凝聚，精神振奋；舆论导向失误，后果严重。”[②]

① 程东峰.责任论:一种新道德理论与实践的探究[M].合肥:合肥工业大学出版社,2016:125.

② 十四大以来重要文献选编:上册[M].北京:人民出版社,1996:653.

2.政策导向。作为顶层设计，好的政策对社会风尚和人们的价值选择行为起到导向作用，使人们明白哪些为可为必为之举，积极行可为必为之举乃尽责之宜，从而有利于在全社会形成尽责光荣、失责可耻的道德风尚。同时，利用政策导向，让尽责者在物质和精神上都能获得相应收获，赢得社会尊重。反之，让失责者不仅在物质和精神上受到应有的惩罚，甚至身败名裂。

3.加强社会管理。“科学的社会管理是促进社会进步的重要措施。社会管理包括社会组织管理、企事业单位管理、公共事务管理。企事业单位的严格管理，直接作用于企事业单位的职工，直接影响到产品质量，直接影响社会风气的好转，有助于职工责任心的树立，也有助于社会责任的履行。”[①]必要的分配体系和赏罚制度的建立，都有利于职工责任意识的形成。不论是企事业单位职工，还是国家公职人员，强化职业道德教育，有利于他们责任精神的培养。

4.严格纪律，严肃法制。法制教育就是一种规范教育，广义地说也是一种责任教育。“法律规定的义务，是人们要自觉履行的最基本的责任。”[②]从这个意义上来理解，对自由“限制”的法的自觉遵守，就是责任的积极履行，责任的化成是主体对外在法律规范认知、接纳、内化的结果，把他律转化为自律，实现他律与自律的统一。自由的获取是以责任的履行为前提，自由的充分获得就是责任的完美履行。

第四节　责任教育的方法

在公民责任精神、责任能力的培养过程中，教育起着举足轻重的作用，不可或缺。良好的教育方法能起到事半功倍的教育效果。教育不能唯方法论，方法只有为内容服务，与教育对象、教育目标需要相契合，才能收到理想的教育效果。由于责任教育属于公民思想品德教育的范畴，因此，公民思想品德教育通常所采用的方法对责任教育同样具有通适性。

① 程东峰.责任论：一种新道德理论与实践的探究[M].合肥：合肥工业大学出版社，2016：127.

② 程东峰.责任论：一种新道德理论与实践的探究[M].合肥：合肥工业大学出版社，2016：127.

一、教育灌输

（一）教育灌输的含义

灌输，作为一种常规而有效的教育方法，最早是由无产阶级在革命斗争实践中创造使用的，意指根据斗争需要主动把马克思主义思想武器和精神食粮送到革命群众手中去，武装思想，指明方向，从而夺取斗争的胜利。作为大众教育方法，教育灌输是教育者通过晓之以理、动之以情的施教方式，把科学的思想理论和价值信仰传输给受教者，帮助他们树立正确的“三观”，以利于引导他们健康成长。

（二）教育灌输在责任教育中的作用

只要教育灌输的内容是科学先进的，能满足社会发展和教育对象健康成长的需要，而且教育方法也是对头的，就能取得良好的预期教育效果，这一点在责任教育过程中也是适用的。“责任教育采取教育灌输的方法，也就是说对于广大职工群众（也包括青少年）的责任教育，要通过灌输疏导，让他们了解‘角色’与‘责任’之间的关系，明白责任的内涵，知道尽职尽责的重要意义，从而树立恪尽职守、尽职尽责的责任心和事业心，以便他们能更好地进入角色、履行责任、实现人生价值。”①

二、环境熏陶

（一）环境熏陶的教育含义

常言道：近朱者赤，近墨者黑。这说明环境对个体成长的影响是巨大的。作为一种广用的教育方法，环境熏陶意指通过客观外界环境给主体以潜移默化的影响，从而使主体在认识、思想、情感、境界等诸方面发生明显变化的教育方式。“环境熏陶的教育效果主要是通过主体无意识地潜移默化和有意识地主动选择、自由接受来实现的。”②环境的存在是客观的，环境对人的成长影响也是毋庸置疑的，但环境可以选择，也可以改造，有良莠之分。好的环境让人变善，劣的环境使人变恶。因此，只有选择营造良好的教育环境，让人置于其中，才能使人的思想、心灵、境界得到熏陶、升华。

① 程东峰.责任论：一种新道德理论与实践的探究[M].合肥：合肥工业大学出版社，2016：128.

② 程东峰.责任论：一种新道德理论与实践的探究[M].合肥：合肥工业大学出版社，2016：129.

（二）环境熏陶在责任教育中的作用

环境熏陶在责任教育中的作用主要体现在：第一，环境的熏陶，有利于强化公民的责任意识和责任情感，有助于公民责任精神的最终培育；第二，置身于良好社会环境，直面道德榜样人物所折射出的优秀责任人格品质，受其感染与激励，使人懂得何为责任、如何履行责任以及背后的价值意义，从而增强公民自觉履行社会责任的积极性与主动性。

三、耐心疏导

（一）教育疏导的含义

疏导原指对淤塞的水流和堵塞的道路进行疏导，以使通畅。作为广义上的教育方法，疏导是指对人思想和认识上陷入的矛盾与迷茫，有针对性地进行开导，使其明义，从而自觉主动接受正确的思想理论，避免误入歧途。

（二）疏导在责任教育中的作用

疏导在责任教育中的作用集中体现在以下几方面：首先，疏导能提高责任教育的实效性。疏导教育因某一责任事件对责任当事人进行教育帮助，但不仅仅局限于此时此景下就事论事，而是从根本上向责任当事人灌输为什么要讲责任、重责任、担责任以及失责可能产生的严重社会后果和给自己成长发展带来的不利影响，助其长记性，让讲责任、重责任、担责任行为理念铭刻于心、贯彻于行，并通过媒体的传介，在社会上还能产生一定的教育警示作用。其次，疏导能激发主体自觉履行责任的能动性。如果教育者对责任事件当事人采取行政命令式的教育方法，责令其纠正错误、检讨受罚，解决的可能是当下责任事件中的问题，所谓的教育效果充其量只是迫于权威下的屈服，不能从根本上避免责任事故的再次发生。教育者只有采取疏导的教育方法，针对主体的责任失误，与其交心，并态度诚恳地帮助他分析失误的原因，制定解决问题、避免再次失误的科学方案，这样才能激发强化受教者积极进取、自我救赎的主动性和责任心。

（三）疏导的主要形式

1.活动疏导。顾名思义，活动疏导是指教育者通过有计划、有目的精心组织开展相关主题鲜明的教育活动，让受教者在活动中自觉达到责任教育的目的。

2. 典型疏导。榜样的力量是无穷的。大凡道德榜样都折射出道德当事人优秀的责任人格品质，对受教育者的责任人格行为具有示范和引领作用。

3. 奖励疏导。对人民、对国家、对工作尽责尽职者给予精神和物质奖励；严重失责，给国家和人民利益造成严重损失，给予应有的物质、法律和道德的惩罚。这让受教者明白，尽责光荣，失责可耻；责任履行与担当能带来物质和精神的双重收获，逃避与拒绝责任致使物质和精神俱损。

4. 规范疏导。对规范的遵守就是责任，没有规范就无责任可言。制定必要的社会规范，强化公民规范意识，是公民责任教育的必要前提，使公民责任教育有章可循、有法可依。

思考题

1. 如何理解责任教育的目的和意义？

2. 责任教育在责任认同中起什么作用？

3. 举例说明如何发挥家庭、学校、社会三位一体在责任教育中的功能和作用。

课外阅读书目

1. 中华人民共和国教育法[M]. 北京：中国民主法制出版社，2015.

2. 中国共产党第十八届中央委员会第三次全体委员会公报[N]. 人民日报，2013-11-13(1).

3. 中共中央国务院印发《关于加强和改进新形势下高校思想政治工作的意见》[N]. 光明日报，2017-02-28(1).

4. 况志华，叶浩生. 责任心理学[M]. 上海：上海教育出版社，2008.

第四章 责任分配

导　言

责任是客观存在的，不管是道德自觉意义上的义务，还是工作岗位职责范围内的任务，都是如此。道德自觉意义上的义务，是个体自觉履行职责范围以外的责任，体现责任主体道德的高尚和人性的善良，具有自觉性、自发性，不需要社会和他人的分配和指派。而岗位职责范围内的工作任务则不同，它是由人类社会组织性、关系性以及确保人类社会组织关系有序和谐、健康运行的客观需要规定的，当这种由社会组织规定的外在职责任务一经主体认同和接受，就内化为伦理学意义上的责任了。社会组织赋予工作岗位的责任不能仅凭个体的道德自觉所能完成的，它须经社会组织根据社会发展需要，依据个体能力和综合素质进行统一分配，体现社会组织意志和个体意志的统一，只有这样，责任才能被科学分配并被更好履行。责任分配的过程是复杂的。从个体来说，责任分配体现个体社会存在和自我价值的实现，是个体实现谋生、立足社会的重要依托，因而是个令人敏感的经济问题；从社会而言，责任分配体现了社会对个体正当发展需要的尊重，确保社会有序运行、和谐发展，因而又是个严肃的政治问题。因此，只有科学合理，协调一致，才能最终实现责任分配的初衷。

教学目标

通过对责任分配意义的学习，使同学们真正认识到责任分配是一项极其严肃复杂的社会工作，直接关系到个体事业成败和社会的和谐发展，因而广受社会关注，影响甚大，意义深远。因此，不论对政府部门来说，还是对个体而言，把责任分配好、把职责履行好本身就是一份沉甸甸的责任，从而引导同学们树立科学的责任分配观。

通过本章教学，使同学们最终明白责任分配既不是政府部门的随心所欲，也不是个体的心想事成，科学的分配原则和方法是责任分配的制度保障。因此，责任分配部门必须根据社会需要和个体意愿，认真研究讨论，制定科学而又切合实际的分配原则和方法。唯有如此，才能确保责任分配顺利完成，责任分配意义真正得到落实。

通过本章教学，联系实际，让同学们充分意识到责任分配的实际过程是很复杂的，受诸多主客观、社会和自我因素的制约，因而责任分配的最终结果不可能是完美无缺的。因此，对待责任分配的过程和结果，社会和个体都要多一点理解和宽容，尤其对个体来说，要有责任分配的大局意识，要树立吃苦、奉献、受委屈的人格责任精神，服从国家安排，顺应社会需要，刻苦学习，练就本领，胜任职责，并逐渐调整，最终事遂人愿。

教学建议

1.教学内容重难点的把握和突破。

1.责任分配的意义既是本章教学的重点，又是本章教学的难点。

①说责任分配的意义是本章教学的重点内容，其依据主要有：

其一是由责任分配的意义在本章教学中的整体地位所决定的。责任分配之所以是一项极其重要的社会工作，是由责任分配的意义所决定的，既影响个体事业和人生价值的实现，又关系到全社会的和谐与发展，十分重要。正是基于责任分配的重要性，才有责任分配科学原则和方法制定的必要性，科学的责任分配原则和方法是确保责任分配意义最终落实的有效制度保障；个体正确对待责任分配也是责任分配意义的重要性对个体责任分配观确立的基本要求。因此，全面科学领会责任分配意义的深刻内涵，是理解学好责任分配科学原则和方法的制定及其个体正确对待责任分配等教学内容的前提基础；责任分配科学原则和方法的制定及其个体正确对待责任分配等教学内容的编排，也是基于责任分配意义的教学需要自然延展的必然结果。

其二是由“责任分配的意义”教学内容的重要性所决定的。由于责任分配的意义直接凸显了责任分配对个体价值实现和社会和谐发展的双重影响效应，因此，一方面突出了“责任分配”本章教学内容的重要性，要求教师要认清教学任务，明晰教学目标，学生要悟彻学习意义，端正学习态度；另一方面明确了不论从国家还是从个体而言，责任分配都是一项重要的社会工作，把责任分配好、落实好，于公于私都是积极有益的。

那么，教师如何围绕“责任分配的意义”这一重要教学内容开展教学呢？

首先，教师要向学生讲清不同内容的责任履行的形式和要求是不同的。大凡道德意义上的责任，社会支持鼓励个体积极主动去履行，充分发挥个体道德自觉能动性作用，彰显人性善的道德力量。但职业或工作岗位范围内的责任分配却不同于此，虽然也不排除个体对职业岗位的积极主动争取，甚至必要时社会会有意激励个体主动请缨或毛遂自荐，但更多倾向于根据社会需要和个人意愿，实行公开竞聘，择优录用，既注重对个体道德素养的考察，更在乎对个体胜任岗位能力的考量。

其次，教师要重点讲清楚针对职业或工作岗位范围内的责任分配为什么不能任凭个体道德自觉去争取，而是采用公开择优竞聘形式。因为大多数职业或工作岗位范围内的职责不是仅靠个体道德自觉就能胜任的，需要过硬的专业技能。个体只有建立在过硬专业技能基础上的道德自觉，才能出色地完成本职工作，从而体现责任分配的意义。因此，职业或工作岗位范围内的责任分配，只有采取公开竞聘的形式，才能选拔到国家和社会真正需要的德才兼备的优秀人才，担当大任，予以重用。

②责任分配的意义又作为本章教学的难点，其原因在于：

难点一在于要区分道德意义上的责任分配与职业岗位范围内的责任分配之不同，不能混淆。虽然两者之间也有交叉点，但区别还是显而易见的，只有分清两者间的不同，才有助于同学们对责任分配的重要性及其意义的理解。

难点二在于责任分配过程的复杂性，受多种因素的制约，影响责任分配的公平公正性，最终关系到责任分配的意义能否实现。

难点三在于对责任分配的意义的分析与阐释，这也是责任分配教学内容之所以重要的关键所在。责任分配本来只是确保社会有机体正常有序运行的一道工作流程，它之所以极其重要，广受社会关注，是由其意义决定的。因此，教学中对责任分配意义的科学分析与阐释就显得非常重要，要求教师把握准确，分析到位。

为了突破上述教学难点，建议教师从以下两方面着手组织教学：

第一，指出道德意义上的责任分配与职业岗位范围内的责任分配的不同。道德意义上的责任分配主要靠个体的道德自觉，社会提倡个体以高尚的道德自觉形式积极主动争取履行道德义务；而职业岗位范围内的责任分配则不然，他不是个人纯粹道德行为所能扮演的，关键要靠个人出色的能力才能胜任岗位职责。个人道德情操只有以过硬的专业技能为后盾，才能胜任责任分配的岗位需要。

第二，分别从个体与国家两个层面分析阐释责任分配的意义、具体现实，使理论接现实生活之地气，易于同学们理解认同。就个体而言，从谋生的角度，责任分配意味着职业；从人生价值的实现角度，责任分配象征着事业。不论是职业还是事业，责任分配对个体都意味着建功立业，事业有成，立足社会；对国家来说，责任分配不仅仅是一项普通的工作任务，直接关系到社会的和谐有序，国家的发展，民族的竞争，甚至生死存亡。只有通过责任分配的形式，公开竞聘，择优录用，才能选拔到国家所需的专业人才，人尽其才，才尽其用，有利于社会发展，国家强盛，民族振兴，人民幸福。总之，综合责任分配对个体和国家的影响，责任分配的顺利落实表征着社会的和谐稳定，因而意义深远。

（2）责任分配的原则是本章教学的又一重要内容。

①责任分配的原则是在责任分配过程中为确保责任分配顺利推进、如愿实现责任分配的初衷而制定的社会保障机制，属于社会制度的有效组成部分，其重要性不言而喻。具体来说主要表现在：

首先是由责任分配的原则所服务的内容决定的。由于责任分配的原则是为确保责任分配顺利推进、如愿实现责任分配的初衷而制定的社会保障机制，而责任分配的过程和结果影响甚大、意义深远。因此，责任分配的过程和结果越是备受关注、影响重大，越能衬托为其服务的责任分配原则的重要性。

其次是由责任分配的原则所彰显的公平正义精神对社会风尚的价值引领作用决定的。责任分配的意义和初衷决定了为其服务的责任分配原则只能秉承公平正义的竞聘精神，这对于规范个体和国家在责任分配中的正确文明行为、营造良好的社会道德风气、打造风清气正的健康政治生态都具有重要的积极作用。

再次是由责任分配的原则所倡导的尊重知识、尊重人才、能力优先的价值导向决定的。责任分配的原则主张在责任分配过程中实行公开竞聘、择优录用，既在全社会营造了尊重知识、尊重人才、重用人才、优待人才的浓厚氛围，又能激励广大青年学子勤奋刻苦，立志成才，报效祖国，让知识改变命运、知识激扬青春的人才价值理念深入人心。

②为突出责任分配原则的重要性，建议教师重点围绕责任分配原则所体现的公平正义精神和尊重知识、尊重人才的价值理念来组织教学，详细分析讲授。

首先，教师在讲授公平正义责任分配原则时，可以结合中国传统人才选拔考核的通行做法，向学生强调公平竞争、择优录用自古有之，深入人心，形成定制。今天只是在原有基础上推陈出新，进一步完善，使之更加科学。

再者，教师在讲授公平正义责任分配原则时，可以从现代法律所崇尚的基本精神去阐释。现代法律所崇尚的精神要义是：法律面前人人平等。责任分配的原则所彰显的公平正义精神与现代法律精神所崇尚的“人人平等”思想在本质上是一致的，或者说公平正义精神是现代法律精神在责任分配中的具体贯彻和体现。

最后，教师在讲授公平正义责任分配原则时，可以与当前社会主义核心价值观的学习和践行要求结合起来。社会主义核心价值观是当今我国精心打造和推行的社会主流价值观，体现了社会主义道德和文化建设的本质要求，是兴国之魂，是引领社会风尚的道德标杆，是规范人们道德行为的精神指南。责任分配的原则所彰显的公平正义精神既是学习和践行社会主义核心价值观的基本要求，又是对社会主义核心价值观社会层面道德要求的全面贯彻。

（3）树立正确责任分配观是本章教学的又一难点内容。

之所以说树立正确责任分配观是本章教学的难点内容，其主要原因在于：责任分配观与人的世界观、人生观、价值观一样，都属于认识问题，其确立的过程不是一朝一夕就能完成和定型的，个体只有建立在外在科学理论积极灌输和引导的基础上，通过不断反思和体验，深刻透悟事物的本质，才有可能最终形成正确的观念。责任分配观的形成与之一样，个体只有真正全面领悟责任分配的道德内涵，深刻领会责任分配的伦理意义，设身处地感受到制约责任分配因素的复杂多样性以及责任分配过程中国家和个体选择意向的信息不对称性等，才有可能逐渐形成正确的责任分配观念，从而以科学的心态和高尚的境界正确对待和处理责任分配中的“不如意”现象。而这一教育目标的实现不是教育者和受教育者仅凭单方面一厢情愿或主观愿望所能企及的，则需要教育者和受教育者共同努力，耐心开导，用心体会，才能最终完成。因此说树立正确责任分配观是本章教学的难点内容。

教育者为帮助受教育者纠正责任分配的认识偏激和误区，树立正确的责任分配观，教师必须向学生讲清以下几点：

①在责任分配过程中出现个体主观愿望和自我争取的落空是正常的。因为在一定时期内社会提供的岗位是有限的，尤其是相对优越的岗位更是屈指可数，而应聘的个体是众多的，不可能满足众人之需，因此采取竞争淘汰机制自然也就成为世之常情了。

②在责任分配过程中出现社会需要与个体愿望的矛盾，是由国家和个体选择意向的信息不对称所造成的，不可避免。在责任分配过程中，个体对职业的选择众口难调，国家又不可能掌握每一个个体的择业动意，这就必然会出现有的竞聘岗位人多为患、有的职位无人问津的错位现象。因此，在责任分配过程中经常存在个体心想事不成的现象就不足为怪了。

③在责任分配过程中出现个体专业不对口的堵心现象，是由人才市场

需求与高校专业设置不同步造成的，无可厚非。市场对人才的需求具有及时性，每时每刻都处于变动当中，而高校专业设置具有相对的稳定性，人才的培养具有周期性，不可能与人才市场需求保持完全的同步性，这就必然导致市场急需人才高校推不出，而高校大量输出的常规人才市场需要有限，甚至不感兴趣，因而在责任分配中出现专业不对口的现象也就不可避免了。所以，个体要学会主动适应，未雨绸缪，早做规划，拓宽就业知识面。

④教师要教育引导学生树立责任分配观的大局意识，不能斤斤计较个人专业和利益得失。当新的工作环境不尽如人意，或在工作中暂时不适应、受委屈，都要以工作为重，自觉履行职责，逐渐调整岗位，不能擅自离职，拒不履责，更不能向国家或单位讨价还价。我们应有的姿态是服从国家和组织的安排，积极响应党的号召，到祖国和人民最需要、最基层、最艰苦的地方建功立业，成就人生价值。

2. 教学方法建议：理论讲授法；例证教学法；课堂提问法；案例讨论法。

3. 教学课时建议：4个教学课时。

第一节 责任分配的意义

个体要想生存、立足社会就需要工作，期待社会的接纳和信任；社会要实现发展、和谐稳定，人人就必须努力工作，胜任职责，人尽其才，才尽其用。因此，作为责任分配的主体——社会组织及其主要负责人，要在个体生存和社会发展关系上尽量做到相对平衡，力争实现个体需要和社会需要的统一，形成“两全其美”的责任分配机制，这样，才能最终实现责任分配的初衷。那么，如何才能确保这一分配机制和初衷目标的如愿实现呢？关键在于社会组织及其主要负责人和个体要能自觉主动理解和明确责任分配的意义。社会组织及其主要负责人和个体对责任分配理解得越全面、越深刻，越有利于社会组织及其主要负责人制定科学合理的责任分配机制和原则，也越有利于个体对责任分配机制和原则的自觉贯彻和积极支持，从而确保责任分配初衷的如愿实现。

一、责任分配关系到个人价值的实现和事业的发展

工作岗位，既是个体安身立命的依托，又是其为社会建功立业、实现自我价值的平台。个体能够胜任何种工作、在何地何部门胜任工作，既取决于其选择的专业且为之付出的努力以及练就的综合素养与能力，又取决于工作部门及其领导对个体的赏识并委派的工作任务。一般来说，工作环境和专业相对宜人对口，人际关系融洽，上下精诚团结，特别是部门领导能做到以较优厚的待遇、真诚的情感、高尚的人格善待尊重人才，在全单位营造识才、爱才、敬才、用才、容才之风，有利于个体拥有舒畅的工作心情，保持高涨的工作热情，增强胜任角色责任的满怀信心，从而把自己所学的专业知识和所拥有的聪明才智淋漓尽致地发挥出来，在为祖国昌盛和人民幸福建功立业的工作岗位上充分展现自我人生价值。

二、责任分配的公平合理是确保社会安定和谐、文明发展的关键

责任分配的主体是社会各级组织部门，代表国家利益和人民意志，把

工作任务按一定程序和原则公平分配到既能胜任又能任劳任怨的个体手中，既满足了国家用人的需要，又满足了个体工作谋生的需要，直接关系全社会的安定和谐、文明发展。那么，能否实现上述初衷，关键取决于责任分配的程序正当和个体对被分配责任的认同。

（一）责任分配的程序正当

责任分配的程序正当是确保责任分配公平以实现社会安定和谐、文明发展的前提。社会各级组织部门在责任分配之前，必须深入下去，详细摸底，全面了解单位用人和个体对工作期待情况，制定科学统一的分配标准和原则，对事不对人，避免任人唯亲，这样，才能力避责任分配过程中出现矛盾和不快。如能如此，即便个体被委派的工作岗位专业不太对口、所处工作环境不尽如人意，也能本着既来之则安之的心态，认真履行岗位职责，这对个人和社会都是有利的。

（二）个体对被分配责任的认同

责任分配不是社会各级组织部门的单方面行为，还要看个体对被分配责任的认同，体现社会意志和个体意愿的相统一，只有“两厢情愿”，才能确保责任分配顺利落实并被个体心悦诚服地胜任履行。个体对被分配责任的认同，既受制于个体所学专业和能力的影响，又受到工作环境（包括地理位置、生活待遇、人际关系、领导风范等）的制约，只有以上两方面同时符合个体意愿，他才能打心底愉快认同责任并接受工作的安排，积极主动履职履责，心甘情愿做出奉献。

总之，责任分配的公平影响甚广，意义非常，事关社会的和谐、单位的稳定、个体的发展，只有在政府部门、用人单位、个体之间寻求平衡，力争协调统一，才能实现责任分配的初衷，于国于民、于用人单位无不大有裨益。

三、用人之道和责任分配原则会直接影响单位政治生态的健康和事业的成败

社会组织部门根据国家的需要和个体的选择，把工作任务落实到具体个人，或者说把个人分配到具体工作部门中去，至于如何科学用人、公平

合理委派工作任务就是部门领导的事了。部门领导干部的用人之道和责任分配原则会直接影响单位政治生态的健康和事业的成败。如果单位领导干部用人之道民主科学，制定责任分配原则公平透明，则利于上下精诚团结、彼此互信的和谐人际关系以及踏实奋进优良作风的健康政治生态氛围的形成；反之，则互为猜忌，人心涣散，人浮于事，于己于事、于公于私都是不利的。那么，领导干部如何才能做到用人之道民主科学、制定责任分配原则公平透明呢？

（一）要知人善任

"知人不深、识人不准，往往会出现用人不当、用人失误。'不知人之短，不知人之长，不知人长中之短，不知人短中之长，则不可以用人，不可以教人。'"[①]"知人善任是领导干部在实际工作中形成的一种判断能力。"[②]这种判断能力的产生是建立在领导干部对下属工作性质及其与周围联系和对下属工作人员的品行及社会关系的全面了解的基础上。因此，领导干部对下属的了解较全面，既体现领导干部对下属的体贴关心，更是部门开展工作的需要。领导干部只有在长期工作实践中积累丰富的经验，具备包括专业在内的相应理论知识，广泛深入职工群体中去，才能做到知人善任，既展现领导干部的人格魅力，又能让下属心无旁骛，扎扎实实履职尽责。

（二）用人方法要科学

人才固然重要，领导干部制定并贯彻科学的用人方法更加重要，只有这样，才能确保用好人才，好的人才被重用，人才用在最好的地方，真正体现人尽其才，才尽其用。"用人得当，就要科学合理使用干部，也就是说要用当其时、用其所长。"[③]这就需要领导干部在用人方法上必须努力做到：

1.兼听则明，偏信则暗。选拔人才，任用干部，既要听取各方面意见，又要扬长避短。人无完人，金无足赤，只有集中各方面意见，才能形成对人才全面认识和合理定位，从而为知人善任奠定基础。"我们要树立强烈的人才意识，寻觅人才求贤若渴，发现人才如获至宝，举荐人才不拘一

① 习近平.习近平谈治国理政[M].北京：外文出版社，2014：418.

② 程东峰.责任论：一种新道德理论与实践的探究[M].合肥：合肥工业大学出版社，2016：136.

③ 习近平.习近平谈治国理政[M].北京：外文出版社，2014：419.

格，使用人才各尽其能。”①

2.疑人不用，用人不疑。领导干部一旦确定对人才的选拔和重用，就要坚信，大胆使用，充分相信。同时，在工作中要给予必要的关怀和支持，既要给他们提供充分的工作锻炼机会，又要为他们创造更多的深造发展机会。人才既需选拔，更在于培养。

3.大胆提拔，才尽其用。领导干部识才、爱才固然可喜，但如能做到对人才大胆提拔、委以重任则更加难能可贵。人才只有在实际工作中，才能得到锻炼，潜能才能得到挖掘，尤其在关键时刻、重要岗位敢于大胆起用年轻才俊，对他们能力的提升、信心的培养、素质的优化更为重要。识才离不开伯乐的慧眼，用才更显领导干部的胆识。

（三）避免用人的不正之风

领导干部在责任分配中，选拔用人没有客观统一标准，全凭私人裙带关系，大搞权权交易、权钱交易、权色交易，不仅败坏社会风气，还会影响单位团结，人心稳定。单位领导干部上述用人存在的不正之风，是对责任分配严肃性、政治性的无视，也是对人才尊严、知识价值的蔑视，其社会危害性之大，毋庸置疑，必须坚决予以根治和铲除。

第二节　责任分配的原则

责任分配意义的充分彰显，是以公平竞争、任人唯贤等责任分配原则为前提和保障的。责任分配原则的科学公平性直接关系到责任分配初衷的最终实现。“任何社会，任何国家，都有其责任分配的原则。责任分配的原则有其明显的阶级倾向性和强大的社会导向性。”②责任分配原则关涉责任分配中用什么人、如何用人的根本问题，责任分配原则的实质就是解决人与职责关系中如何科学授职定责的问题。纵观传统和现实，我国责任分配原则遵循的基本精神是：提倡德才兼备，按能授职，量才定责，按德定位。除此之外，还要遵循下列基本原则。

① 习近平.习近平谈治国理政[M].北京：外文出版社，2014：419-420.

② 程东峰.责任论：一种新道德理论与实践的探究[M].合肥：合肥工业大学出版社，2016：138.

一、因需设岗原则

（一）因需设岗原则的含义

因需设岗，顾名思义，就是依据工作的需要设置人事岗位，公开公平面向全社会招揽人才。因需设岗是针对因人设岗而言的，因人设岗的积弊衬托因需设岗的优点。

（二）因人设岗的弊端

1. 因人设岗必然会造成单位部门间的不平衡。因人设岗把人放在部门“养着”，不利部门间的沟通与团结，容易造成互相攀比。此外，部门富集过多的人员，还会增添不必要的办事环节，降低办事效率，给单位社会形象造成不必要的负面影响。

2. 因人设岗是诱发单位机构臃肿的罪魁祸首。因人设岗容易造成人浮于事、互相推诿的局面，常出现“有人无事干、有事无人干”的怪异工作场景，人员办事效率不高且态度恶劣，给国家和人民利益造成严重损害。

3. 因人设岗易造成人员岗责分离，职责不明。因人设岗往往因岗位不需要而出现“虚岗”。“虚岗”虽有岗，但实际上人却无事可做或很少做实事，因而也就无责任可言。因人设岗造成的岗责分离、职责不清、无所事事，既增加了纳税人的经济负担，又不利于部门人员间的团结合作。

（三）因需设岗的基本原则精神

为消除避免因人设岗可能酿成的不良社会后果、造成的恶劣社会影响，以便更好贯彻责任分配的基本精神，因需设岗是当前社会普遍推行的科学分配方案，也是我国目前普遍成功实行的岗位责任制的基本经验之一。因需设岗原则的基本精义是：定岗定编，有岗有责，职责明晰，失责必追，实行权、责、利相结合，奖惩分明。

二、任人唯贤原则

（一）任人唯贤原则的含义

责任分配中提倡任人唯贤的原则，就必须旗帜鲜明地反对任人唯亲，拉帮结派，大搞宗派主义和小团体主义，无视党纪国法，排斥打压异己，唯我独尊。毛泽东同志认为，作为党的干部用人政策，任人唯贤是我党在长期革命斗争和建设实践中形成的一项广受人民认可的人事制度，那就是：坚决执行党的路线，服从党的纪律，和群众有密切的联系，有独立的工作能力，积极肯干不谋私利。“习近平同志强调，作为党的干部，就是要讲大公无私、公私分明、先公后私、公而忘私，只有一心为公，事事出于公心，才能坦荡做人、谨慎用权，才能光明正大、堂堂正正。”①

(二)任人唯贤原则的“唯贤”标准

1.政治方向明确，立场坚定。政治方向明确和对党的路线方针政策坚决拥护执行，关系干部人才能否甘愿为祖国强盛伟业和人民幸福大业奉献毕生的根本人生立场问题，用现在的话说，就是要做到道路自信、制度自信、理论自信、文化自信，这是评判“贤官”的当代最基本政治标准。“忠诚忠实、干净干事、担当担责，体现了做人做事做官的端正态度，体现了优秀的政治品格、党性修养、价值追求和职业素质，是党员领导干部修身之本、为政之道、成事之要。”②

2.遵纪守法。不触道德底线，不越法律红线，尊重法律权威，在宪法精神指导下自律自为活动，是确保党员干部为国敬业、为民谋利的保证。“习近平同志指出，做到正己修身，关键是要坚守底线、不越红线。底线，就是党员领导干部的信念宗旨、道德情操，就是我们为人、处事、从政的基准线。红线，是有关廉洁从政的党纪国法，是必须遵守的行为准则。”③当前，我党制定和通过的《关于新形势下党内政治生活的若干准则》和《中国共产党党内监督条例》，就是这一精神要求的具体体现，就是衡量和评判“贤官”的道德法纪准绳。

3.坚持走群众路线。密切联系群众是我党在革命战争年代围绕群众工作所形成的优良作风，是确保革命事业取得胜利的重要法宝。群众路线是马克思主义唯物史观和群众史观在实践中运用的产物。立党为公是我党的宗旨，为民谋利是党员干部的使命，只有走群众路线，才能使自己成为党和人民心目中合格乃至优秀的好儿女、好公仆式“贤官”。“历史和现实都

① 任仲文.学习习近平总书记系列讲话精神[M].北京：人民日报出版社，2016：408.

② 任仲文.学习习近平总书记系列讲话精神[M].北京：人民日报出版社，2016：409.

③ 任仲文.学习习近平总书记系列讲话精神[M].北京：人民日报出版社，2016：406.

告诉我们，密切联系群众，是党的性质和宗旨的体现，是中国共产党区别于其他政党的显著标志，也是党发展壮大的重要原因；能否保持党同人民群众的血肉联系，决定着党的事业的成败。”①

4.工作能力强。工作能力强是“贤官”的最重要体现。人民的“贤官”不是大家的老爷，而是群众的公仆，只有工作能力强，才能胜任职责，独当一面，才能为民族振兴、国家富强、人民幸福建功立业。“习近平同志强调，敢于担当是领导干部应当具备的基本素质，体现着领导干部的胸怀、勇气、格调。党员领导干部必须培养勇于担当的自觉、练就善于担当的本领，努力拼搏、奋勇当先，有大的担当，干大的事业，完成好时代赋予的重任。”②

5.积极肯干，大公无私。能力有大小，水平有高低，这是人的业务素质问题，业务素质的提高需要靠社会培养和自我努力；而苦干精神和无私境界则属于人的道德品行问题，道德品行的提炼需要教育熏陶和自我修养。实现中华民族伟大复兴“中国梦”和“两个百年奋斗目标”，是一项伟大的千秋工程，充满挑战和艰辛，既期盼大量出类拔萃的“英才”“雄才”横空出世，也同样需要“愚公”式默默无闻的实干家，两者一样伟大，共同注解着新时期德才兼备优秀“贤官”的思想内涵。

三、唯才是举原则

（一）唯才是举原则的含义

唯才是举是责任分配所遵循的一项重要原则，它包含两层意思：一是说人人都有责任向社会用人单位或国家人力资源管理部门积极举荐人才，从而在全社会形成人人关心人才、争当伯乐识真才的优良传统，在各行各业营造让人才早日脱颖而出、使人才安心踏实为国为民服务的良好风尚；“二是讲用人不分亲疏，举才不计前嫌，荐才不分派别，在才干能力面前人人平等。”③

① 习近平.习近平谈治国理政[M].北京：外文出版社，2014：366-367.

② 任仲文.学习习近平总书记系列讲话精神[M].北京：人民日报出版社，2016：407.

③ 程东峰.责任论：一种新道德理论与实践的探究[M].合肥：合肥工业大学出版社，2016：140-141.

(二)唯才是举原则对于贯彻落实责任分配初衷的重大意义

1.全面推行落实唯才是举原则，有利于在全社会形成人人尊重人才、大家都热衷于关心推荐人才的良好局面，从而可以广泛发掘人才资源，提高人才使用效率，避免埋没人才或人才遗漏，以确保责任分配更加合理。党的十九大报告指出：“要坚持党管人才原则，聚天下英才而用之，加快建设人才强国。实行更加积极、更加开放、更加有效的人才政策，以识才的慧眼、爱才的诚意、用才的胆识、容才的雅量、聚才的良方，把党内和党外、国内和国外各方面优秀人才集聚到党和人民的伟大奋斗中来，鼓励引导人才向边远贫困地区、边疆民族地区、革命老区和基层一线流动，努力形成人人渴望成才、人人努力成才、人人皆可成才、人人尽展其才的良好局面，让各类人才的创造活力竞相迸发、聪明才智充分涌流。”①

2.全面推行落实唯才是举原则，有利于在全社会构筑公平高效且富有活力的人才管理选拔平台，同时，还有利于优化人才培养机制。“用才不分派系亲疏，这样做可以形成自然的监督机制，既可保证人才不会遗漏，又可以保证社会责任全面实现，还可以取长补短，避免了‘近亲繁殖’的缺憾。”②

3.全面推行落实唯才是举原则，有利于实现人才培养的良性循环。“唯才是举体现了在用才、选才上的社会公平原则，既有利于激发人才的积极性，又有利于后备人才的健康成长。”③当然，唯才是举是建立在人才自身思想道德觉悟高尚的基础上，否则，被举荐人尽管有“才”，但也不是我们所需之“才”。

四、公平竞争原则

(一)公平竞争原则的含义

前面已陆续讲授了责任分配原则中的因需设岗原则、任人唯贤原则、唯才是举原则，那么，最终确定的人选是否真正胜任适合岗位的需要，是否真正符合“真贤”“真才”的标准，公平竞争是人才“淘金”和“PK”比较的最有效的手段策略，是造就真正“真贤”“真才”脱颖而出的试金石

① 党的十九大报告辅导读本［M］.北京：人民出版社，2017：63-64.

② 程东峰.责任论：一种新道德理论与实践的探究［M］.合肥：合肥工业大学出版社，2016：141.

③ 程东峰.责任论：一种新道德理论与实践的探究［M］.合肥：合肥工业大学出版社，2016：141.

和识别器，是贯彻落实责任分配原则精神的最重要的制度保障。所谓公平竞争原则，简言之，就是通过制定科学透明的政策，公开公平选拔人才，体现在原则面前，人才平等，择优录取。公平竞争原则最适合海选人才，现已被社会广泛采纳和运用。

（二）公平竞争原则的优点

公平竞争原则是现代民主法制精神的重要体现，也是社会进步发展的必然要求。作为一项人才选拔的重要制度，公平竞争原则既彰显了党和国家、人民对具有真才实学有用之才的渴求与尊重，又有利于社会进一步完善人才选拔机制，促进人才资源科学有序开发、实现良性发展，具有重要意义。

首先，公平竞争原则有利于在全社会形成积极有效的用人价值导向，既有助于人才的脱颖而出，又有助于在全社会营造尊重知识、尊重人才的良好风尚。公平竞争体现了社会对人才的尊重和保护，反映了国家在责任分配制度上的公平公正原则，对事不对人，让贤者上庸者下成为全民共识，这无论对优胜者还是对失意者，都能让他们心服口服，无明显副作用和不良影响。

其次，公平竞争原则有利于促进后备人才的健康成长，避免“假文凭”“假学历”“高分低能”等滥竽充数“人才”现象的出现。长期以来，我国社会刮起的文凭热、学历热助长了人才培养与选拔的浮夸风，唯文凭、学历至上，不注重实际能力，造就了大量庸才的存在，名不副实，这对个人进步和社会发展都是不利的。人才选拔的公平竞争，终于让那些曾经拥有所谓高文凭、高学历而无真才实学的滥竽充数“人才”原形毕露，无躲藏混迹之处，从而使人们清醒认识到，只有踏实努力，苦练本领，才能获得社会的认可，人民的信任。

再次，公平竞争原则能够有效镇刹社会不正之风，有利于淳朴社风民风、纯洁政治生态。与人才选拔公平竞争原则相对应的就是人才聘用中的暗箱操作，不民主，不透明，不公开，必然会导致任人唯亲和裙带关系现象的存在，从而助长了社会不正之风的滋生与蔓延。暗箱操作堵死了真才贤能之辈正常升迁之道，而庸人当道，必然妒贤嫉能，不走正道，大搞歪门邪道，从而造成政风社风民风的乌烟瘴气，必将祸国殃民。

(三)完善公平竞争原则

规则是死的，但规则的制定者是活的，规则的科学性是人才选拔公平性的制度保障。为了让公平竞争的优点在责任分配中不断放大，作为原则的制定者要对原则不断完善，避免出现漏洞和偏颇。

1.原则制定标准要统一、科学。从科学性出发，原则制定应做到因地制宜，因地域、岗位、专业和人群的不同而异，具体问题具体分析，特殊问题特别对待。但针对一样的区位、相同的岗位和专业、同样的群体制定的标准要统一，不能立双重标准，甚至多重标准，否则既是对人才的不公，也是对人性的蔑视。

2.原则制定要规范，执行要严格。从原则制定的角度，科学严谨的制度规则是产生预期理想社会效应的前提，如漏洞百出，任人钻空，随意经营，不仅预示理想社会效应不着边际，反而社会矛盾四起，怨声载道。从原则执行的角度，好的制度规则需要被严格执行，只有被严格执行到位的制度规则，才能发挥它应有的价值导向作用。切忌打着公平竞争的幌子，大搞歪门邪道。

第三节　责任分配的方法

责任分配目的和意义的明确、责任分配原则的科学制定，只是为实现责任的顺利有效分配创造前提条件，只有拿出切实可行的分配方法，才能把任务落实下去，责任到人，实现岗位有人站，职责有人担，用人能胜任，履职必尽责。当前我国实行责任分配中推行的最常用的方法主要有个人争取和社会分配两种形式，两者既各自独立，又相互影响。通常情况下，只有个人争取意愿与社会分配愿望默契一致，才能实现责任分配的初衷。

一、个人争取

(一)个人争取的含义

个人争取，很显然是通过个人的努力，以公开竞争选拔的形式，获得自己心仪的岗位。“在责任分配中，个人的主动争取占有非常重要的位置。责任只能分配给有条件、有能力承担这一责任的人。”[①]个人争取自己心仪岗位的依赖资本主要表现在：勤奋学习科学文化知识，刻苦钻研科学技术，不断提高胜任工作的能力；适应能力强，身体健康，意志坚定，能经受工作艰巨重任的严峻考验；专业岗位意识强，善于与人合作，人格魅力强，有亲和力。

(二)个人争取的形式

长期以来，社会形成的个人争取责任的方法大体有毛遂自荐、寻找伯乐、赛场逞雄、巧输信息等，但时过境迁，责任分配方法也在被不断优化，推陈出新，更加科学合理。当前，赛场逞雄是个人争取责任最普遍、最有效、最公平的方法；毛遂自荐、寻找伯乐、巧输信息等方法虽没有完全过时淘汰，但最终还是要通过赛场逞雄来验证人才的成色，只是让人才的脱颖而出少走弯路，或避免因误解偏见而被埋没。

所谓赛场逞雄，就是通过公平的方式，同场竞技，优胜劣汰，是当今最通行的人才选拔形式。对于向来重视人脉关系的当今中国社会而言，赛场逞雄是绝大多数寒门弟子通过努力发奋，实现通往成功道路最直接可靠的有效路径，即便对名落孙山者来说，也是一种锻炼和激励。因此，不管是赛场的成功者还是失意者，赛场逞雄都是利大于弊。

二、社会分配

(一)社会分配的含义

如果说个人争取责任是一厢情愿，体现个人的意愿和需要，那么，社会分配则是代表国家和人民的利益和愿望，遵循“量才授责”“因需设岗”“任人唯贤”“唯才是举”等原则，通过公开公平选拔，实现才适岗需，职揽才俊，人、岗、权、责、利相结合、相一致。“只有当个体的要求同社会的需要相吻合时，才能实现合理完善的责任分配。个人的争取要受到社会需要的制约，社会需要有促进和引导个人争取的功能。社会分配是责任分配的最后定型。”[②]

① 程东峰.责任论:一种新道德理论与实践的探究[M].合肥:合肥工业大学出版社,2016:142.

② 程东峰.责任论:一种新道德理论与实践的探究[M].合肥:合肥工业大学出版社,2016:144.

（二）社会分配的形式

我国在责任分配的社会形式中已探索形成的方法主要有“毕业分配”“转业安置”“社会招聘”“自谋职业”“子承父业”等，但有的已不适应新的社会就业形势和国家就业政策导向的需要，只有“社会招聘”“自谋职业”是目前我国在责任分配的社会形式中被广泛采纳和积极推广的两种方法。

1. 社会招聘。社会招聘是目前我国各级公务员和事业单位录用应聘人才常用的责任分配形式。一般是事先根据岗位工作的需要，确定招聘职数，然后向社会公开发布招聘职数及其招聘条件，通过竞争，择优选拔。社会招聘，只要制定的招聘规则公平且严格执行，是能揽到适合岗位工作所需之才，才俊也能被选拔到他们所期待的工作岗位上。

2. 自谋职业。自谋职业是市场经济条件下和“互联网+”发展背景下，我国政府向社会积极倡导的一种责任分配形式，是当前我国就业形势发展变化的必然要求和就业政策导向促使的必然结果。自谋职业，不需选拔竞争，也没有岗位编制且不享受财政拨款，看似与责任分配没有关系，但仍是社会分配的一种形式，因为自谋职业的“职业”是社会确定并且符合社会发展的需要，个人不能随心所欲选择。所谓自谋职业，就是依据个人专业和综合能力，从社会发展需要出发，实现自主经营、独立谋生的一种就业形式。

自谋职业，对社会而言，要为个体发展创造条件，提供保障；对个体经营来说，拥有了更自由、更宽泛的职业选择和发展空间。只要个体选择的经营活动符合社会发展的需要，尤其是符合当下“绿色双创”和“互联网+”的发展需要，不仅能够顺利经营，而且还能获得政府的鼓励与大力支持。

第四节　正确对待责任分配

责任分配是一项十分严肃而又复杂的社会工作，影响深远，涉及利益面宽。政府部门和各级单位领导干部理应提高认识，严肃工作纪律，努力把责任分配这项关系国家发展、社会和谐、个体生存的“政治工程”“社会工程”“民心工程”做得尽善完美，从而实现责任分配的初衷，充分彰显责任分配的目的和意义。但任何事物都不可能表现得十全十美，主观美好愿望总与客观现实结果常存在一定的差距，这是不可避免的，责任分配也是如此。

一、正确对待责任分配的基本要求

第一，在责任分配过程中，政府部门及其各级单位领导干部和个人要摆正心态，正视责任分配中个体意愿与社会需要的错位，努力适应磨合期个体对岗位工作环境不适应等情况的出现。只要不是政策严重失误，人为蓄意报复，故意偏见打压，成心刁难找茬，政府部门及其各级单位领导干部和个人都要正确认识与对待责任分配中的矛盾。面对问题和矛盾的存在，政府部门及其各级单位领导干部和个人需要彼此积极沟通，逐渐化解，杜绝工作方法简单粗暴、有意回避矛盾、相互推诿指责，保证责任分配顺利完成。

第二，当个人的选择与社会需要产生矛盾时，个人要顾全工作的大局，维护社会整体利益，服从国家工作安排。“组织上分配给自己的工作的确是社会发展需要的，而且在目前这种情况下只有自己去干比较合适，或者虽然不甚合适，但也只有自己可以做。在这种情况下，承担责任义不容辞，社会主义的集体主义原则要求个人服从组织，即使要牺牲一些个人的利益，或是要付出较高的代价，也在所不惜。”①

第三，个体要自觉响应党和政府的号召，到祖国最需要、社会最底层、工作最艰苦的地方去锻炼自己，提高完善自己，实现建功立业，为祖国和人民的利益奉献毕生智慧和热血。“所以，到最需要的地方去施展才华，是年轻人实现人生价值的需要。……有志青年应该以振兴中华为己任，应该到最艰苦的环境中去锻炼自己，应该到基层实际中去增长才干。”②

二、正确对待责任分配的意义

责任分配是一项系统社会工程，责任分配的科学有效落实，对于提高政府的形象作为和工作政绩、维护社会的和谐稳定和有序发展、满足个体的生存发展和价值实现，都具有极其重要的意义。因此，责任分配干系重

① 程东峰.责任论：一种新道德理论与实践的探究［M］.合肥：合肥工业大学出版社，2016：147.

② 程东峰.责任论：一种新道德理论与实践的探究［M］.合肥：合肥工业大学出版社，2016：148-149.

大，任何社会部门组织和个体都麻痹不得，政府部门及其各级单位领导干部要高度重视，个体也要慎重对待。尽管责任分配过程中间环节因素多，面临需要解决的问题复杂多变，但不管有多么艰难，都需要政府部门及其各级单位领导干部表现出勇于担当精神，努力化解矛盾；个体也要积极配合，树立大局意识、长远意识，从而确保责任分配顺利完成。“对领导者来说，责任分配怎样进行，是对他的政策水平、领导能力和思想素质的综合考察，关系到他领导责任的实现。就个人来说，如何对待责任分配，亦是对个人思想境界、适应能力和应变能力的测评，关系到个人的事业和前途。无论是组织还是个人，无论是领导干部还是普通群众，都应当认真负责地对待责任分配。责任分配得好，无论是对国家、对集体还是对个人，都是有益的。”[①]

思考题

1. 如何理解责任分配的意义？

2. 常见的责任分配方法有哪些？并简要评析。

3. 请结合当前我国就业实际，简要谈谈大学生树立正确责任分配观的重要性。

课外阅读书目

1. 邓小平文选：第三卷[M]. 北京：人民出版社，1993.

2. 毛泽东选集：第一卷[M]. 北京：人民出版社，1991.

3. 司马光. 资治通鉴[M]. 长沙：岳麓书社，1990.

4. 董仲舒. 春秋繁露·天人三策[M]. 长沙：岳麓书社，1997.

5. 中华经典普及文库·四书五经[M]. 北京：中华书局，2009.

① 程东峰. 责任论：一种新道德理论与实践的探究[M]. 合肥：合肥工业大学出版社，2016：149.

第五章 责任实现

导　言

前面几章所授的责任认同、责任教育、责任分配尽管都很重要，但都是为同一目标服务的，那就是责任实现。如果责任不能被最终实现，那么，责任认同、责任教育、责任分配等内容都显得没有多大实际教育意义。责任实现是个体责任精神内在品质积极主动外化的必然结果，通过责任动机、责任能力、责任行动等环节完成，中间任何一个环节如出现异常，都将最终影响责任的实现及其实现的理想程度。由于责任实现是主客观因素共同作用的结果，因此对其实现结果影响的变量因素或不确定要素是较多的，注定了责任实现的过程不可能一蹴而就、一帆风顺，需要个体充分做好接受履责失败的心理准备。个体在履行责任任务时，只有全面科学地分析影响责任实现的主客观因素，正确对待责任失误，及时查找原因，摆正心态，积极创造条件，才有可能最终圆满完成职责任务。

教学目标

通过本章教学，使同学们认识到责任实现是责任主体自觉行动的过程，受主客观因素共同影响和制约，较为复杂，而且有些因素是责任主体一时难以掌控和预判的，因此，出现责任失误是不可避免的。不要因为怕失误就拒绝履行责任，履行责任可能会出现失误，只是尽量少出现失误。

通过本章教学，使同学们明白主观因素在责任实现中起关键性的主导作用，因此，要充分发挥主观能动性在责任实现中的积极作用。主观能动性在责任实现中的积极作用主要体现在以下四个方面：一是提高主体对责任实现认识水平和履行能力，端正态度，强化责任意识；二是面对责任失误，要积极应对，分析查找缘由，研制排解方案，控制事态，把损失降至最低程度；三是为责任实现创造条件，提高责任实现质量与效率；四是针对责任失误认真思考，总结教训，实现自我教育和对他人的警示教育。

通过本章教学，帮助同学们树立正确的责任失误观。由于责任失误不可避免，发生责任失误要正确应对，不要惧怕、逃避、开脱，正确的做法是正确对待责任失误，勇于承担责任失误，积极弥补责任失误，从中吸取教训。这既利于个体成熟和履责能力的提高，又能获得社会和他人认同，从而继续胜任责任角色。

教学建议

1.教学内容重难点的把握和突破。

（1）影响责任实现的主客观因素是本章教学的重点和难点。

影响责任实现的主客观因素作为本章教学的重点内容，之所以重要是因为：一是揭示了主体实现责任的过程充满了曲折性，不可能一蹴而就，一帆风顺。因为影响责任实现的主客观因素是非常复杂的，有些可控，有些不可控；有的可预判，有的不可预判。这就要求责任主体必须端正心态，正视责任失误。二是明确了责任实现是主客观因素共同作用的结果，并具体分析了这些主客观因素在责任实现中的影响表现，因而为责任主体指明了为避免减少责任失误、创造条件提高责任实现的质量与效率，应从哪些方面去着手努力发展。

那么，教师在教学过程中如何围绕这一教学重点内容开展教学呢？

①教师要认真备课，需查阅大量资料，仔细分析这些主客观因素在责任实现中的具体影响表现。因为影响责任实现的主客观因素众多，所涉及的学科概念也十分宽泛，而且在责任实现中的影响程度也不同，因此，教师只有在课前搜集相关大量的信息资料并作认真分析，才能在教学中把这

些主客观因素对责任实现的影响向学生讲清楚、讲透彻。

②教师在向学生讲清讲透这些主客观因素对责任实现影响的同时，还要向学生阐明这些主客观因素对责任实现影响的程度是不同的。有的影响大，有的影响小；有的是直接影响，有的是间接影响；有些影响因素责任主体可以控制预判，有些影响因素责任主体不可控制预判。其目的是告知学生：一方面为提高主体实现责任的质量与效率，应重点从哪些方面去发展完善自己，提高责任实现的综合能力；另一方面为减少或避免责任失误，主体应事先从哪些方面做好预判，防止和控制这些因素的突变对责任实现造成的不利影响。

③教师在向学生阐述这些主客观因素对责任实现影响的不同程度外，还应从主观和客观两个大的方面，向学生强调指出主观因素和客观因素对责任实现的影响作用也是不同的。关于这一点，教师可以结合哲学中的内外因关系原理来阐述。内因是关键，起基础性的决定作用，外因只有通过内因的发挥才能起作用。主观因素和客观因素在责任实现中的影响作用也是如此，主观因素对责任实现的影响起关键性的主导作用。学生明白了这个道理，有利于引导他们将来面对责任失误或努力提高责任实现的质量和效率时，懂得应从自身找原因，从自我综合能力提高抓起，才能从根本上提高履职尽责的能力。

影响责任实现的主客观因素作为本章教学的难点内容原因在于：第一，影响责任实现的主客观因素较多，所牵涉的学科概念和知识原理也较广泛，无疑增加了教师备课授课和学生听课理解的难度，对师生的知识面都提出了较高的要求。第二，体现在影响责任实现的主观因素上，影响责任实现的主观因素是本教学内容的难中之难。因为相对于客观因素对责任实现的影响作用，主观因素对责任实现的影响是通过主观能动性的主观因素充分调动来实现的，而主观能动性的充分调动又建立在主体的即主体对责任实现所产生重要影响的认识基础上，如果主体认识不到位、不深刻、不全面，很难充分调动主观能动性，这对师生教与学都是很重要的认识考验。此外，如果主体对责任实现所产生的重要影响认识到位、深刻、全面，能动性就能被充分调动起来，但是作为构成主体内在综合素质的主观因素却不能一时三刻被完全开发、培养成熟，这样就需要一个过程，而这个过程的长短又取决于主体的认识和能动性的发挥。

为了突破这一教学难点，建议教师重点着眼于以下知识点开展教学：

①要讲清、讲透责任实现中的“知与行”“动机与效果”之间的辩证关系。首先，教师要运用相关哲学原理，阐述清楚知与行、动机与效果的辩证关系。其次，教师要认真分析知与行、动机与效果不是彼此孤立的，而是有机统一的，都建立在认识的基础上。没有认识，就没有动机；没有动机，就没有行为；没有行为，也就没有最终的效果。一句话，最终的效果是认识下的必然产物。最后，教师要围绕责任实现与知与行、动机与效果的关系分析，总结指出主体对责任实现的认识是责任动机、责任行为、责任效果产生的根源；主体对责任实现意义和价值的科学深刻认识是高尚责任动机、积极责任行为、理想责任效果产生的前提，也是责任目标得以实现的关键。

②强调责任能力在责任实现中的重要作用。首先，教师要向学生强调责任能力在责任实现中的重要作用，尤其是专业性较强的责任岗位，如没有扎实的专业基本功，仅有道德自觉是很难确保责任实现的，更甭说出色完成了。其次，教师要引导学生充分意识到完善更新知识结构的重要性和必要性，从而自觉树立全面和终身学习的理念。最后，教师要向学生突出社会阅历对提高责任实现能力的重要性。责任实现对主体责任能力的要求是全方位的，尤其是社会阅历作为一种能力是责任主体从书斋和教师那里所学不到的。书本里所写的和教师传授的知识只有通过社会阅历才能被激活，从而转化为主体解决问题、胜任工作的能力，最终让学生充分认识到积极参与社会实践活动、重视接受社会实践教育的重要性。

③分析责任态度与责任实现的关系。首先，教师运用人生哲学原理，简要分析人生目的（人生认识）、人生态度、人生价值的关系。人生目的是核心，是基础；人生态度包括情感、意志、价值取向，对人生目的的实现起动力和保障作用；人生价值对人生目的的实现既发挥导向作用，又是人生目的的归宿。其次，教师结合人生哲学原理，分析责任认识、责任态度、责任价值取向的关系，是人生价值观在责任实现中的具体表现。其

中，责任认识是起点；责任态度承上启下，既受制于责任认识，又影响责任价值取向的实现；责任价值取向影响责任态度，是责任认识的产物。最后，教师要分析责任态度与责任实现的关系。责任态度源于责任认识，责任认识是起点，直接影响责任态度的形成。责任态度包括情感、意志和价值取向，情感、意志对责任实现起促进和保障作用；价值取向对责任实现起导向作用，价值取向又在责任实现中实现，是责任实现的价值归宿。

（2）创造性地实现责任是本章教学的又一重点。

创造性地实现责任在本章教学内容中显得非常重要，因为：一方面责任实现是责任认同、责任分配、责任教育、责任态度、责任行为等共同目标指向，如果责任不能最终被实现，前面所有责任认同、责任分配、责任教育、责任态度、责任行为等所做的准备和努力都显得苍白而失去意义；如果责任能被高质量地履行和完成，那当然更切合责任目标指向。另一方面，责任能否最终被实现或高质量地被完成，责任主体除需要尊重现有客观条件外，关键还要充分发挥主观能动性作用。物是死的，人是活的；条件是有限的，而人的潜能是无限的。通过主观能动性的发挥，责任主体在实现责任中没有条件要想方设法创造条件，或弥补条件的不足，从而提高责任实现的质量和效率。

为突出这一教学重点内容，建议教师向学生重点阐述清楚以下几方面知识要点：

①发挥主观能动性必须尊重客观条件，从自身现有条件出发，走与人民群众和社会历史发展规律相结合的道路，这是前提和基础，任何违背人民群众利益和社会历史发展规律的行为，主观能动性的发挥都是徒劳的。

②主体必须要有对责任高度担当的精神。主观能动性的充分调动要有激励因素，从责任实现的角度，主观能动性的发挥是建立在主体对责任高度担当精神的基础上。主体对责任实现意义与价值认识越深刻，越能强化对责任履行的担当精神，激发他们充分调动主观能动性，端正态度，积极作为，甚至超额忘我工作，为顺利高质量完成责任实现创造条件。

③丰富知识，积累经验，强化能力，不断提高创造力。主观能动性在责任实现中的作用主要体现在主体为提高责任实现的质量与效率拓展工作

思路、创新工作方法上。责任实现的客观条件在一定时期和条件下具有不可改变性，主体只有通过主观能动性的发挥，创新工作思路和方法，才能弥补客观条件的不足，从而提高责任实现的质量与效率。而工作思路和方法的创新，责任主体只有积极性和能动性是不足以实现的，必须要有全面的知识、丰富的经验以及一定的创新能力。

（3）树立正确的责任失误观是本章教学的又一难点。

树立正确的责任失误观作为本章教学的又一难点，主要与主体对责任失误认识有关，具体原因表现在：

①在人们的习惯陈念中总愿意谈论成功的事例，而不愿意提及失败的经历，甚至主观地把失败或失误与付出代价简单地等同起来，或者把工作和事业上的失败与失误对个体仕途发展、工资收入的影响无限放大，不做分析思考，犯了认识上的简单化、绝对化的错误。因此，对于多数人来说，一旦在责任实现中出现失误，第一反应就是惧怕，紧接着就是千方百计地替自己逃避、转嫁、解脱责任。

②面对责任失误，为利于自己逃避、转嫁、解脱责任，当事主体在分析责任失误时，总是从客观因素方面找原因，主观原因避而不谈。其实，酿成责任失误，原因是多方面的，既有客观因素，又有主观因素，多数情况下主观因素是责任失误酿成的主因。面对责任失误，当事主体过分强调客观原因，避谈或淡化主观原因的存在，这是一种对待责任失误错误的认识观，也是对责任失误没有责任担当的表现。

③人们不能充分认识到面对和处理责任失误的过程对提高当事主体履行责任能力的教育和锻炼价值。面对责任失误，很多当事主体首先想到的是代价和将要面临的处罚，而根本没有意识到履行责任能力的提高、业务水平的发展需要接受“失误”的洗礼，个体只有经历责任失误的教育和考验，才能逐渐走向成熟。正如常言道：失败乃成功之母。

④树立正确的责任失误观属于人的认识观念，而人们的认识观念一旦确立以后，具有相对的稳定性，很难一时被改变。长期以来人们形成的对待责任失误的既定认识观念，是个体自我利益保护的直接反映，具有自私性、狭隘性。要想改变人们既有的对待责任失误的错误认识和偏激态度，

树立正确的责任失误观，必须要对他们进行耐心开导，循循善诱，特别是要帮助他们深刻意识到责任失误对当事主体成长发展所具有的重要影响作用，从而引导他们树立正确的责任失误观。

针对上述教学难点内容，建议教师重点围绕以下四个方面进行突破：

第一，告知学生出现责任失误并不可怕，责任失误具有不可避免性。人无完人，金无足赤，任何事物都不可能是十全十美的。主体在责任实现过程中因言行的偏差、能力的欠缺导致失误的发生很难避免，也符合人的成长发展规律，更何况影响责任实现的客观因素主体是难以调控的。正确的做法是：坦然正视面对责任失误，冷静地从责任失误中吸取教训，逐步走向成熟与稳重；在此之后的责任实现中尽量避免失误或出现小的失误；当责任失误一旦发生时，应果断采取积极有效的应对措施，把责任损失控制在最低程度。

第二，教育学生面对责任失误的结果，要树立正确的责任失误观。当责任失误发生时，面对结果，当事主体不能无动于衷，袖手旁观，也不要过早或过多考虑责任失误将给自己带来的不利影响，当务之急是要尽快查找出造成责任失误的缘由，认真分析，及时拿出应对方案。当事主体科学应对责任失误的过程，是主观能动性充分发挥的过程，既有利于责任失误的排解，又有利于主体的成熟和发展，提高往后履职尽责的能力。

第三，教育学生，面对责任失误，要敢于主动揽责，这也是对责任失误的责任担当的勇于表现。面对责任失误的发生，当事主体要表现出对责任失误的勇于担当精神，不逃避，不嫁祸于人，也不为自己开脱罪责。在主动揽责的前提下，当事主体还要认真仔细分析造成责任失误的主客观原因，尤其是主观原因，这样当事主体才能真正知道今后应从哪些方面补差补缺，完善发展自己，提高责任实现的能力。勇于承担责任失误，既是主体人格成熟独立的表现，又能取信于社会和他人。

第四，教育学生，要珍视责任失误的经历，认真总结经验教训，以教育自己、警示他人。当责任失误化解后，当事主体不能一抹了之，也不能一走了之或一罚完事，息事宁人。正确的做法是：当事主体要把责任失误视作人生工作履历中所经历的一件“事件”，时刻铭记在心，认真总结经验，努力吸取教训，不断激励自己，这样才能实现自我教育和警示他人的教育目的，这也算是当事主体对责任失误所采取的积极补救。当然，这些都是树立正确责任失误观题中应有之意。

2. 教学方法建议：理论讲授法；课堂提问法；文献综述法；案例讨论法。

3. 教学课时建议：4个教学课时。

第一节 责任实现的主观因素

责任实现是主客观因素共同作用的结果。主观因素在责任实现中扮演内因角色，起主导作用，直接影响责任的实现及其实现的理想效果。责任实现的主观因素包括个体认知水平、行为动机、行为态度、计划谋略、沟通协调、身体素质等。如果个体在责任实现过程中充分调动主观能动性，把影响责任实现的上述主观因素调配好，使之达到最佳状态或理想的默契程度，有助于责任的最终实现或实现的理想程度。

一、责任实现中的知与行、动机与效果

既然责任实现是主体自觉能动的行为过程与结果，那就必然蕴含着主体为实现责任目标所体现的行为背后知与行、动机与效果的有机统一。知与行、动机与效果是伴随主体行为的过程而产生的，直接影响主体行为目标的实现及其实现结果的理想程度。分析知与行、动机与效果在责任实现中的存在及其对责任实现的影响，目的就是提高大学生将来履职尽责的实现效率。

(一)责任实现中的知与行

1. 如何理解知与行及其关系。知与行属于认识论的范畴。人的认知不是无缘无故产生的，也不是人的大脑天然分泌的产物，而是产生于行，实践出真知，实践是认识的唯一来源。但间接经验是人获得知识的最直接而又重要的途径，人们关于对责任的认知主要是通过教育灌输获得的，责任行动是对责任认识的践行与深化。

2. 责任实现是知与行的统一过程。责任实现中的“知”指导服务责任实现中的“行”，解决了责任实现中为什么要“行”、以怎样的方式去“行”以及如何“行”的问题。人们对肩负工作责任的重大、履行工作责任的意义、失责的危害性及其付出的代价认识理解越到位、越深刻，越能激发他们为履行责任躬身躬行，执着坚定，一丝不苟。责任实现中的知与行统一于责任实现的过程，个体如果没有对责任的全面科学认知，对履行责

任的积极主动行为，责任实现也就无从谈起。

（二）责任实现中的动机与效果

1.动机与效果的含义及其关系。动机与效果这对范畴广泛使用于心理学、社会学、法学、哲学，这里的动机与效果的含义及其关系更贴近于哲学语境下的意境。一般意义上，动机反映的是行为的目标指向及其内驱力。动机有高尚、一般、低俗之分，动机越高尚，行为目标指向更伟大，行为动力愈强大。动机是建立在认识的基础上，尤其是对行为意义和目标价值的认识，直接关系到动机的高尚与否。效果表现为对动机牵引下的行为结果的价值评判，分为正负效应，即积极结果与消极结果。通常情况下，动机决定效果，效果反映动机，但实际表现并非如此简单，较为复杂，需要认真分析，才能得出科学的结论。

2. 责任实现是动机与效果的统一过程。责任实现中的动机主要发轫于个体对履行责任社会意义的认识以及实现其个人价值的追求，特别是个体对履行责任社会意义与社会价值的实现认识理解越透彻，动机就越高尚，完成责任使命的愿望就越强烈，履行责任的行为投入也就越踊跃坚定；反之，个体对履行责任社会意义与社会价值的实现认识理解模糊不清，或太在乎个人的得失，则动机就越显庸俗，对责任履行的行为就可能表现为应付、逃避、甚至无视。责任实现中的效果意指个体在责任实现动机的驱使下履行完成责任的情况，表现为优秀、合格、失责。责任实现动机愈高尚，责任履行完成可能就越完美，个体就越能得到社会和他人的认同与赞许。任何责任实现都表现为动机与效果的统一。

（三）正确厘清责任实现中知与行、动机与效果的关系

责任实现中知与行、动机与效果其实并不是彼此孤立的，而是互为影响的。没有责任实现中的认知，也就没有责任实现中的动机；没有责任实现中的动机的驱使，也就没有责任实现行为的付诸；没有责任实现行为的付诸，责任实现的结果评判也就不着边际。责任实现是对主体的认知、动机、行为和结果的综合衡量。“责任实现的第一步是责任认同，第二步是树立责任心，第三步是采取责任行为，第四步是责任目的的实现。在由责任行为到责任实现的过程中，主体不断修正自己的责任认同，责任实现的客

观要求又不断增强主体的责任心，而责任认同和责任心又来自对责任实现的强烈渴望和期待。所以，责任认同、责任心、责任行为和责任实现是一个不可分割的有机整体。”[①]

二、责任能力是责任实现的重要条件

在现实生活中，有的人干啥事都在行，事事精通；而有些人干什么都不在状态，最终落得无事能做、无事可做的窘态。造成这种现状的根源是由人的能力大小所决定的。在责任分配中，除道德责任外，职业岗位范围内的责任社会主要是按主体履行责任能力的大小来分配的。个体能力强，通常都能被委以重任，贡献作为就大；反之，个体能力一般，不仅不能被提拔独当一面，就连普通岗位的胜任也勉为其难。因此，对社会个体成员的教育，既要注重道德情操的培养，在一定意义上更要抓综合能力的培训。责任能力是责任实现的重要条件，影响个体责任实现的能力主要有：知识结构，社会阅历，身体素质。

（一）知识结构

1.何为知识？简单地说，知识就是人类实践活动的产物，是人类认识世界、改造世界的经验总结，属于理性认识的范畴。知识对于实践亲历者来说叫直接经验，对于后学者来说则叫间接经验。今天我们所学的知识主要都是前人实践经验总结而留下的间接经验。

2.知识在责任实现中的作用。知识在责任实现中的作用主要体现在知识可以转化为责任实现的能力。众所周知，知识不等于能力，但能力离不开知识，知识可以转化为能力，知识是能力构成体系的核心要件。通常我们所说的知识是指科教文化知识和社会实践知识两大类。科教文化知识主要培养人的思维能力、理解分析问题能力、研判能力等，而社会实践知识则有利于人的组织能力、沟通能力、协作能力的训练提升。个体接受教育水平越高，社会实践生活越丰富，知识结构越全面，实现责任的能力就越强。“要坚持学以致用，深入基层、深入群众，在改革开放和社会主义现代化建设的大熔炉中，在社会的大学校里，掌握真才实学，增益其所不能，

---

① 程东峰.责任论：一种新道德理论与实践的探究[M].合肥：合肥工业大学出版社，2016：152.

努力成为可堪大用、能担重任的栋梁之材。”[①]知识在责任实现中的作用主要表现为个体克服解决责任实现中所遇难题或困惑提供思维方法、解决方案以及合作共事能力。所以我们常说，“知识就是力量”“知识就是美德”，不无道理。

(二)社会阅历

1. 如何理解社会阅历？社会阅历即个体社会生活经历，包括工作经历、人际交往经历、社会实践活动经历等。人们对在工作中、人际交往中、社会实践活动中经历的所见、所闻、所感、所思进行总结和归纳，便成为社会阅历。社会阅历属于一般层次的理性认识，有利于提高人们认识、分析、解决问题的能力，帮助人们形成良好的思维习惯，对人们世界观、人生观、价值观的形成和发展也有一定影响。一般来说，个体社会阅历越丰富，思考、分析、解决问题的能力就越强。

2. 个人社会阅历在责任实现中的作用。责任实现需要责任能力，责任能力对责任的圆满完成起决定性作用。一般来说，个体经历越丰富且学历又高，其相应的能力也就越强，在责任实现中，个人的社会阅历起着相当重要的作用，具体表现在：“一是社会阅历丰富的人，对责任内容认识清楚深刻，并通晓履行责任的意义和逃避责任的危害。……二是社会阅历丰富的人，解决实际问题能力强，心理素质好，既不被暂时的困难所吓倒，也不被眼前的胜利冲昏头脑，不折不挠，勇往直前。……三是社会阅历丰富的人，道德情操比较高尚，比较讲究信用。”[②]现代职场都制定了相应的劳动合约，并与个人签订相关工作责任状，因此，个人责任实现的能力固然重要，但道德情操和信用品质同样不可或缺。

(三)身体素质

1. 身体素质的含义。身体素质，顾名思义，即身体质量，是指人在学习、劳动、工作或体育锻炼过程中整个人体在力量、速度、耐力、柔韧性以及灵敏度等方面所表现出的综合机能，身体健康则是身体素质反映的重要指标。身体素质是人的心理素质和智力得以发展的物质基础，“体者，载

① 习近平.习近平谈治国理政[M].北京:外文出版社,2014:51.

② 程东峰.责任论:一种新道德理论与实践的探究[M].合肥:合肥工业大学出版社,2016:154.

知识之车而寓道德之舍也”[①]。人的身体素质的强弱，尽管与遗传基因有关，但后天的锻炼和营养更为重要。

2.身体素质在责任实现中的作用。现代社会的工作更具竞争性和挑战性，个体拼的不仅是劳动技能，更是意志和体能的较量。当今社会工作的强度是比较大的，这对人的身体素质所提供的劳动能量消耗和持续性提出较高的要求，如果身体承受不了这种高强度的体能消耗，韧性不够，不仅工作无法进行下去，而且还会影响个体工作能力的发挥，最终将会影响工作任务的完成及其质量。更何况像飞行员、航天员等特殊工种对人的身体素质要求标准会更高，否则无法胜任工作的需要。

三、责任态度是责任实现的重要保证

责任能力在责任实现中起关键性的基础作用，个体能力一般，责任态度再好，最终完成工作的质量也是有限的，更难当大任。然而，个体能力虽很强，但对履行工作责任意义认识不清、不深刻，因而在工作中态度不端正，消极应付，牢骚满腹，不仅完成工作质量效率难以保证，甚至还影响他人的工作心情，起负面示范效应。因此，责任态度在责任实现中起到重要的保障作用，能激发人们以高昂奋进的劳动热情、高度负责的职业精神、顽强拼搏的工作斗志把全部心智毫无保留地倾注到工作中去，力争出色圆满完成工作使命。个人的责任态度主要由情感、意志、价值取向等几方面构成。

(一)情感

1.情感的内涵。这里的情感特指心理学语境下的概念范畴，《心理学大辞典》给情感下的定义是：情感是人们对客观事物是否满足自己的需要而产生的态度体验。个体情感主要包括道德感和价值感两方面，具体表现为幸福、厌恶、喜爱等。情感源于个体对事物的认识，“是人内心最深层次的动力因素，情感能感悟到人的价值所在和价值秩序，从而决定各自的价值领域；同时，情感还可左右人的努力方向，促使行为主体形成积极的价值取向或消极的价值取向，为一切行为意愿打开活动的空间”[②]。

① 毛泽东早期文稿(1912.6—1920.11)[M].长沙:湖南出版社,1990:67.

② 程东峰.责任论:一种新道德理论与实践的探究[M].合肥:合肥工业大学出版社,2016:155.

2.情感在责任实现中的作用。责任情感是责任主体在对责任履行意义和价值充分认识的基础上形成的，体现为责任主体在履行责任过程中所表现出的正确的态度和积极的行为。“感情是责任实现的催化剂和加速器，它贯穿于责任认同、责任动机、责任行为、责任实现的全过程。”①从情感作用的积极方面理解，正当必要的情感投入对责任实现具有重要的作用，不可忽视。

（二）意志

1.意志的内涵。意志作为心理学语境下的概念范畴，与情感一样都源于个体对事物的认识，是在认识和情感基础上产生的思想观念，反映了主体为实现行为目标追求所表现出的稳定、坚定、执着的心理状态。“意志往往以理想和决心的面目出现在人们生活的各个方面，指挥和推动着人们去从事某项活动。主观能动性是理想和意志在主体行为过程中的具体发挥和表现。”②一般情况下，主体对事物认识越深刻，情感就越高涨，意志就越坚定，意志对主体行为目标追求的实现起到保驾护航的作用，为其排除一切干扰，清除所有障碍，不达目的誓不罢休。

2.意志在责任实现中的作用。责任意志是主体自由选择责任以后，理性和情感有机结合产生的比较固定的意识形态，责任意志对责任的实现起着直接的推动和有力的保障作用。因为在责任实现过程中不可能一帆风顺，经常会遇到各种困难和挑战，尤其是事关民族和国家安危、人民福祉的重大责任，主体在履行过程中更需要情感和意志强有力的支撑与保障。

（三）价值取向

1.如何理解价值取向？价值取向，即行为主体的价值取向。行为主体的价值取向较为丰富，这里主要指哲学意义上的人生价值取向。人生价值取向回答了“人为谁而活着”“人如何活着”以及“人怎样活着”的人生根本问题。为国家和人民的正义事业积极奋斗是践行人生价值的基本取向，坚守责任、笃行责任、为尽责任而忠于职守是人生价值取向的积极表现。

2.人生价值取向在责任实现中的作用。个体对责任履行社会意义和价值的理解和认识是自我价值取向确立的依据，在这个意义上，个体自我价

① 程东峰.责任论：一种新道德理论与实践的探究[M].合肥：合肥工业大学出版社，2016：156.

② 程东峰.责任论：一种新道德理论与实践的探究[M].合肥：合肥工业大学出版社，2016：156.

值取向科学与否直接关系到责任的实现，当然责任的最终完美履行也成就了自我价值的圆满实现。“人生价值取向只有在责任认同中确认，在责任行动中落实，也只有在责任实现中才算实现。”①责任认同、责任行为、责任实现，都是要受行为主体的人生观制约的；同时，行为主体的人生价值取向也在责任认同、责任行为、责任实现中折射出来。

第二节　责任实现的客观因素

责任实现是主客观因素共同作用的结果。主观因素是内因，在责任实现中起决定性的主导作用，但客观因素也不可忽视，客观因素在责任实现中起基础性或物质性的保障作用，直接影响或制约主观因素在责任实现中的作用发挥。充分发挥主体在责任实现中的主观能动性作用，必须以尊重客观条件为前提，否则事与愿违，陷入了主观唯心主义的错误。主观愿望只有与客观存在相统一了，才能取得预期的效果。责任实现不但要受主观因素的制约，而且还要受外界客观因素的制约。影响行为主体责任实现的客观因素包括自然环境、社会环境和经济条件三大类。

一、自然环境对责任实现的影响

通常我们所说的自然环境泛指地理位置、气候特征、地形地貌、土壤、河流水系、物产资源等，但不是所有自然环境因素都对主体责任实现产生影响，而且自然环境因素对主体责任实现产生影响均以间接方式起作用的。具体表现在：

1.居住环境对主体责任实现的影响。居住环境的优劣往往影响主体综合素质的开发和行为能力的提高，这在现代化和信息化发展水平都很落后的社会时代表现得尤为明显。由于居住环境偏远闭塞割断了主体与外界交流，影响主体认识水平提高、知识视野的拓宽，因而最终影响主体履行责任能力的发展。

2.生活条件对主体责任实现的影响。生活条件主要包括经济条件和交

① 程东峰.责任论：一种新道德理论与实践的探究[M].合肥：合肥工业大学出版社，2016：159.

通出行条件，它主要影响人们对教育投资和自我价值的认识，从而制约自我能力开发和自我价值的实现。一般来说，生活在贫瘠落后地区的人们思想都比较愚昧、观念都比较保守，缺乏主动接受教育的冲动和应有的教育经济条件，因而也就最终影响他们履行责任应有的自信和能力。

3.随着现代通讯和交通事业的快速发展以及社会信息高度开放和人们彼此交往的不断扩大，自然环境因素对主体责任实现间接影响的程度在逐渐弱化甚至慢慢消失，但在特定时期和特殊区域其影响还是存在的，这也是导致他们贫穷落后的根源。只有从根本上改善他们恶劣的生存环境，不断提高他们的综合素质和社会化水平，才能使他们自信地融入社会，胜任社会工作的需要，最终彻底告别贫穷。

二、社会环境对责任实现的影响

相比较于自然环境，社会环境对主体责任实现的影响更直接明显一些。影响主体责任实现的社会环境因素主要有政治气候、社会风气和人际关系。

（一）政治气候

政治气候对主体责任实现的影响主要通过政治制度、政策导向和法制建设三个方面体现出来。第一，政治制度主要影响主体履行责任的主人翁精神的形成和发挥。人民当家做主的社会政治制度和以人民为中心的国家政权的建立，有利于增强主体履职尽责的主人翁责任感和使命感。第二，政策导向主要影响主体履行责任的积极主动性。如果国家制定的路线方针政策包括人事招聘政策科学民主公正，特别是人事招聘政策如能适当倾向于基层和广大普通民众，就能点燃大众勤奋工作的劳动热情，激发人们报效祖国、服务人民的劳动干劲。第三，法制建设主要影响主体履行责任的正义性。法的规定使主体履行责任有了合法性、正当性乃至强制性，同时，法的规定与要求又解决了主体在责任实现过程中因意外或不可抗拒力量而导致的后顾之忧，具有保障作用。

（二）社会风气

1.社会风气的含义。所谓社会风气也可简称为“社风”，是指在一定时期和范围内，人们在思想、习惯、观念、爱好以及行为举止等方面所呈现出的基本态势和整体风貌，具有一定的效仿性和流行性。社会风气是社会政治、经济、文化、道德等状况的综合反应，也在一定程度上折射出一个民族的价值观念、风俗习惯和精神面貌。社会风气表现在社会生活的各个方面，渗透在人们的言论和活动中，对人们的思想、情感、行为起到潜移默化的作用。

2. 社会风气在责任实现中的作用。社会风气一旦成势定局后，就会成为一股难以改变的强大社会力量，左右人们行为，影响社会发展。社会风气可以具体演变为校风、厂风、民风、家风、政风等。如果一个社会崇尚守职尽责光荣、为国为民尽忠履责自豪，则能引导人们为坚守职责而鞠躬尽瘁，忘我工作；反之，若认为人们忠于职守、坚守职责是傻举，对此不屑一顾，则易误导人们逃避责任，无视责任。"好的社会风气，能够帮助人们培养良好的道德品质；坏的或不太好的社会风气，则容易让人染上恶习；良好的社会风气，促使人们去实现责任；不好的社会风气则阻碍人们实现责任"[①]。总之，良好的社会风气，有助于人们优秀高尚社会道德品质的培育，促使人们积极努力去实现责任。

（三）人际关系

1. 人际关系的含义。人际关系也叫人际交往关系，是个体在生活和工作中与他人交往而形成的社会关系。人际关系是人的社会性存在的重要体现，因为人是社会关系中的人，没有一定的人际关系，个体不要说谋事成业，就连生存都是问题。良好的人际关系为个体建功立业、成就人生价值获得必要的帮助与提携。

2. 人际关系在责任实现中的作用。从职业工作的角度，人际关系主要表现为同事关系和领导与职员间的上下级关系。人际关系的和谐友善直接影响责任实现，因为：第一，和谐友善的人际关系使行为主体总能保持开朗乐观的心态和积极向上的工作状态，不用为人际关系的不协调而分心烦恼，心神不定，费力耗神，从而可以全神贯注、身心愉悦地投入到责任实现中；第二，和谐友善的人际关系可以帮助行为主体在深陷责任实现的逆

① 程东峰. 责任论：一种新道德理论与实践的探究[M]. 合肥：合肥工业大学出版社，2016：162.

境中摆脱困境，克服困难，献计献策，并替行为主体在物质和精神上分担解压，甚至并肩作战，携手合作，患难与共；第三，总而言之，和谐友善的人际关系有利于促进和加深彼此在责任实现过程中的情感沟通、互帮互助、合作攻关，共享责任实现成功的喜悦。如若人际关系紧张不和，则可能会给个体责任实现带来麻烦与不顺，甚至会陷入绝望与无助，最终酿成责任失误。

三、经济条件对责任实现的制约作用

经济条件在责任实现中起到基础性的物质保障作用，也是责任实现中最基本直接而又重要的影响制约因素。究其原因：

1. 人既是精神的存在者，又是物质的存在者，维系个体新陈代谢包括养家糊口所必需的基本物质生活资料都须以正当渠道从社会获取。在遵循等价交换原则的社会主义市场经济体制下，必要的物质待遇是激发个体努力工作、精诚履责的有效激励手段。虽然社会主义市场经济也提倡无私奉献、甘于清平，但必要的物质奖赏在责任实现中所起的作用是道德境界所不能完全替代的，否则就不是一个真正的唯物主义者。

2. 责任实现是需要相应能力的，尤其是一些重大责任的实现对个体能力的要求会更高。而个体能力的获得与提升需要教育投资和再教育以完善知识结构，拓展知识视野，所有这些不菲的深造发展投资都需要个体通过正当渠道从社会获取。如果社会不能提供或给予必要的资助，都将必然影响个体能力的开发与提升，最终影响责任实现。

总之，经济基础决定上层建筑，经济先搭台，文化来唱戏。个体只有必须具备一定的经济条件，才有自我责任实现能力投资深造的考量，“无论是实现职业责任、公民责任，还是实现个人责任和家庭责任，都直接或间接地与经济实力有瓜葛。……经济是国家、团体、个人实现责任的必要条件。行为主体在选择责任时，是要考虑到经济基础的”[①]。

① 程东峰. 责任论：一种新道德理论与实践的探究[M]. 合肥：合肥工业大学出版社，2016：163.

第三节　创造性地实现责任

积极履行责任、努力实现责任是谋求生存和职业道德对个体的基本要求。责任实现的质量程度既是丈量个体能力高低的重要标尺，又是衡量个体道德水平和价值大小的重要标杆。个体承担责任多，肩负责任重大，履行责任出色，其责任行为就能充分获得社会认同和他人点赞，其社会贡献就大，其相应的人生价值也就大。因此，主体应充分发挥主观能动性作用，创造性地实现责任。创造性地实现责任应尊重制约影响责任实现的客观条件，同时，还应从自我主观条件尤其是能力条件出发。这是创造性地实现责任的基本前提。基于此前提，主体还应从责任实现的方法、路径、效果上积极探索与追求，从而确保责任实现的质量与效率。

一、创新责任实现的方法

实现责任的质量与效率的高低主要取决于责任主体的道德自觉和行为能力，但责任主体的道德自觉和行为能力如何被调动和激发，发挥其在责任实现中的效能，这在实现责任的方法和路径上是可以有文章可做的。

(一)革新责任实现的思维方式

个体做业务、干工作离不开思维方式的启引，思维方式在责任实现中扮演着重要的角色，居于举足轻重的地位。好的思维方式能打开主体实现责任的工作思路，为主体提供破解责任实现中遭遇困境的解疑钥匙，提高排查工作障碍的成效，从而提高责任实现的质量与效率。

(二)简化责任实现的手续和环节

虽然责任实现的效率主要取决于主体的道德自觉和行为能力，但责任实现过程中程序的优化和环节的简化同样也能带来效率的革命，不可小视。思维方式在工作中的指导应用随即便转化为工作方法。科学的工作方法能让主体察觉到责任实现过程中存在程序和环节上的繁琐，主动整改精简，避免过多的时间和精力消磨在无谓的往返和无聊的扯皮上，确保责任实现效率的提高。

（三）创造性地实现责任在本质上是责任实现方法和手段的创新

没有创新欲望的驱动，就没有创新思维方式的变革，也就没有创新工作方法和手段的实现。创造性地实现责任是现代社会所张扬的创新精神在责任履行中的具体贯彻和体现。“所谓方法上的创造，是指实现责任手段的创造，也就是行为方法和行为方式的创新。这种创新有利于责任的实现：或是实现责任的时间提前，或是实现责任的手续简化。”①

二、在责任实现中坚持走与实践、与人民群众相结合的道路

个体在追求责任实现中必须选择正确的方向，坚持走正确的道路。如果路径方向偏离了正确的轨道，再好的方法创新也是徒劳的，不可能实现预期的结果。走与实践、与人民群众相结合的道路是个体追求责任实现中必须坚持的唯一正确的科学方向。

（一）走与实践相结合的道路

实践的观点是马克思主义哲学最重要的基本观点。一切来源于实践，一切又服务于实践，实践出真知。实践的需要是一切问题导向产生的根源，实践中产生的问题才最需要被迫切解决且提供的问题解决方案也最接地气。个体在责任实现中，只有与实践相结合，才能不断提高履行责任的能力，并在实践中不断遇到问题且又不断解决问题，如此反复磨炼，才有责任实现方法的创新，才有责任实现效率的提升。

（二）走与人民群众相结合的道路

群众史观是马克思主义历史唯物论中的一个重要科学论断。人民群众的创造力是无穷的，人民群众的需要是我们工作动力所在，人民群众正当利益的追求又是我们工作意义与价值的体现，只有走与人民群众相结合的道路，我们所做的事业、所尽的职责才是有意义的。个体在实现责任过程中，只有与人民群众相结合，才能获得无穷的智慧和力量。“在任何时候任何情况下，与人民同呼吸共命运的立场不能变，全心全意为人民服务的宗旨不能忘，群众是真正英雄的历史唯物主义观点不能丢，始终坚持立党为公、执政为民。”②

---

① 程东峰.责任论：一种新道德理论与实践的探究[M].合肥：合肥工业大学出版社，2016：164.

② 习近平.习近平谈治国理政[M].北京：外文出版社，2014：367.

三、提高责任实现的效果

（一）责任实现方法创新与责任实现理想效果的关系

创新责任实现的方法目的就是不断提高责任实现的效果，创新责任实现的方法与提高责任实现的效果在目标指向上是一致的。只有责任实现方法的创新，才有可能促使责任实现效果的提高；责任实现效果的提高也是对责任实现方法创新的有效检验。但不是所有责任实现方法的创新都能引起责任实现效果的提高，只有不断追求责任实现的理想效果，才能为责任实现方法的创新注入源源不绝的动力。一言概之，“无论是方法的创造，还是效果的创造，都是责任主体创造性地实现责任的表现，都是责任主体创造力的能动发挥”[①]。

（二）追求责任实现理想效果在责任实现中的作用

追求并不断提高责任实现的效果，是个体上进心在工作作风中的具体表现，即精益求精精神。个体对责任实现目标的追求，没有最理想，只有更理想。个体在责任实现中只有对最理想效果的不懈追求，才能不断挖掘释放道德与能力潜能，有利于责任实现效果的不断提高。

四、努力提升责任实现的境界

（一）如何理解提升责任实现的境界

个体通过责任分配获得的责任义务是明确既定的，有质和量的界限要求，只要完成好、工作到位就算履职合格，若仅止于此，要想满足追求责任实现理想效果的愿望是远远不够的，还必须超额履行责任，开拓新的责任范围并主动担负。超额履行责任、开拓新的责任范围并主动担负，既是责任主体工作能力强、道德境界高的自觉表现，又是积极追求责任实现理想效果的主观必然。因为：一方面责任主体认为实现责任履行效率的提高仅遵循按部就班的工作频率是难以完成的，必须加班加点，主动自我增加责任实现的工作强度；另一方面责任主体在工作中发现，有些职责虽不属于自己工作范围，但与自己所从事的工作关系密切，影响责任实现的效

① 程东峰.责任论：一种新道德理论与实践的探究[M].合肥：合肥工业大学出版社，2016：165.

果，因此，主动向部门领导申请揽责。

（二）创造性地实现责任需要主体提高责任境界

相比较责任实现方法的创新，主体责任境界的高尚对责任实现理想效果的取得影响更大、作用更明显，更何况只有责任境界高尚的主体才愿意积极主动去创新责任实现的方法。只有那些有追求、有理想的责任主体，才有强烈的责任心，才会在责任实现中表现出高尚的责任境界，自我加压，主动无偿揽责。试想一个无所作为、因循守旧的人，是不可能展示出高尚的责任境界，更不愿意积极主动追求责任实现的最佳理想效果。

第四节　树立正确的责任失误观

责任实现受主客观因素共同作用、共同影响，尤其是主观因素在责任实现中起决定性主导作用。人无完人，金无足赤，孰能无过？人们在生活和工作实践中出一点认识上的偏颇、犯一点行为上的偏差在所难免，因此，主体在责任实现中出一点失误也在情理之中。失误并不可怕，关键要正视失误，及时纠正失误，容错纠错机制现已成为指导人们如何正确对待工作失误的一项教育策略。“任何政党，任何个人，错误总是难免的，我们要求犯得少一点。犯了错误则要求改正，改正得越迅速、越彻底越好。”[①]在对待责任失误问题上同样如此，出现责任失误并不致命，致命的是拒绝承认并不及时纠正责任失误。应该找到避免责任失误的解决良方，认真总结经验教训，以教育自我和警示他人。总之，只有树立正确的责任失误观，正视责任失误，才能避免在责任实现中少犯错误，从而提高责任实现效率。

一、责任失误的不可避免性

（一）科学理解责任失误的不可避免性

既然是不可避免的责任失误，就要把主体主观故意失误排除在外。因主观故意或工作消极怠慢造成的责任失误，主体是要完全承担责任的，并

① 毛泽东选集：第四卷［M］.北京：人民出版社，1991：1480.

接受相应的责任惩罚，而对于因不可避免因素而酿成的责任后果，要因情况不同而定。造成责任失误不可避免性的缘由主要有两种情况：一种是由主观因素的局限性造成的，人非圣贤孰能无过？由于主体认识的偏差、心理素质和能力的有限，造成责任失误实属常情，可以理解接受，大多数都归于好心办坏事或良好主观愿望造成事与愿违的不良后果等情形；另一种是由主体无法控制的外在客观物质条件或不可抗拒的自然和社会力量造成的，这属于无奈或天灾，主体无法掌控，只能尽量避免或减少责任失误。责任失误不可避免性论断符合人的认识和成长发展规律，人不能一次穷尽事物的本质和规律，是一个逐渐接近成熟和不断完善的过程。

（二）对不可避免性责任失误的问责

既然是责任失误，其结果必然会对国家和人民利益造成不同程度的事实损害，按照工作管理条例规定，是要对行为主体问责的，并追究相应责任，甚至刑事责任。但由于是不可避免性缘由造成的，不能一概而论，而要根据具体情况具体分析，分别对待。如属主体主观好意但能力有限或方法不当酿成的责任失误，如果危害性不大，自己主动揽责且认真思过，可适当减轻对其追责甚至免责，但要与其谈话，以示教育，以达到实现自我成长发展为教育宗旨；如属外部客观条件不足或不可抗拒力量引起的责任失误，尽管造成的损失较大，但主体已做了必要的挽救，应降低处罚力度乃至不追责，否则人们就会闻责而退，不愿再为积极谋事而担责了，这对于责任实现是非常不利的。如何对待干部工作中出现的错误或失误？首先要看目的、方向，看其行为的出发点是否为了改革发展。“要把干部在推进改革中因缺乏经验、先行先试出现的失误和错误，同明知故犯的违纪违法行为区分开来；把上级尚无明确限制的探索性试验中的失误和错误，同上级明令禁止后依然我行我素的违纪违法行为区分开来；把为推动发展的无意过失，同为谋取私利的违法违纪行为区分开来”①，坚持“三个区分开来”，是准确把握和认定失误和错误的基本原则。

① 习近平在省部级主要领导干部学习贯彻党的十八届五中全会精神专题研讨班上的讲话[N].人民日报,2016-05-10(2).

二、正确对待责任失误

(一)对待责任失误的应有正确态度

1. 正视责任失误。既然责任失误具有不可避免性，而且容错纠错原则已成为一项教育工作机制，因此，主体就不应惧怕、回避责任失误，应正视责任失误。只要履责就有可能失误，个体应努力做到尽量避免失误或失误最小。要想个体在责任履行中永远都不出现失误是难以想象的，除非不履职尽责。

2. 敢于承担责任失误。面对责任失误的发生，主体除需做一些必要的及时补救外，应认真仔细分析造成责任失误的主客观原因。如属于主观原因酿成的，应主动揽责，绝不推卸，决不能编造谎言或捏造事实把责任失误嫁祸于他人，替己开脱罪责。

3. 及时研制避免责任失误的良策。面对责任“事故”的发生，主体除主动揽责接受组织的处罚外，还应冷静细致地分析寻找造成责任“事故”的原因，研究对策，提供解决良方，避免类似责任“事故”再次发生。

(二)正确对待责任失误对责任实现的意义

1. 从责任实现本身来说，正确对待责任失误有利于减少避免责任失误的再次发生，从而提高责任实现的质量与效率。只有正确对待责任失误，才能使责任“事故”背后有主，避免有责无主、互相推诿的扯皮现象；才能及时查明真相，纠正错误，制定解决对策，避免类似责任“事故”再次发生，确保责任实现的质量与效率。

2. 从责任实现主体来说，正确对待责任失误有利于主体实现责任综合素能的提高。我们常说，吃一堑长一智，责任主体每次经历责任“事故”的洗礼，都有利于其实现责任综合素能的提高。尤其是责任主体面对责任失误，积极补救，主动揽责，认真查明“事故”缘由，及时拿出解决良策，这些都是主体人格自信、主体责任意识强、自我发展成熟的表现。责任主体若没有经历责任“事故”的摸爬滚打，不能拥有正确对待责任失误的良好心态，就没有责任人格精神的充分彰显和主体性的不断增强，就不能更好地赢得社会和他人的信任，就不能继续履职尽责。“总而言之，无论是哪一种责任失误，只要行为主体认识到了这种错误，总会引起良心上的责备，极力想尽快弥补和消除这些失误。也有人在造成责任失误后，极力编造理由，把失误归于客观或是推向别人，这是主体不成熟或是主体性不强的表现。”①

三、勇于承担责任失误

（一）责任主体为什么要勇于承担责任失误

责任主体勇于承担责任失误与正确对待责任失误在对责任失误认识目标上是一致的，即正视责任。勇于承担责任失误是正确对待责任失误题中应有要求，是责任主体面对责任失误敢于担责的积极表现，“主动承担失误，勇敢地承担责任失误，是聪明人的明智之举”②。责任主体只有真心诚意地选择勇于承担责任失误，才能取信于社会和他人，才有利于健康独立责任人格的塑造和敢为敢当责任精神的培养；责任主体只有真心诚意地选择勇于承担责任失误，才能主动采取积极有效措施弥补责任失误，避免再次发生同样或新的责任失误，才能最终赢得社会和他人认同与尊重，继续胜任原有或新的责任角色，“君子之过也，如日月之食焉；过也，人皆见之；更也，人皆仰之。”③

（二）勇于承担责任失误对责任实现的意义

勇于承担责任失误对责任实现的意义非常重大。首先，责任主体只有勇于承担责任失误，才能促使自己千方百计对责任失误把脉问诊，寻找错源，开出解决良方，有利于主体实现责任能力的提高，“实事求是地总结失误的原因，有助于提高责任能力，也是个人弥补责任失误的第一步”④。其次，责任主体只有勇于承担责任失误，才能时刻提醒自己在事后的责任实现中保持清醒的头脑，面对责任实现中出现的细节和问题小心谨慎，认真排解，避免再次遭遇新的类似责任“事故”。如此等等，以上这些对于提高主体实现责任的质量与效率都是非常有益的。

① 程东峰.责任论：一种新道德理论与实践的探究[M].合肥：合肥工业大学出版社，2016：167.

② 程东峰.责任论：一种新道德理论与实践的探究[M].合肥：合肥工业大学出版社，2016：168.

③ 孟子，等.中华经典普及文库·四书五经[M].北京：商务印书馆，2009：43.

④ 程东峰.责任论：一种新道德理论与实践的探究[M].合肥：合肥工业大学出版社，2016：168.

四、积极弥补责任失误

积极弥补责任失误是正确对待责任失误和勇于承担责任失误对责任主体的行为要求，体现了正确对待责任失误和勇于承担责任失误行为之伦理价值所在。正确对待责任失误、勇于承担责任失误、积极弥补责任失误是责任主体面对责任失误所经历认识和行为发展变化的三个阶段，浑然一体，其中，积极弥补责任失误是责任主体面对责任失误所经历认识和行为目标价值所指。

首先，要正视责任失误，不害怕、不逃避、不开脱。既然责任失误的发生既成事实，害怕、逃避、开脱是摆脱不了“事故”后果对你的追责，唯一正确的方法就是坦然面对，冷静处理，果断采取必要措施，控制事态，把损失降低到最低。“以积极的态度追回损失，避免以后再次出现类似失误……积极弥补责任失误，既要有思想上的反思，又要有行动上的补救措施。”①

其次，对造成责任失误的过程与结果要认真分析，努力查找原因。既然责任“事故”已发生了，就不能一罚了之，或事后走人，或调离岗位，更不能不了了之，关键要查明清楚责任“事故”发生的原因，只有这样，才能真正从中得到教育和警示作用。责任主体在分析责任“事故”缘由时，可以获得他人协助，但要主动仔细，既要查找出主观原因，又要查找出客观原因，然后进行归类，这样才能避免以后再次发生类似责任失误。

再次，制定具有针对性的排解责任失误的有效方案。查找分析责任失误的原因，目的是为研制排解责任失误的有效方案提供参考依据。只有研制了有效的解决方案，才能针对问题的症结，成功排除障碍，继续完成责任实现，也才能避免类似责任失误再次发生，确保责任高质量顺利实现。

最后，针对责任失误，认真反思，总结教训。个人的成长和发展是以代价付出为铺垫的。面对责任失误，主体积极应对，是一方面；但另一方面还要主体认真反思，总结教训。只有这样，才能使主体在往后的责任实现中保持谨慎，增强责任意识，提高责任履行能力，力戒类似责任失误重

① 程东峰.责任论：一种新道德理论与实践的探究[M].合肥：合肥工业大学出版社，2016：169.

演；对他人而言，又能起到警示教育作用，以此为戒，杜绝类似责任失误再次发生。人们只有从中吸取教训，接受教育，才有利于责任实现。“思想反思不深刻，弥补的行动也难以奏效。因而思想反思这个环节是非常重要的。行动措施无外乎是把思想反思后制订出的方案付诸实际，行动实施中又会遇到一些新问题，要不断思考，不断行动，不断提高。”①

思考题

1. 影响责任实现的主客观因素有哪些？如何理解主客观因素在责任实现中所起的不同作用？

2. 主体应怎样创造性地实现责任？

3. 面对责任失误，当事主体应坚持正确的态度和方法是什么？

课外阅读书目

1. 毛泽东选集：第二卷[M]. 北京：人民出版社，1991.

2. 毛泽东选集：第四卷[M]. 北京：人民出版社，1991.

3. 哈耶克. 自由秩序原理：上[M]. 邓正来，译. 北京：生活·读书·新知三联书店，1997.

4. 中华经典普及文库·四书五经[M]. 北京：中华书局，2009.

① 程东峰. 责任论：一种新道德理论与实践的探究[M]. 合肥：合肥工业大学出版社，2016：170.

第六章 责任评价

导　言

主体责任行为是善还是恶?主体责任实现的结果如何?有没有价值和意义?对上述问题的回答和考量，即为责任评价。责任评价是社会和他人对主体责任行为和责任实现结果的价值认同，即价值有无或价值大小，因此，责任评价严格意义上应属于人生价值评价的范围，但也包含着道德善恶评价的成分。责任评价的标准，从责任实现的角度，主要看主体责任实现的完成程度；从主体责任行为的角度，主要看行为结果是否尊重自然规律，保护自然，促进社会进步，维护国家和人民利益。责任实现程度的价值评价从属于责任行为的价值评价，如果主体责任行为结果没有价值和意义，责任实现的程度也是没有意义的，社会价值是责任评价的根本价值标准。责任评价，对个人成长起到激励作用；对他人发展起到鞭策作用；对社会进步起到促进作用。总之，责任评价是实现个人发展和社会进步的重要手段，也有助于责任认同、责任教育、责任实现，是主体责任实践活动中不可缺少的一个重要环节。

教学目标

通过本章教学，使同学们认识到责任评价是责任实践活动中不可或缺的重要环节，具有重要的意义和价值。主体责任实践活动由责任教育、责任认识、责任选择、责任动机、责任态度、责任实现及其责任评价等一系列环节构成，形成一个完整的系统，其中，责任评价既是对责任主体责任教育、责任认识、责任选择、责任动机、责任态度在责任实现中实际效应的评价，更是对责任主体责任实现结果的价值评价。责任评价是对责任主体责任实现过程及其结果的自我价值和社会价值的认同，既有助于增强主体责任实现的信心，提高主体责任实现的能力，又有助于促进社会进步与发展，维护国家和广大人民的根本利益。

通过对责任评价的实现内容的学习，让同学们了解到责任评价的实现是由责任评价主体来完成的。根据责任评价主体构成的不同，责任评价的类型主要有自我责任评价、客体客观责任评价、社会评价和历史评价等，不管何种责任评价类型都是由人来完成的，最终都以社会舆论形式广泛传播并产生社会影响。责任评价能否对评价对象产生教育和促进的正效应作用，关键取决于评价主体的评价水平和思想道德境界。

通过本章教学，使同学们充分意识到，由于评价主体综合素质尤其是评价能力的不同，导致不同的责任评价效果，即积极的责任评价效果和消极的责任评价效果。积极的责任评价效果对评价对象和社会产生激励和促进作用；消极的责任评价效果对评价对象和社会产生打击和破坏作用。因此，我们必须正确对待责任评价，充分认识责任评价的意义和价值，力争实现责任评价的正效应，避免责任评价的负效应。端正责任评价态度，提高责任评价觉悟和水平，这将会对评价对象、社会、评价主体三方产生多重评价正效应作用：对评价对象来说，起到教育和激励作用；对社会整体利益而言，起到维护和促进作用；就评价者而言，起到维护个人社会形象和声誉的作用。

教学建议

1.教学内容重难点的把握和突破。

（1）责任评价的意义是本章教学的重点和难点内容。

①责任评价的意义之所以作为本章教学内容的重点，依据是：

第一，这是由责任评价对评价对象、评价者、社会的影响所决定的。

责任评价对评价对象、评价者、社会的影响作用是广泛而深远的，在影响的广度上，小到对评价对象和评价者个人，大到影响整个社会甚至人类；在影响的深远性上，由于不管何种类型的责任评价最终都以社会舆论的形式传播且产生广泛影响，一旦成势，将会深入人心，形成观念，影响将是久远的，一时难以改变。

第二，这是由责任评价在整个责任实践活动体系中的特殊作用所决定的。通常情况下，主体责任实践活动主要由责任教育、责任认识、责任选择、责任动机、责任态度、责任实现以及责任评价等一系列环节所构成的，形成一个完整的系统，其中，责任评价在这个体系中发挥着重要的作用。责任评价既是对责任教育、责任认识、责任选择、责任动机、责任态度等在责任实现中实际效应的评价，更是对责任实现结果的价值评价。没有责任评价，主体责任实践活动的价值与意义就无法衡量和比较，最终也难有责任赏罚机制的出台。

第三，这是由责任评价的意义在本章教学中的地位所决定的。学好责任评价的意义为进一步学习后面章节内容如责任评价的实现、责任评价的效果、正确对待责任评价埋下伏笔。正因为责任评价意义重大，影响深远，所以我们需要端正评价态度，提高责任评价水平，避免责任评价的负面效应，积极发挥责任评价的正面效应。

那么，教师在教学过程中应如何突出并让学生充分领会这一教学重点内容呢？为此，应从责任评价对评价对象、评价者、社会三方面的影响来阐释。

首先，责任评价影响责任主体责任实现积极性的提高、自信心的增强和能力的强化。责任主体的积极性、自信心和行为能力在责任实现中至关重要，直接影响到责任实现结果的优劣程度。责任主体的积极性、自信心和行为能力渗透并通过责任认识、责任选择、责任动机、责任态度、责任实现等活动环节表现出来。主体责任实践活动是由一系列环节所构成的，包括责任教育、责任认识、责任选择、责任动机、责任态度、责任实现以及责任评价等，最终以责任实现结果展现出来。责任评价不仅仅是对责任实现结果的评价，更要对责任实践活动过程各个环节进行评价，这样的评价才具有真正的实际意义，因为责任实现结果的优劣及其程度是由责任实践活动过程各个环节所决定的。对责任实践活动过程各个环节在责任实现良好结果中所起积极作用的充分认可，有利于激发责任主体履行责任的积极性，增强责任实现的自信心，自觉强化自我责任实现的能力。

其次，责任评价影响社会和谐发展。责任评价的本质在于对主体责任实现的自我价值和社会价值的评价要公平正义，评价主体只有对主体责任行为做出公道的评价，才能营造正派向上的社会风气和亲善和睦的人际关系，从而促进社会健康发展。责任评价社会意义的充分彰显体现了责任评价的社会价值，责任评价的社会价值统领责任评价的自我价值；责任评价的自我价值从属于责任评价的社会价值，没有责任评价社会意义的充分彰显，责任评价就显得可有可无，任何评价结论都是没有意义的。责任评价社会意义是建立在评价的公正性基础上，并通过对个人成长和社会发展所产生的重要影响体现出来，具体表现在：公平正义的责任评价具有鼓励作用；公平正义的责任评价具有导向作用；公平正义的责任评价具有明辨是非的作用；公平正义的责任评价可以帮助责任主体明得失。

最后，责任评价影响评价者的社会形象和声誉。每个人既是评价的主体，同时又是评价的客体，你在评价别人的同时，又再被别人评价，此时，你已成为被评价的评价者，兼评价者与被评价者于一体，这时，责任评价行为已把对评价对象、社会、评价者的影响融于一体。评价者的社会形象和声誉是通过责任评价结论对评价对象、社会影响的效果体现出来。如果责任评价结论公正客观、实事求是，对评价对象、社会影响呈积极的正效应，则有利于维护评价者的社会形象和声誉；反之，如果责任评价结论背离事实、有失公道，对评价对象、社会影响呈消极的负效应，则有损评价者的社会形象和声誉。评价者的社会形象和声誉与其责任评价结论对评价对象、社会影响效果成正比例，由此可见，责任评价对评价主体起制约作用。责任评价过程是评价主体自我学习和提高的过程，只有不断提高自我责任评价能力和思想道德觉悟，才能提高责任评价水平，于己于他于社会都是有百利而无一害。

②为什么又要把责任评价的意义作为本章教学内容的难点，原因归纳

如下：

第一，因为责任评价的意义是通过责任评价对评价对象、社会、评价者影响的广泛性、深远性体现出来的，责任评价影响范围越广、程度越深、时间越久远，说明责任评价意义越重大。这就要求教师教学在充分理解和掌握责任评价内涵的基础上，结合生活实践，把责任评价对评价对象、社会、评价者的影响淋漓尽致地表述出来，阐述得越清楚、越深入、越具体，越利于学生对责任评价意义的领会，甚至教师还可以有所拓展，从更多的侧面来论证责任评价影响之广泛而深远，这对教师是个不小的挑战，既要有一定的理论功底，又要有丰富的生活体验，还要有较宽的视野。对学生而言，也要有一定的理解能力和生活阅历，才能把这一教学难点的实质吃透。

第二，本教学知识点对师生的知识储备要求较高，否则，教师难以开展教学，学生听起来云里雾里，不知所云。责任评价本身就是一个较难理解的重要概念，准确掌握和理解责任评价的科学内涵是本节教学内容开展的切入点，也是本章教学顺利实施的关键。围绕责任评价及其意义的教学，涉及人的价值和主体性问题，这是个纯哲学问题，理论性和抽象性都很强，较为晦涩，对师生的教与学都是较大的考验。此外，像公平正义、责任心等又属于法学和心理学的学科范畴，教师只有具备较宽的知识面和扎实的理论修养，才能把这一知识点讲得清晰透彻，学生听起来才有味入心。

第三，责任评价属于价值评价的范畴，价值评价是有标准的，责任评价也是有标准的，如何确立责任评价的标准是本节教学的关键，也是一个难点问题。在常人看来，对主体责任行为的评价是任何评价主体的权利和自由。是的，对主体责任行为的评价是评价者的自由和权利，可以按照自己的理解和标准去下评价结论，但并非人人有评价自由和自我标准就意味着责任评价没有统一标准，这是责任评价认识的误区。责任评价有标准，那就是：是否遵循社会历史发展规律；是否维护国家和广大人民根本利益。这一根本标准统领个体评价标准，如果个体评价标准违背这一根本标准，评价结论是没有意义的，只能产生负面评价效果。因此，师生在学习本知识点时，明确和确立科学的责任评价标准至关重要。

针对这一教学难点，建议教师应从以下几方面组织教学，帮助学生解难答疑。

首先，教师应从“责任评价”这一重要概念入手，界定责任评价的科学内涵。责任评价不是一般意义上的道德评价，但也包含这样的评价成分，主要是对责任主体履行和完成责任实现程度的评价，因此，对主体责任行为的评价应属于对人的价值评价的范畴。因为：从责任内涵分析来看，责任是社会成员根据社会需要和个人能力确认的自己应当承担的社会任务，而社会任务主要表现为与个人职务相关的职业劳动，由此可以这样简练概述：责任履行就是完成本职工作，责任评价就是对个体完成本职工作的评价，因而责任评价属于对人的价值评价的范畴；从责任分配内涵来分析，责任分配的结果是国家和社会需要与个体意愿相结合的产物，既然责任分配是国家和社会根据其需要主导的岗位竞聘活动，这就要求个体不仅能胜任工作岗位，而且所作所为要符合满足国家和社会利益的需要，否则，就是失责，所以说责任评价实质就是对人的行为的价值评价；从责任实现的标准来看，责任实现不仅意味着圆满完成责任使命，而且还能为社会、国家、他人带来利益实惠，做出贡献，获得社会和人民的广泛认可，否则就是责任失误，故责任评价实为对主体责任行为的价值评价。

其次，结合价值论相关原理，分析阐述主体责任实践活动是主体自我价值和社会价值实现的基础。马克思主义关于人的价值理论告诉我们，人的自我价值和社会价值统一于主体价值实践活动，没有主体创造性价值实践活动，人的自我价值和社会价值就无法实现，主体的有意识积极活动是一切价值创造之源。同理，责任主体责任实践活动是成就自我价值和社会价值的前提，主体责任实现程度决定和影响自我价值和社会价值实现程度。影响主体责任实现程度的因素主要有责任认同、责任动机、责任心、责任能力等，对主体责任认同、责任动机、责任心、责任能力等的评价，就是对责任认同、责任动机、责任心、责任能力等在主体责任实现中的价值作用评价，最终影响主体自我价值和社会价值的实现。

最后，主体意识影响主体责任实现，进而影响责任主体自我价值的实现。责任主体自我价值的实现是通过其责任履行完成的程度来实现的，而主体责任实现程度又受主体意识的干预，主体意识强，有利于责任实现；反之，主体意识薄弱，则不利于责任实现。主体意识不直接影响责任主体价值实现，而是凭借对主体责任实现程度的干预来实现的。主体意识是人格责任精神孕育和发展的心理基础和重要保证，主体意识强，责任意识就强，有利于主体责任认知和责任能力的提高、责任选择的辨识、责任动机的优化、责任心的强化，而责任认知、责任选择、责任动机、责任心、责任能力又是主体责任实践中不可缺少的重要环节，直接影响主体责任实现的程度。

（2）责任评价的实现是本章教学的另一重要内容。

责任评价的实现在本章教学内容中占据着举足轻重的地位，这是因为：

①责任评价的实现在本章教学内容体系中起着承上启下的作用，是前后教学内容串联的纽带，把整章教学内容紧密地扣连起来，顺理成章，前后照应。责任评价的实现是责任评价的意义实现的重要手段，只有通过责任评价的实现这一有效平台，才能对主体责任实现的程度进行衡量和比较，从而对主体责任实现过程及其结果做出定量和定性的评价结论，彰显责任评价的意义。另一方面，责任评价的实现又是责任评价的效果和正确对待责任评价教学内容开展的理论前提，因为责任评价的主体是人，而评价主体在责任评价过程中不可避免地受各种主客观因素的制约，必然会导致两种不同的责任评价效果，即正确的责任评价效果和错误的责任评价效果。上述两种不同的责任评价效果对评价对象、评价主体、社会的影响也是不同的，正确的责任评价对评价对象、评价主体、社会的影响呈正效应；错误的责任评价对评价对象、评价主体、社会的影响呈负效应。为了实现责任评价效果的正效应，我们必须正确对待责任评价。

②责任评价的实现集评价对象价值的实现、评价主体的价值实现和社会价值实现于一体，由此可见，责任评价的实现的重要性，必须让学生深知，以帮助学生提高对这一教学内容重要性的认识。虽然责任评价的实现集评价对象价值的实现、评价主体的价值实现和社会价值实现于一体，但对三者价值实现的影响和表现形式是不同的，对评价对象来说，责任评价的实现就是对主体责任行为价值有无或大小的直接肯定或否定的评价，影

响主体责任实现的积极性；就评价者本人而言，责任评价的实现即是其自我价值的展现，表现为评价主体责任评价的水平，有他人和社会给予认定，影响评价主体的社会声誉和形象；责任评价的实现对社会的影响则表现为责任评价的社会价值，即公平正义，关系到社会的和谐稳定。

③责任评价的实现是由其影响的广泛性和深远性决定的。责任评价的结果最终都以社会舆论形式传播并产生影响，现代传播媒体的特点使责任评价的结果具有广泛而又深远的社会影响，尤其是负面影响一时难以消除。因此，评价主体必须加强自我思想道德修养，努力提高评价能力，确保责任评价公道合理、实事求是，避免错误的责任评价给评价对象、评价者本人以及社会造成不利的消极影响。

为突出责任评价的实现在本章教学内容中的重要地位，以引起学生必要的关注，建议教师应重点阐释清楚以下知识点：

第一，责任评价是评价主体对主体责任行为的评价，评价主体是构成责任评价的核心。没有评价主体就没有评价行为的发生，不管由何种评价主体构成的责任评价类型，最终都是由某具体的评价者个人来完成的。因此，评价者个人的思想道德觉悟与能力左右责任评价的水平与效果，只有不断提高评价者个人的整体综合素质，才能实现责任评价的初衷。评价者个人在责任评价中居于主导性地位，决定和影响着责任评价社会意义的实现。

第二，责任评价的结论最终都是以社会舆论形式传播并对评价对象、评价者、社会产生影响。现代传播媒体的特点决定了社会舆论影响的广泛性和深远性，这就要求评价主体必须对责任评价行为负责，维护公道，实事求是，评价结论既要尊重事实，又不能太过，特别是对主体责任行为持否定性评价结论，应避免对评价对象和社会造成过分的负面冲击，否则不利于个体发展和社会和谐。评价主体只有把握好评价分寸，不论是肯定性的评价结论，还是否定性的评价结论，才能起到社会舆论宣传应有的积极效应，于评价对象、于评价者、于社会都是有益的。

第三，正确看待责任的历史评价。历史评价是所有责任评价类型中科学性、可信性最高的一种责任评价类型，这是因历史评价避开特定情境下错综复杂利益与利害关系冲突所成就的，但又必须认识到：不是所有责任事实和责任行为都适用于历史评价，能够被历史评价的多属于重要历史人物和重大历史事件，对人类和社会发展产生重大影响；有资格对重要历史人物和重大历史事件给予历史评价的，不是一般普通的评价主体，而是由相当深厚学术涵养和社会地位的名流贤达来操笔定夺，由此而成的评价结论才具有可读性、可研性，即便一般普通评价主体也有即兴表达的愿望，也只能归为饭前茶后的调侃助兴，其评价行为与结果对社会也不会产生多大实质性影响；历史评价不能以个人、团体、阶层的利益得失为标准，而应以社会整体利益和历史发展规律为评价标准，这也是唯一最权威的科学评价标准，以上就是我们对责任历史评价应具有的基本认识。

（3）责任评价的效果是本章教学的又一重要内容。

责任评价的效果是责任评价的意义和责任评价的实现的效果，责任评价的效果既是对责任评价的意义的检验，又是对责任评价的实现行为价值的验证，可见责任评价的效果对责任评价的意义和责任评价的实现的重要性。没有责任评价的效果研究，责任评价的结果意义和责任评价的行为价值就无法体现。责任评价的效果凸显了责任评价的重要性，提醒人们应努力提高责任评价认识、端正责任评价态度、强化责任评价能力、提升责任评价水平，为此，教师应围绕下述几方面组织教学：

①责任评价的效果是评价主体对主体责任行为评价结论所产生的影响效应，包括肯定性评价结论所产生的影响效应和否定性评价结论所产生的影响效应。

②责任评价的效果所产生的影响效应不仅表现为对评价对象的直接影响，还表现为对评价者自身也产生一定的不小影响。此外，对社会也同样产生不应忽视的重要影响。

③责任评价的效果表现为积极的评价效应和消极的评价效应。积极的评价效应对评价对象、评价者、社会的影响起推动促进作用，释放的是正能量；消极的评价效应对评价对象、评价者、社会的影响起阻碍遏制作用，释放的是负能量。

④责任评价的效果正负效应关键取决于评价主体对主体责任行为的评价是否尊重事实、主持公道。评价主体只有本着求实公正的责任精神，才

能对主体责任行为做出正确的评价结论。只要公正合理，不偏不倚，评价主体对主体责任行为的评价，无论是肯定性的评价结论还是否定性的评价结论，都会对评价对象、评价者、社会产生积极的影响效应，尤其是对评价对象。由此不难理解，评价主体的思想道德觉悟水平和综合能力素质于责任评价的效果是多么之重要。

（4）正确对待责任评价是本章教学的又一难点内容。

正确对待责任评价属于人的认识问题，或者准确地说，属于个体对责任评价意义与价值的认识问题，因而又涉及人的世界观与价值观的根本问题。主体对对象意义与价值的认识，从人的世界观与价值观的形成与发展规律来看，不是一朝一夕的，需要有一个逐步深入、比较、取舍的过程，在这一过程中，既需要外部的教育、启迪与引导，更要取决于主体对对象内在本质的认识与把握程度，对对象内在本质的深刻领悟是主体科学认识形成和发展的关键。据此可以推论：人们对责任评价本质内涵的全面深刻理解是正确责任评价观形成和确立的关键，这对于教师的教与学生的学都是不小的挑战，故曰正确对待责任评价是本章教学内容的又一难点内容。针对这一教学难点，教师可以从以下几方面教学要点着手以寻求突破。

首先，教师有必要向学生明确表示：责任评价的主体虽然是某个具体的个人，但并非意味责任评价是纯粹的个人行为，而是社会行为；责任评价彰显的是社会意义，而不是实现个人一己之私利；责任评价的信息和手段是公开透明、光明正大的，而不遮人耳目、暗藏阴谋。

其次，教师要帮助学生正确辨析社会舆论在责任评价效果中的影响作用。任何责任评价的结论最终都要以社会舆论的形式传播并产生社会影响，不论是正确的责任评价效果，还是错误的责任评价效果，社会舆论都可以把它们对社会所产生的影响效应进行放大或缩小。社会舆论与现代媒体传播的特点决定了责任评价结论与主体责任行为事实可能不完全一致，甚至差别较大，这既有舆论媒体传播的原因，又有评价主体自身故意的原因。所以，责任主体面对媒体传播舆论，要保持清醒的头脑，不要被媒体舆论所迷惑，这对责任主体是不小的考验，如不认真辨析，很容易被误导。因此，教师要提醒学生，作为被评价者，要正视媒体舆论的评价报道，对严重歪曲事实、恶意诋毁的媒体舆论评价报道，要及时予以严正驳斥。除此之外，教师还要教育学生，作为评价者，评价结论措辞要科学，尤其要注意否定性评价结论的措辞，更不能罔顾事实，妄加评论，以免给被评价者和社会带来不应有的消极影响。

最后，教师要教育学生正确对待责任评价。责任评价在促进评价对象能力的提高、维护社会的和谐发展、完善评价者自身素质等方面发挥着重要的积极作用，因此，教师要教育引导学生正确认识并深刻领会责任评价的科学内涵，从而正确对待责任评价。作为评价对象，教师要教育学生以常态心面对评价结论，既不要大喜于肯定性评价结论的表扬与赞许，也不要太悲于否定性评价结论的批评与责罚，而要把肯定中的表扬化作自我奋进的动力，不断优化责任实现能力以提高责任实现质量与效率，把否定中的批评变为自我鞭策的动力，虚心接受中肯的建议，努力学习，补差补缺，不断完善责任实现能力以避免责任失误。作为评价者，教师要教育学生加深对责任评价意义与价值的认识，端正责任评价态度，提高责任评价水平，使责任评价结论经得起时空的检验，对评价对象、评价者、社会负责。评价主体对主体责任行为评价的过程，既是自我能力与人格魅力充分展示的过程，是自我学习和综合能力不断完善的过程，向评价对象学习，向评价评价者的评价者学习，从责任评价中学习，把责任评价当作认识责任、实现责任的动力。

2.教学方法建议：理论讲授法；例证教学法；案例教学法（视频资料）；课堂提问法。

3.教学课时建议：4个教学课时。

第一节 责任评价的意义

评价，作为人的一种思想观念活动，体现的是评价主体（社会组织或自然人）以一定的标准对评价对象（自然人）行为活动及其结果有无意义和价值的评定。自古至今，评价已成为促进个人发展和推动社会进步的重要手段，通过完善评价的科学标准，引导和鞭策他人行为，以实现个人和社会共同发展进步为目的。评价对个人进步和社会发展所起的积极促进作用已使评价之举渗入社会生活的各个领域、人们行为的方方面面，“人们无时无刻不在评价着——对自然、对社会、对他人、对自己；同时又无时无刻不被评价着——被他人、被自己。”① “责任评价，就是评价主体对责任主体责任行为的认识反映，亦是评价主体对责任主体责任行为的价值判断。责任评价是对行为主体责任行为的‘合规律性和合目的性’实现程度的衡量。”②因而，在实际社会生活中，责任评价具有重要的意义。

一、责任评价是对行为主体自我实现的检验

主体自我实现也叫主体自我价值实现，责任实现是主体自我价值实现的一种。责任实现程度与自我价值实现大小是一致的，成正比例关系，责任实现的结果越完美、质量效率越高，自我价值实现就越大。因此，主体认识责任、选择责任、实现责任、评价责任都成为检验自我实现的重要环节，检验行为主体的责任行为、责任能力、责任心。所以，从这个意义上来理解，责任评价不仅仅局限于对责任主体责任行为结果的评价，还包括对责任主体责任行为、责任能力、责任心的评价，“责任结果的实现程度，只是责任评价的事实依据，责任评价的内容则不能仅限于这个结果，追本溯源，对行为主体的责任能力、责任行为、责任心的评价是责任评价的深入。”③只有这样，才能对自我实现有个较全面完整的检验。

① 冯平.评价论[M].北京：东方出版社，1995：1.

② 程东峰.责任论：一种新道德理论与实践的探究[M].合肥：合肥工业大学出版社，2016：171.

③ 程东峰.责任论：一种新道德理论与实践的探究[M].合肥：合肥工业大学出版社，2016：172.

(一)责任能力的评价

1.责任能力评价的目的意义。责任能力是自我实现的重要保障能力，在自我实现中居于基础性的关键作用，没有能力的保障，个人价值就难以实现或者不可能完全实现，不仅如此，责任能力也是影响主体责任实现的最主要因素。个体能力的塑造空间和发掘潜力是很大的，主要是后天发展的结果，受成长环境、教育水平、实践锻炼等多方面因素的制约。对责任能力的评价就是为个体能力的充分发展与大力提高起到激励和营造良好成长环境的目的。

2.责任能力评价的基本要求。为了满足责任能力评价目的意义的实现需要，促进个体能力发展和责任实现质量与效率的提高，评价主体在对主体责任能力评价时需做到如下要求：

(1) 鼓励支持责任主体积极争取与自身能力大体一致的职责，或略高于自身能力的职责，不要总是扮演远远低于自身能力的责任角色。责任主体如若总想选择与自身能力完全相匹配的角色责任是不现实的，要么略高，要么略低，只有角色责任略高于自身能力，责任评价才能对责任主体起到激励作用，有利于主体责任能力的提高，偶尔的角色责任略低于自身能力对责任主体能力的发展并无实质性影响。但责任主体总是选择远低于自身能力的责任角色，对责任主体能力发展的影响是非常不利的，久而久之，面对责任挑战，责任主体就会流露出畏难情绪，丧失进取心和责任心。因此，评价主体在对主体责任能力评价时，要用发展的眼光鼓励责任主体敢于挑战较高的职责，这样才能使责任主体自信心和能力得到加强锻炼。

(2) 坚决反对和制止责任主体选择远高于自身能力的角色责任，或明知自己无法胜任，但出于一己之私利，不听劝告，强行选择某一角色责任，结果酿成严重的责任失误。责任无小事，每份责任的背后都承载着责任主体对国家和人民利益的庄重承诺，是神圣的，不能想当然，随心所欲，否则要为自己的盲动选择付出高昂的责任代价。责任主体选择远高于自身能力的角色责任是个人英雄主义的表现，也是个体责任人格不成熟的表现；而责任主体对某一角色责任明知自己无法胜任却强行选择，同样不仅是个体责任人格不成熟的表现，更是个体对责任认识严重偏离正常价值轨道，属于思想认识问题，这些都将会给国家和人民利益造成巨大损失。因此，评价主体在对这类责任行为评价时，要严厉批评，及时制止，指出这种责任行为不是主体对责任的积极担当，而是对责任的无视与冷漠。

(二)责任行为的评价

1.责任行为评价的基本原则。所谓责任行为就是责任主体为实现责任目标而采取的手段，即责任手段。那么，责任主体为实现责任目标所采取的责任手段有没有意义和价值，关键取决于主体责任行为是否遵从了责任行为评价的基本原则。责任行为评价的基本原则是：不违背自然和人类社会历史发展规律；不损害国家和人民的根本利益。

2.如何理解责任行为？责任行为可简单理解为责任实现的行为手段。责任手段虽然在责任实现中不起决定性作用，但高效合理的责任手段有助于责任主体能力的充分发挥，从而影响责任的最终实现及其理想结果。责任手段的选择不但是责任主体能力高低的反映，而且是责任主体思想品德的反映。责任手段的使用是行为主体依据主客观存在的具体情况做出的最佳选择。行为手段的选择包括：团队的组建、时机的挑选、工具的选用、路线步骤措施的策划和人员的安排等[①]。责任实现的行为手段选择与个体生活习惯和工作性格相关，因此，同一责任实现，不同行为主体选择的责任手段不尽相同。

3.责任行为评价标准。责任行为评价标准是看责任主体责任手段的选择是否正当。正当性是责任行为评价的重要科学标准，如果违背了正当性科学标准，责任主体任何责任手段的选择和付诸都是没有意义和价值的。“一般来说，不损害他人和集体利益、不弄虚作假、不投机取巧、诚实劳动、合法经营的手段就是正当的手段。”[②]正当性体现了责任主体责任手段选择合德性和合法性的统一，实现了责任主体行为手段选择和价值目标追求的一致。“在行为评价时，也可以对正当的但不是科学的行为给予分析批评，目的是帮助责任主体提高完善。”[③]

---

① 程东峰.责任论:一种新道德理论与实践的探究[M].合肥:合肥工业大学出版社,2016:172.

② 程东峰.责任论:一种新道德理论与实践的探究[M].合肥:合肥工业大学出版社,2016:173.

③ 程东峰.责任论:一种新道德理论与实践的探究[M].合肥:合肥工业大学出版社,2016:173.

（三）责任心的评价

1.何为责任心？责任心也叫责任态度，是责任主体在责任实现中所表现出的态度倾向，包括责任情感、责任信念、责任意志等。责任心不是凭空产生的，是责任主体基于责任认识，在责任实践中逐渐培育而成的。责任心是主体责任人格塑造的心理基础，也是主体人格责任精神培育的重要心理力量。

2.责任心在责任实现中的作用。责任心在责任实现中起着相当大的重要作用，贯穿于责任认识、责任行为、责任实现全过程。可以说同样的条件、同样的时空、相似的责任能力，但最终责任实现的结果完全不一样，其根本原因在于责任主体责任心发挥不同造成的。人是有思想、有意识、有追求的存在主体，主观努力的程度，直接关系到责任实现的结果，有什么样的责任心及其发挥，就有什么样与之相应的责任实现结果。评价责任心的初衷就在于此，通过评价充分发挥主体责任心在责任实现中的积极作用，“在责任实现中的主观努力，就叫作责任心。责任心强，责任态度好，主观能动性发挥得好，即使客观条件不充分，主体责任能力差一点，也能出色地完成任务。”①

3.责任心评价的标准。

（1）主观能动性的发挥是责任心评价的一个重要标准。主体责任心的发挥归根结底表现为主体主观能动性的充分调动，主观能动性是主体责任心在责任行为态度上的积极反映。如果主体在责任实现的追求中，表现出强烈的责任心和良好的责任态度，主观能动性发挥得完美，即便客观条件不如意，主体责任能力稍欠缺，也能出色地完成责任使命。评价责任心的意义也在于此，既不要过分夸张责任主体主观能动性在责任实现中的作用，也不要忽略责任主体主观能动性在责任实现中的应有作用，关键要力求做到评价时的实事求是与公正客观，唯有如此，才能真正实现责任心评价的初衷。

（2）团队合作精神是责任心评价的另一重要标准。主体责任心强不仅表现在责任实现中无私忘我、兢兢业业、一丝不苟的工作精神，还表现在

① 程东峰.责任论：一种新道德理论与实践的探究[M].合肥：合肥工业大学出版社，2016：173.

善于合作的团队精神上，这是由职业责任的社会性决定的。现代职业劳动既要有忠于职守的奉献精神，又要有善于与人合作的团队意识，靠单打独斗或独当一面是很难完成责任使命的，社会主义伟大事业需要全体中华儿女精诚合作才能最终建成，“我们搞社会主义才几十年，还处在初级阶段。巩固和发展社会主义制度，还需要一个很长的历史阶段，需要几代人、十几代人，甚至几十代人坚持不懈地努力奋斗，决不能掉以轻心”①。任何不合群的单干主义和独断行为，既是对社会主义伟大建设事业责任心不强的表现，又在思想认识上犯了个人英雄主义的错误，是自私无责任的行为，评价主体在对这类责任行为评价时，要旗帜鲜明，立场坚定，对责任主体在责任实现中所犯的思想认识问题和动机不当的错误，要当即严正指出，给予必要批评指正。

（3）主体意识是责任心评价的又一重要标准。主体责任心的培养离不开主体意识的支撑，主体意识是主体责任心培养的心理基础。主体意识也叫自我独立意识，是包括责任心在内的所有人格精神得以培育和发展的心理保障。一般来说，责任心强就是主体意识强，主体意识薄弱的人，往往是依附心理很强的人。在主体意识和责任心的关系上，主体意识强的人，不仅有独立的选择和判断能力，而且还表现出对工作的强烈责任心，勇于担当，敢于担责。因此，对主体意识的评价既是责任评价的重要内容，借此检验自我实现的程度，“还能帮助行为主体强化主体意识，增强责任心，使之自我加压，不断提高责任能力”②。

二、责任评价是社会公正的体现

公正是当前人们对社会发展提出的发自内心深处的最强音，是最具有广泛性、代表性、深入人心的社会伦理规范。公正既能为社会发展营造公平有序的竞争环境，又能为个人发展注入信心和希望，因而不论对社会发展还是对个人进步，公正释放的都是正能量。责任评价的意义也是通过评价的公正性得到充分彰显，以实现促进个人发展和社会进步为根本目的。

---

① 邓小平文选：第三卷[M].北京：人民出版社，1993：379-380.

② 程东峰.责任论：一种新道德理论与实践的探究[M].合肥：合肥工业大学出版社，2016：174.

(一)责任评价社会公正性含义

1.什么叫责任评价的社会公正性？责任评价的主体有自我、客体和第三方，自我责任评价叫自我评价，客体和第三方责任评价则属于社会评价。社会评价代表国家和人民对主体责任行为及其结果做出实事求是的评定，这就是责任评价的社会公正性。责任评价的社会公正性不论对个人成长还是对社会发展都具有重要的影响作用，如果评价公正，则起到鼓励作用；反之，则起伤害作用。“社会评价对责任主体的影响是巨大的。社会评价既可以为责任主体扬起远航的风帆、鼓起前进的力量，也可能损害责任主体的自尊心，让其从此萎靡不振，甚至置主体于死地……所以，社会评价一定要正确，特别代表整体利益的政府、党团组织的评价，更应该实事求是，切不可胡批乱评。”①

2.责任评价社会公正性标准和要求。由于责任的社会评价既代表了社会正义，体现了国家和集体的整体利益需求，而且对个体责任行为又具有明显的价值导向作用，可见责任评价的重要性，对社会发展和个体进步产生影响之大，因此，“社会对责任主体的责任评价标准要科学，评价适当，既充分肯定成绩，又实事求是地指出缺点，还帮助主体想方设法克服困难、弥补不足、再接再厉”②。责任评价社会公正性要求社会评价不仅理论定向要准，而且政策舆论导向还要正，此外，还能从中透视出社会文明的高尚程度和社会风尚的淳朴程度。

(二)责任评价社会公正性作用

1.鼓励作用。责任实现的复杂性、艰巨性及其责任失误的不可避免性决定了责任主体需要社会责任评价的积极鼓励作用，不论是责任实现的成功者还是责任实现的失误者，都需要通过公正的社会评价起到促进作用。对于责任实现成功者来说，通过公正评价，既表扬他所取得的责任实现成就和良好的履职尽责能力，又要实事求是地指出其不足和今后需要努力的地方，百尺竿头更进一步，这是一种名副其实的鼓励，是一种肯定嘉奖式的鼓励；对于责任失误者来说，通过公正评价，善意指出其责任失误的根源，并对责任主体生活上的困难和业务能力方面的培训给予必要的关怀和

① 程东峰.责任论：一种新道德理论与实践的探究[M].合肥：合肥工业大学出版社，2016：174.
② 程东峰.责任论：一种新道德理论与实践的探究[M].合肥：合肥工业大学出版社，2016：175.

支持，起到精神感触作用，使其有知耻而后勇、知恩必相报的责任实现“冲动”，这是另一种鼓励，是一种关怀鞭策式的鼓励。

2. 导向作用。责任评价的导向作用是社会责任评价结果对他人责任行为起到引领作用，分为积极的效仿和消极的拒绝。若想真正发挥社会责任评价结果对他人责任行为的导向作用，社会必须要对主体责任行为做出恰如其分的肯定或否定的公正评价，并以舆论的形式向社会发布，广泛宣传，久而久之，就会演变为强大的舆论力量，牵引他人责任行为。由此可见，社会责任评价结果对他人责任行为能否起到应有的“示范”效应，关键取决于社会责任评价过程是否公正，不能是非不分，更不能黑白颠倒，否则，只会适得其反。

3. 明辨是非作用。明辨是非是社会责任评价公正性的本质要求，是社会责任评价鼓励作用和导向作用得以成立和发挥的前提基础。如果在责任评价中，社会评价主体对主体责任行为及其结果是非不分，黑白颠倒，不仅公正性无从谈起，而且整个责任评价都是没有意义的。因此，社会评价主体在对主体责任行为及其结果评价时，不能念及私情和亲情，应对责任行为及其结果、责任主体、社会负责任，其实这样做也是最终对评价者自我负责，这样才能发挥社会责任评价的真正作用，实现社会责任评价的应有意义。

三、责任评价是实现人类进步和完善的重要措施

责任评价的过程，对责任行为主体而言，不论是肯定的评价还是否定的评价，只要评价的标准公正客观，对责任主体的能力提升和人格完善就具有教育和促进作用。社会对主体责任行为的肯定评价，点赞成绩，则能激励其责任实现再接再厉、更上一层楼；社会对主体责任行为的否定评价，指出不足，让其在后续的责任实现中努力做到补差补缺，亡羊补牢，未为迟也。个体的成长发展是自我励志和他人教育鞭策共同作用的结果，责任评价在促进责任主体能力进步和人格完善中所起的作用是不可小视的。

（一）责任评价可以帮助责任主体明得失

“不识庐山真面目，只缘身在此山中。”当局者迷，旁观者清。责任主

体对责任认知、责任履行状况程度的自我体验以及对责任失误的自我反思，一时很难做到全面、科学、深刻，此时的责任评价就可以帮助责任主体明得失，克服和避免责任实践中存在的不足，扬长避短。“责任评价帮助人们明得失，也就是希望人们在今后的责任行为中克服不足，发扬长处。”①

（二）公正客观的责任评价有利于融洽人际关系

人际关系在本质上体现的是人与人之间的利益关系。如果每一位责任主体在责任实现中都能自觉做到忠于职守，尽职尽责，最大可能地维护和实现国家和人民的根本利益，则有利于良好人际关系的建立，社会和谐，人际友善。通过责任评价，使责任主体充分认识到履行责任的社会意义，从而自觉为维护和实现国家和人民的根本利益尽自己的神圣职责，忠于国家、忠于人民、忠于职守，受人尊敬；对于责任实现中出现的责任失误，责任主体如能直面坦荡，积极而为，勇于担当，同样也能赢得社会和他人的支持和认可。不论从哪一个方面，公正客观的责任评价在融洽人际关系上都发挥着应有的积极作用。总之，责任评价只要公正客观，不管是肯定性评价结论还是否定性评价结论，都能起到减少或避免人际摩擦的效果，这样人际关系总体上也就和谐了，社会运转自然也就正常了。

（三）责任评价能帮助责任主体改进工作方法

失败乃成功之母，变消极为积极，化责任失误被动为责任实现主动，要想成功顺利实现这一转化，关键在于责任主体对责任实现的意义认识和担当精神，但与社会公正客观、善意包容、主动帮助、积极引导的责任评价功能作用的发挥也是分不开的。正确的责任评价，中肯的开导教育，能让责任主体及时从责任失误的阴影中走出来，增强责任自信，自觉变责任失误被动为提高责任实现能力的主动。同时，责任评价主体在责任评价中积极主动帮助责任主体分析失误原因、改进工作方法，又能提高责任主体认识、分析、解决问题的能力，创新工作思维和方法，以上这些都是公正客观的责任评价及其结果在增进责任主体能力才干上的提升所发挥的积极正能量作用。

---

① 程东峰.责任论：一种新道德理论与实践的探究［M］.合肥：合肥工业大学出版社，2016：177.

第二节 责任评价的实现

责任评价必须有评价主体，如果没有评价主体，责任评价无从谈起，责任评价对个体发展和社会进步的促进作用也无法体现，评价主体是责任评价得以完成的关键。构成责任评价主体主要有自我、责任客体、社会、历史，由此形成四种不同的责任评价类型：责任主体的自我评价，责任客体的客观评价，社会评价，历史评价。

一、责任主体的自我评价

（一）自我责任评价的含义

1.什么是自我责任评价？自我责任评价简单地理解，就是自己对自己在责任实现中的表现及其完成结果做出评价，自己既是责任实现的主体，又是自我责任实现评价的主体。从严格规范意义上来界定，所谓责任主体自我评价是指“作为行为主体的人对自己的社会责任行为的认识和分析，就是对自己作为有特定社会地位的人的责任行为，在特定社会关系中的作用、价值和意义的认识和分析”①。

2.自我责任评价的本质。通过责任评价的意义也能帮助我们理解自我责任评价的本质。自我责任评价的本质说白了就是通过对主体在责任实现中的自我监督、自我评估、自我完善，不断提高责任能力，最终为自我责任实现服务。责任主体自我评价的本质“是行为主体对自己的责任动机、责任行为、责任能力、责任效果的自我认识和自我判断”②。通过责任自我评价，能帮助行为主体“明确责任目标，分析责任行为，衡量责任实现的程度和效果，认识自己的责任能力和责任态度，从而提高自己的责任能力和责任意识”③。

（二）自我责任评价的作用和意义

自我责任评价的本质揭示了自我责任评价在责任实现中所起的重要作

---

① 程东峰.责任论:一种新道德理论与实践的探究[M].合肥:合肥工业大学出版社,2016:178.

② 程东峰.责任论:一种新道德理论与实践的探究[M].合肥:合肥工业大学出版社,2016:178.

③ 程东峰.责任论:一种新道德理论与实践的探究[M].合肥:合肥工业大学出版社,2016:178.

用和意义，自我责任评价的目的归根结底是为主体自我责任实现服务的。自我责任评价“是支配和调整自己责任活动的意识能力，是责任自律的重要方法，对自我提高非常有意义”①。

1. 自我责任评价指导服务自我责任实现。“责任的自我评价贯穿于整个责任活动的始终，根据自己的认识和判断，可以随时根据责任实现的需要和客观环境的变化调整自己的责任行为。”②通常行为主体在责任实现过程中，事先都有责任实现规划，明确责任目标，设计责任实现的方法和步骤。但责任实现方案相对是刻板不变的，而责任实践和责任实现环境是变化不定的，如果行为主体不能及时根据责任实现目标和责任实现环境的变化修订完善之初的责任实现方案，就会犯认识上的固化和经验主义的错误，其行为最终会偏离责任目标。自我责任评价的目的就是时刻提醒自己，随时发现责任实践中的错误，及时纠正责任行为，确保责任实现方案与责任实现目标和责任实现环境始终基本保持一致。一般来说，“自我责任评价能力强的人，责任实现能力也强。……自我责任评价既是行为主体责任行为的向导，又是行为主体责任实现的动力，须臾不可或缺”③。

2. 自我责任评价有助于主体责任能力的提高。自我责任评价对责任实现的促进作用是通过提高主体责任认识水平和责任实现能力来实现的。责任认识水平的提高能帮助责任主体根据责任实现目标和责任实现环境的变化随时调整事先设计好的责任实现方案，选择最科学理想、经济适用的方法、路线、步骤，以提高责任实现的质量与效率；责任实现能力的提高对主体责任实现的影响主要体现在能帮助其顺利排解责任实现中遭遇的困难与挫折，直接关系到责任实现的质量与效率。责任实现对自我责任评价的提高是通过行为主体对责任实现的过程与结果的总结分析实现的，责任实现的过程是复杂的，行为主体会接受诸多主客观因素的考验，不断调整责任行为，努力实现责任目标，行为主体对责任实现过程与结果的分析，有利于提高自我责任评价水平。行为主体通过对责任失误结果及其责任实现过程的认真总结分析，吸取教训，鞭策自我，这本身就是自我责任评价的

① 程东峰.责任论:一种新道德理论与实践的探究[M].合肥:合肥工业大学出版社,2016:178.

② 程东峰.责任论:一种新道德理论与实践的探究[M].合肥:合肥工业大学出版社,2016:179.

③ 程东峰.责任论:一种新道德理论与实践的探究[M].合肥:合肥工业大学出版社,2016:179.

积极表现；责任实现及其结果所收到的社会好评与自我满意有利于增强行为主体责任自信，只有责任自信，才有客观如实的自我责任评价。总之，“自我责任评价和自我责任实现，共同构成自我责任能力。自我责任实现和自我责任评价，既矛盾又统一，也正是这种主体内部的矛盾和统一，推动着责任能力的提高。若要创造性地实现责任，更少不了自我责任评价的推动和引领”①。

（三）自我责任评价的方法

自我责任评价的常用方法主要有两种：感觉直观和理性分析。

1.感觉直观。感觉直观是一种较为简单易行的自我责任评价方法，通过感官对行为主体责任实现过程及其结果所显现象的直接反映，具有典型的直观性。由于感觉直观属于主体认识的感性活动，因而只能反映事物的外表现象，不能直接触及事物的内在本质和规律，但就是这样的感觉直观，也能帮助行为主体第一时间察觉到责任实现过程中的异常，及时调整责任行为，修正责任实现方案，避免更大责任失误的发生。因此说，现象是事物内在本质规律的外在显现，现象反映本质。

2.理性分析。理性分析相对于感觉直观是一种较为高级复杂的自我责任评价方法，主要借助理性思维对行为主体责任实现过程及其结果做出科学理智的分析判断。由于理性分析是对事物内在关系整体性的把握，触及事物的本质规律，因而反映最深刻，对行为主体责任实现认识与能力的提高最有益。从理性分析对责任实现所产生的全面而实际的影响来看，理性分析在责任行为活动前表现为行为主体对自己的责任动机进行反复的掂量与审查；在责任行为活动中主要表现为行为主体对责任实现方案和计划进行认真的验算和必要的矫正；在责任行为活动后主要表现为行为主体对责任实现过程及其结果的经验总结。因此说，理性分析对行为主体责任实现认识与能力的提高，影响是全方位的。

3.感觉直观和理性分析的关系。作为自我责任评价的两种常用方法，感觉直观和理性分析不是彼此独立的，而是互相作用、互相促进、共同提高，贯穿于责任行为活动全过程。感觉直观是对行为主体责任实现过程及

① 程东峰.责任论：一种新道德理论与实践的探究[M].合肥：合肥工业大学出版社，2016：179.

其结果外在表现的反映，具有直观片面性，因而是低层次的责任评价；理性分析是对行为主体责任实现过程及其结果本质规律的把握，具有系统性、理论性，因而是高层次的责任评价。感觉直观是理性分析的基础，理性分析是对感觉直观的升华，感觉直观只有升华到理性分析，才能真正实现自我责任评价的目的，促进行为主体责任实现认识与能力的提高。

二、责任客体的客观评价

(一)正确理解责任客体的客观评价

责任客体是相对于责任主体而言的，是责任主体作用的对象。由于责任客体既可以是人，也可以是物。所以，如果责任客体是人，就可以直接对行为主体责任实现过程及其结果做出评价；如果责任客体是物，则需要通过第三方（社会组织或他人）依据责任实现结果对主体责任实现过程做出评价。责任客体无论是人还是物，都是通过人对行为主体责任实现过程及其结果做出评价，具有明显的主观性。因此，纯粹意义上的客观评价是不存在的，但责任客体评价的依据——行为主体责任实现过程的表现及其结果是客观的，是毋庸置疑的。责任客体的客观评价只能相对于行为主体的自我责任评价来说是客观评价。

(二)责任客体客观评价的意义

1.责任客体客观评价意义的实现。责任客体客观评价意义是针对责任主体自我责任评价的评价体现出来的，表现为对责任主体自我责任评价结论的肯定与否定。如果责任客体对责任主体自我责任评价做出的肯定性结论表示认可，说明责任客体客观评价与责任主体自我责任评价相一致、相吻合，表明责任客体对责任主体责任实现过程及其结果是认同的，责任主体既完成了责任使命，又实现了自我价值，与此同时，责任客体也在责任主体责任实现中获得受益；如果责任客体对责任主体自我责任评价做出的肯定性结论表示否定，说明责任客体客观评价与责任主体自我责任评价不一致，或存在较大的差距，表明责任客体对责任主体责任实现过程及其结果基本或总体上是不认同的，责任主体既没有完成好责任任务，当然自我价值也就无法实现，责任客体也在主体责任失误中蒙受损失。“客体的肯定评价既是对主体责任实现的肯定，又是对主体自我评价的肯定。只有当客体的肯定评价做出后，才表明责任主体实现了责任；自我评价只有与客体评价相吻合，才获得了真正的价值。因而客体的肯定评价对主体的鼓舞作用是很大的。”①

2. 责任客体客观评价意义的表现。

（1）当责任客体客观评价与责任主体自我评价所做的肯定性结论相一致、相吻合时，一方面表明责任客体认同了责任主体的责任行为，承认了责任主体的价值实现，极大增强了责任主体的责任自信；另一方面也让责任客体在责任主体价值实现中尝到了利益甜头，并对责任主体的责任能力给予充分的信任与赞许，从而实现了责任主体与责任客体间的良性互动。

（2）当责任客体客观评价与责任主体自我评价所做的肯定性结论出现分歧与矛盾时，表明责任客体对责任主体的责任行为表现及其结果是不赞成的，责任客体也因责任主体的责任失误蒙受利益损失，因而也就对责任主体的价值实现和责任能力表示否定与质疑，使责任客体客观评价与责任主体自我评价在价值目标上出现差异。如果双方在责任评价认识上的分歧不能有效沟通或通过社会力量达成谅解，长期僵持下去，对双方发展都是不利的，也不利于增进人际之间、人与社会、人与自然的和谐稳定。

（三）责任客体客观评价的方式

由于责任客体和责任主体在现实责任关系中主要体现为利益关系，所以责任客体往往从自身利益的获取与追求对责任主体责任行为进行评价，并根据利益获取的多少与追求的满足程度，又会选择相应比较妥帖的评价表达方式。大体上责任客体对责任主体责任行为的评价方式主要分为直接和间接两种。

1. 直接评价方式。所谓责任客体对责任主体责任行为评价的直接方式是指责任客体自己直接以文字或信息的形式对主体责任行为表达肯定或否定的意向性，据此，直接评价方式又可分为文字和信息两种。文字直接评价是指责任客体以书面或口头的形式对主体责任行为表达自己肯定或否定的直观感受，一般给予肯定鼓励居多，但也有否定的委婉表达。相比较而

① 程东峰. 责任论：一种新道德理论与实践的探究［M］. 合肥：合肥工业大学出版社，2016：181.

言，书面文字评价要比口头文字评价深刻、全面、理性得多，更具科学性、指导性。而信息直接评价是指责任客体现场或当面以无声的肢体或表情信息对主体责任行为表达自己肯定或否定的态度。虽然信息直接评价不像文字直接评价具有系统性、理论性，但比较真切、直观、明了，便于责任主体当即了解责任行为是否有意义和价值，获得他人的认可。

2.间接评价方式。所谓责任客体对责任主体责任行为评价的间接方式是指责任客体不是直接向责任主体而是向第三方表达对主体责任行为的肯定或否定意见。相对于直接评价方式，间接评价方式更科学公正，由于间接评价方式避开了责任主客体间情感等主观因素的干扰，便于责任客体真实评价结论的如实表达，也能让责任主体真实而全面获得外界对自我责任行为表现的信息反馈，这对责任主客体双方而言，都因责任评价的客观真实而受益，因而被社会广为采用，这就叫第三方介入。

（四）责任客体客观评价的特征

责任客体对主体责任行为的客观评价是全过程、全时空的，既自始至终贯穿主体责任行为全过程，又跨越“责任事件”发生的时空，将在更大的范围和更长久的时间内被人们评传并产生影响。一次严重的责任事故，可能使责任当事人“遗臭万年”，人格名誉扫地，带来难以抹去的人格阴影；零责任失误并多次出色完成职责使命，能让责任当事人“流芳千古”，其事迹则被广传为佳话，立为学习典范。

责任客体客观评价的特征要求责任主体必须时刻警觉自己，努力迈好责任实现第一步，尽量避免责任失误，从而成就自我人格价值，除此之外，责任主体还要积极塑造高尚的责任人格，极力培养对国家和人民利益的坚定捍卫和无私奉献的精神。没有春风，哪有秋雨，要想使自己生活得幸福，就得必须学会先为他人的生活幸福而努力工作。

三、社会的评价

社会的评价是指除责任主体自我评价和责任客体客观评价以外的一切社会评价的总称。社会评价的主体是由体现社会性的官方组织和人民大众构成的，不论是官方组织的社会评价还是人民大众的社会评价，都具有鲜明的群众倾向性，一旦广为传播，形成舆论阵势，就会对责任主体形成强大的舆论压力，引导和约束着主体的责任行为。社会评价主要有两种形式：社会舆论的评价和社会中介机构的评价。

(一)社会舆论的评价

1.社会舆论评价的含义。所谓社会舆论评价是指人民大众通过传播媒介对主体责任行为做出积极或消极的反映，是人民大众基于主体责任行为的集体意志的表达，具有一定的阶级、阶层、集团代表性。不论是代表官方的正式社会舆论评价也好，还是体现非官方的非正式社会舆论评价也好，一旦对主体责任行为做出否定性评价结论，将会对责任主体的成长发展和价值实现产生致深致远的影响；如果其对主体责任行为做出褒奖性评价，将会对责任主体的成长发展和价值实现产生源源不绝的强大激励动能。

2.社会舆论评价的特点。

(1) 粗疏性。社会舆论评价的粗疏性特点说明了不论是褒奖性评价还是贬损性评价，其评价依据和结论都缺乏严谨性和科学性，难以令人信服，尤其是贬损性评价结论，评价主体在还没有完全弄清主体责任行为事实的前提下，习惯于根据自己的主观臆测和目的需要，随意确立评价标准，并通过捕风捉影、凭空杜撰、捏造事实、张冠李戴、夸大其词等形式，以达到评价者弄臭他人、诋毁他人甚至棒杀他人来满足自己不可告人的私念。

(2) 倾向性。社会舆论评价的明显倾向性特点说明了评价带有强烈的主观色彩，评价主体对主体责任行为的评价不是以责任事实为依据，而是以评价者的个人喜好和维护评价者自身利益最大化原则为标准。这种带有个人倾向性和个人情绪性评价，表明他们是把舆论评价作为达到评价者个人目的的手段，而不是帮助责任主体分析责任实现的原因，提高责任能力[①]。因此，这样的评价结论因缺乏客观性、公正性、权威性而让人难以信服接受。

(3) 随意性。社会舆论评价的随意性特点说明了评价有失科学性。所谓评价的随意性是指评价主体对主体责任行为的评价往往跟着感觉走，属

① 程东峰.责任论:一种新道德理论与实践的探究[M].合肥:合肥工业大学出版社,2016:183.

于脚踩西瓜皮，想到哪说到哪，对评价结论及其影响后果不负责任。这种随意性评价既包括评价标准的随意性、评价过程的随意性，也包括评价场合选择的随意性和评价事实摘取的随意性。由于随意性社会舆论评价大多数有失科学精神，因而评价结论很难被社会广泛采纳，其社会影响力也很有限。

综上所述，社会舆论评价的粗疏性、倾向性、随意性等特点，揭示了社会舆论评价忧喜各半，积极性作用和消极性作用都很明显。评价主体只有尊重事实、端正态度、树立科学的标准，才能发挥社会舆论评价应有的正效应作用，对责任主体自信心的增强、能力的提高和对社会发展的促进都是有益的。

3.社会舆论评价的形式。责任评价效果的取得需要责任评价形式为之服务，责任评价形式服务责任评价效果。良好社会舆论评价效果的取得需要一定合适的舆论评价形式；只有以最适用可行的舆论评价形式，才能取得理想的社会评价效果。“社会舆论评价的形式丰富多彩，既可以是大众传播媒介负载的消息、通讯、文艺作品，也可以是口头文学创作的故事和趣闻轶事；既可以表现为群众的街谈巷议，也可以表现为群众心理和群众情绪的宣泄，以及招贴、广告等都是社会舆论的传播形式。”[①]社会舆论评价的特点决定了不管哪种形式的社会舆论评价都不是十全十美的，都存在不同程度的瑕疵，只有历史的最终评价才是可靠权威的。

（二）社会中介机构的评价

社会中介机构的评价最适合对专业性和技术性都较强的主体责任行为的评价，不太适合对道德性的主体责任行为的评价，“它是近几年兴起的一种被认为是最具权威性的公正的客观的评价。中介机构的评价依据国家或是世界权威机构的评价标准，对被评价者给予全方位、定性和定量相结合的评价”[②]。一般意义上的社会中介机构是指按照一定的业务规则或程序为委托人提供中介服务，并收取相应费用的组织，主要包括：独立审计机构；资产、土地、工程等评估机构；工程监理机构；法律、档案等服务机构；信息、技术、工程等咨询机构；检测、检验、公证、认证机构；职

① 程东峰.责任论：一种新道德理论与实践的探究[M].合肥：合肥工业大学出版社，2016：184.

② 程东峰.责任论：一种新道德理论与实践的探究[M].合肥：合肥工业大学出版社，2016：184.

业、人才、婚姻等介绍机构；工商登记、商标、专利、税务、房地产、招投标、因私出入境等代理机构及法律、法规、规章规定的其他组织等。社会中介机构是社会信用体系的重要组成部分，在促进市场经济发展和维护社会和谐稳定过程中承担着相应的责任，对主体责任行为的评价就是其社会角色所赋予的一项重要职能。

四、历史的评价

(一)责任历史评价的含义

相比较前面几种责任评价，责任的历史评价是最公正、最科学的评价形式，因为责任的历史评价是对已发生的往前责任行为和责任事件进行评价，抛开了当时责任双方或责任多方错综复杂的利益纠缠，也不受过多主客观因素的干扰，因此，责任历史评价是一种颇具分量的评价形式，意义重大。所谓责任的历史评价是指评价者对已发生的过去责任行为和责任事件做出合乎历史发展规律的价值认识和价值判断。

(二)责任历史评价的特点

1. 客观事实性。历史评价要尊重客观事实，道听途说、歪曲事实是违背历史评价的科学精神，这样的评价结论也没有多少实际价值意义。责任历史评价也是如此，责任历史评价之所以重要，被后人广为接受且影响深远，是因为责任历史评价以已发生的历史责任行为和责任事件为评价依据，具有客观性。

2. 公正科学性。由于责任历史评价是后人对过去已发生的责任行为和责任事件作合乎历史发展规律的价值认识和价值判断，既摆脱了政治的、经济的现实制约，又摆脱了人际利益关系和利害关系的影响，因而，公正科学，令人信服，对后人责任行为也具有教育启迪和指导典范作用。

(三)责任历史评价的标准

对任何历史人物、事件和行为的评价都必须遵循历史唯物主义的基本观点和方法，实事求是，一分为二，做出公正客观的评价，其标准是：是否推动社会历史发展；是否维护广大人民根本利益。如果历史人物、事件和行为对推动社会历史发展和维护广大人民根本利益起积极的促进作用，评价结论就是肯定的，是有意义和价值的；反之，评价结论就是否定的，是没有意义和价值的。责任历史评价亦是如此，如果历史责任行为和责任事件有利于推动社会历史发展和维护广大人民根本利益，其评价结果就是有意义和有价值的肯定性结论；反之，其评价结果就是无意义和无价值的否定性结论。

（四）责任历史评价的形式

根据历史责任行为和责任事件的影响大小以及评价主体、评价性质和评价意义的不同，责任历史评价的形式主要有历史文献和风俗习惯两种。

1. 历史文献形式的评价。历史文献形式的评价又分为学术研究成果和历史结论两种。作为历史文献评价的学术研究成果和历史结论，都是针对重大政治责任事件、有深刻影响的社会责任事件和重要历史人物责任行为所做出的评价，因为这些责任行为的主体、责任事件的当事人都不是一般的普通人，而都属非凡人物，其责任行为和所经历的责任事件必将对历史发展及其进程、国家和人民根本利益的实现产生重大影响，因而评价的意义也是不同寻常的，往往很多都带有鲜明的政治性结论倾向，故多以历史文献形式记载，供后世学习鉴阅。

2. 风俗习惯形式的评价。风俗习惯形式的评价主要是对一般普通人身上曾经发生的责任行为和责任事件进行的评价。一般普通人身上曾经发生的责任行为和责任事件对社会历史发展、国家和人民利益也会产生影响，只是没有重大责任行为和责任事件对社会历史发展、国家和人民利益产生的影响大，因而也是有历史评价意义的。更何况一般普通人身上曾经发生的责任行为和责任事件更具有普遍性，影响传播范围也较广，因而易引起普通民众的关注和聚焦，如以风俗习惯形式进行评价则使人易懂好学、便于推广普及，如我国每年3月开展的“学习雷锋月”活动、每年4月“清明节”举行的祭祀烈士英灵活动等。

总之，无论是历史文献形式的评价还是风俗习惯形式的评价，无论是肯定性的评价结论还是否定性的评价结论，只要是能被历史重视和评价的，说明其对当今人们的责任行为是有教育价值和启发意义的，否则就会被历史的岁月所尘封，彻底消失在人们的记忆中。“一些约定俗成的行为规范，一些经过千百年的淘汰仍然保留下来的生活和行为习惯，都应该看作是被历史评价所充分肯定的东西，否则早就淹没在历史的长河中了。”[①]尽管历史文献形式的评价在某种程度上带有一定的学术性和官方性，评价形式规范，评价结论严谨，评价对象多为政治意义较浓的“非常”责任行为和责任事件，但并不影响大众性的风俗习惯形式评价的广泛多样性，“历史的评价也是渗透在各行各业各个领域的，无论是文学作品，还是文化思想；无论是生产工艺，还是行为习俗，能够流传下来的，多是经得起时间考验的”[②]。只有经得起历史检验的不朽，才能称得上是真正的不朽。

第三节　责任评价的效果

责任评价的意义揭示了责任评价的重要性，是一项十分严肃且有影响的社会工作，“关系到社会的良性运行和健康发展，关系到国家的长治久安和兴旺发达”[③]，也关系到评价对象和评价者自身的生存发展和社会声誉，因此，评价者对责任行为和责任事件的评价也是一项神圣的极富责任心的工作。这就要求评价主体必须拥有良好的道德和文化素养，端正评价态度，确立科学的评价标准、立场、观点和方法，这样才能确保最终实现责任评价的理想效果。由于评价主体道德水平、知识能力和所持评价立场、观点、方法的不同，因而对同一责任行为和责任事件的评价效果却是不一样的，表现为正确的评价效果和错误的评价效果。

一、正确评价的效果

（一）正确责任评价的科学含义

顾名思义，正确责任评价说明评价主体对责任行为和责任事件所持的评价态度、立场、观点、方法都是正确的，因而最终获得的评价效果也是正向的。一言概之，所谓正确责任评价是指评价主体本着实事求是的精神，以公正的立场和正确的方法对主体责任行为和责任事件的当事者做出

① 程东峰.责任论：一种新道德理论与实践的探究[M].合肥：合肥工业大学出版社，2016：185.

② 程东峰.责任论：一种新道德理论与实践的探究[M].合肥：合肥工业大学出版社，2016：185.

③ 程东峰.责任论：一种新道德理论与实践的探究[M].合肥：合肥工业大学出版社，2016：186.

客观公正的评价。正确责任评价自然能取得理想的评价效果。

(二)正确责任评价的效果

1.正确的责任评价可以帮助人们加深对责任的认识，从而使人类的责任行为更加科学化、规范化，养成良好的责任自觉习惯。责任评价是评价主体对主体责任行为以及责任事件当事者的评价，包括责任主体以及责任事件当事者的责任动机、责任态度、责任精神、责任能力以及责任实现结果等。只要评价主体所持评价立场、观点、方法正确，而且评价全面到位，公正客观，就能起到对他人（包括责任当事人在内）责任教育的功效，使人们对责任的认识更加深刻科学，促使其责任行为更加合理规范，并最终养成良好的责任自觉习惯。

2.正确的责任评价，对人们科学价值观的确立、个体综合素质的提高、社会精神文明建设的发展具有促进作用。其实，个体综合素质的提高、社会精神文明建设的发展深受价值观的影响，人的价值观正确了，其行为就必然规范得体，体现的个体综合素质当然也就高，社会风气自然也就清明了。价值观对个体综合素质的提高、社会精神文明建设的发展具有导向作用，而责任评价则从根本上影响和制约着人们价值取向的确立，有什么样的价值取向就有什么样与之相应的行为表现，“责任评价就是对人的行为得失的评价，而人的行为是受思想支配的，行为取向和价值取向是一致的，行为取向是价值取向的表现形式；责任评价帮助责任主体认识行为的正当与否，也就是帮助行为主体认识价值取向正当与否；对行为的调整也就是对价值取向的调整”①。所以说，正确的、有效的责任评价有助于人们正确价值观的确立，人们的价值观正确了，行为也就端正了，尽责也就自觉了，社会文明建设也就有保障了。

3.正确的责任评价，能形成社会进步、人民利益和社会整体利益实现的多赢局面。在责任评价过程中，评价主体既要对评价对象和责任事实负责，更要对社会历史发展、国家和广大人民根本利益负责，这也是评价主体责任精神的最高体现。是否有利于促进社会历史发展、是否有利于维护国家和广大人民根本利益是责任评价唯一科学的最高标准，也是衡量主体

① 程东峰.责任论:一种新道德理论与实践的探究[M].合肥:合肥工业大学出版社,2016:187.

责任行为最终有无价值或者价值大小的最权威标准。因此，从这个意义上理解，“正确的责任评价是站在人类进步的立场上，着眼于人类整体利益，着眼于人类发展大趋势而做出的评价。这种评价毫无疑问要代表人类进步的生产力说话”[①]。

二、错误评价的效果

（一）错误责任评价的内涵

在责任评价过程中，评价主体往往因评价标准、立场、观点和方法某一方面的错误就会导致整个评价呈现一定的负面效果；如果评价主体所持的标准、立场、观点和方法无一正确，那评价的效果就更是一无是处，呈完全的彻头彻尾的负面效果。所谓错误责任评价是指评价主体对责任行为和责任事件的评价部分或全部背离责任事实和社会整体利益、无视社会发展规律、歪曲的、不公正的评价。只要是错误的责任评价，就会呈现不良社会影响，这无论对责任主体、责任客体、责任评价主体，还是对于社会，都是有百害而无一利的。

（二）错误责任评价的致因

造成错误责任评价的致因是多方面的，既有评价主体主观方面的原因，又有评价主体客观方面的原因，但不论是主观方面的原因还是客观方面的原因，评价主体都可以不断克服和自我完善，从而确保责任评价的正确，避免造成不良社会影响。

1. 评价者所持错误的评价标准、立场、观点和方法所致，只要上述方面有一点出错，就会导致整个责任评价效果的错误。由于人的价值评价标准、立场、观点和方法的确立与形成具有一定的客观历史性，深受其生活所处的时代背景和所代表的阶级利益的影响和制约，具有不可改变性和选择性，因而存在评价结论的局限性在所难免，所造成的负面影响要给予历史的辩证的评价。责任评价主体的评价标准、立场、观点和方法的确立与形成也是如此。

2. 评价者能力不足、学识有限造成的。前面已作阐述，知识和能力是

① 程东峰.责任论:一种新道德理论与实践的探究[M].合肥:合肥工业大学出版社,2016:188.

融为一体的，能力需要知识，知识可以转化为能力。评价主体在对主体责任行为和责任事件当事者进行评价时，尤其是对比较复杂的主体责任行为和责任事件当事者进行评价时，需要认真仔细地分析研究，体现评价主体认识问题、分析问题、判断问题和解决问题的能力，既涉及专业知识能力，又牵涉教育学、社会学、心理学、经济学、法学、历史学、哲学等方面的学科背景知识。如果评价者专业知识不深厚，知识面又较狭窄，往往容易造成评价效果的不良反应。

3.评价者态度不端正、思想觉悟素质不高引起的。因评价主体评价标准、立场、观点和方法的不科学而导致责任评价效果的不良，这不属于评价者的主观故意，而是由评价者自身知识能力的欠缺和认识水平的不足所致；而因评价者态度不端正、思想觉悟素质不高所引起的错误责任评价则不同，这是由评价者主观故意造成的，无视他人正当合法利益、社会整体发展利益和社会历史进步规律，别有用心，以达到制造社会混乱、混淆是非、扰乱人心的目的。因此，这样的错误责任评价的主体评价动机是极其恶劣的，评价效果的危害性也较大。

（三）错误责任评价的效果

错误责任评价的效果当然是呈负向性的，起消极作用。主要表现在以下方面：错误的责任评价容易造成人们认识和思想上的混乱，因错误评价的误导致使人们的行为失去规范，由于误评引起的价值取向的混乱导致社会原有正常生活的失序；错误的责任评价使社会失去了应有的最起码的公平，失去了世道应有的最普遍的正义，久而久之，由于社会公平正义的长期缺失，最终彻底击溃了人们道德承受的心理底线，使人们逐渐对社会失去信心和耐心，从此玩世不恭，意志消沉，如此长期下去，容易诱发社会道德危机；错误的责任评价，在人际关系方面，常表现为由于人为地离间和挑拨，破坏了人与人之间应有的信任与坦荡，造成了人际间因相互猜忌而关系紧张，致使人际关系不和谐、社会秩序不稳定，是诱发人们各种病态心理和失责行为的社会病因。

第四节 正确对待责任评价

对主体责任行为和责任实现结果的评价是评价主体（包括责任主体）的权利，那么，对评价主体的评价的评价同样也是责任行为主体的权利，更是一份责任，即正确对待责任评价，这是由责任评价意义和效果决定的。因为正确的责任评价对社会发展和个人进步具有巨大的建设和促进作用；反之，错误的责任评价对社会发展和个人进步具有巨大的破坏和阻碍作用。正确对待责任评价要求责任主体既要提高自我责任评价的能力，坚持自己的正确看法和做法，又要提高自我识别、判断能力，揭穿他人责任评价的错误或别有用心，不畏权势，不惧淫威，目的是坚持正义，维护公道，避免错误的责任评价给社会发展和个人进步带来不利影响。那么，责任主体具体如何做到正确对待责任评价呢？

一、辩证分析、正确对待社会舆论

（一）辩证分析、正确对待社会舆论的原因

在所有的责任评价形式中唯有社会舆论的评价对责任主体造成的直接和间接影响最大，这是由社会舆论载体的传播快、覆盖广、信息量大、形式多样化等特点所决定的，更何况不管哪种形式的责任评价最终都以社会舆论形式传播。社会舆论的粗疏性、随意性、主观倾向性等特点决定了社会舆论评价不是完美无缺、令人信服的，需要甄别，去其弊，得其利。面对社会舆论评价，责任主体既不能因满足自我作秀需要而过分进行舆论炒作、媒体包装，以乱大众视听，同时，也要对他人社会舆论形式的责任评价认真过滤，剔除一些不科学、不公正的评价内容，并作郑重说明，以正视听。辩证分析、正确对待社会舆论是每一位责任主体都应该具备的素质和能力，唯有如此，才能保持责任主体应有的人格独立性，坚信自己的行为选择，把握住人生发展的正确方向。

（二）辩证分析、正确对待社会舆论的基本要求

1. 一分为二，恰如其分。辩证分析、正确对待社会舆论，既要看到社

会舆论有其正确积极的一面，亦要看到社会舆论有其错误消极的一面，即便是正确的社会舆论评价，也要恰如其分地对待和宣传，若过分地夸张和强调，将会适得其反，会给评价对象和社会带来一定程度的危害。“用辩证的观点正确对待和使用社会舆论，既有利于责任实现，也有利于社会进步，还能提高行为主体的责任能力。”①

2.冷静理智，不偏不倚。面对强大的社会舆论压力，责任主体要保持清醒的头脑，既不要被赞美和鲜花冲昏头脑，失去自制，也不要被措辞严厉的批评挫伤信心，失去志气。理智冷静地分析社会舆论，“也就是要给评价以评价，辨析其正误，衡量其优劣，对于中肯的善意的评价，汲取改正；对于错误的恶意的评价，保持警惕，识穿其阴谋后给予适当的反击”②。强调责任主体冷静理智、不偏不倚地对待社会舆论，其目的就是要让社会舆论评价为“我”（责任主体）所用，不使自己（责任主体）跟着社会舆论论调走，任由其摆布和左右。这就要求责任主体一方面要主动积极吸纳社会舆论评价中的一些建设性的合理因素，另一方面还要有主见果断地“拔开错误社会舆论评价的迷雾，拨正社会舆论评价的走向，以利于自己更好地实现责任”③。

3.完善知识，提高能力。正确对待责任评价，对责任主体而言，说白了就是对评价者的评价给予自己的评价。责任主体对评价主体的评价的评价，不能任凭自己的情感和意气用事，也不能冲着自我利益保护而肆意宣泄，只有建立在知识和能力基础上的理性分析，才能对评价主体的评价做出不偏不倚的正确评价，这对个体责任实现和社会发展都是有利的。因此，责任主体应不断提高自己的认识能力和责任能力，努力培养自己应具有的责任评价水平和责任鉴别水平，这既是满足自我责任评价的需要，也是应对他人和社会责任评价的需要。

---

① 程东峰.责任论：一种新道德理论与实践的探究[M].合肥：合肥工业大学出版社，2016：190.

② 程东峰.责任论：一种新道德理论与实践的探究[M].合肥：合肥工业大学出版社，2016：190.

③ 程东峰.责任论：一种新道德理论与实践的探究[M].合肥：合肥工业大学出版社，2016：191.

二、以责任评价为动力，努力提高责任评价水平

（一）充分认识责任评价在责任实现中的作用

不管何种评价主体的责任评价，都会产生重要的社会反响，尤其对责任主体的影响为最，直接关系到责任主体的成长和发展以及责任实现能力的提高，因此，我们必须充分认识责任评价在责任实现中的作用。“每一个社会人，既是责任实现的主体，又是责任评价的主体；人们随时随地都在实现责任，又随时随地都在进行责任评价。责任评价既可以加深责任主体对责任的认识，又可以对责任主体起监督、推动和促进作用。我们要充分认识责任评价在责任实现中的作用，从而自觉地提高每一个人的责任评价能力，也不断提高全社会的责任评价水平，尽量避免错误责任评价的出现，尽量减轻错误责任评价给社会带来的危害。”①

（二）努力提高责任评价水平

1. 提高理论修养。评价者的理论修养水平，不仅能提高责任评价的高度和科学性，而且还能为评价主体提供科学的世界观和方法论为指导，以保责任评价的质量。因此，我们必须努力学习古今中外经典责任思想，特别是马克思、列宁、毛泽东、邓小平等经典作家的责任思想，尤其是习近平“谈治国理政”关于责任的精辟阐述，努力学习中国特色社会主义理论和习近平新时代中国特色社会主义思想，努力学习党和国家重大的基本方针政策，努力用马克思主义的立场、观点、方法，站在时代发展的前沿不断提高责任认识和责任分析水平。

2. 提高专业理论水平。责任实现需要专业知识和技能，责任评价同样需要专业知识和技能，外行评价内行犹如“盲人摸象”，只能乱猜说，难以确保责任评价的正确性和科学性。因此，为了正确的责任评价，为了实现责任评价的正效应，我们还需“努力学习科学技术知识和文化知识，积极投身到社会主义建设伟大事业中去，从实际出发，理论联系实际，在社会实践中提高责任认识能力和责任评价能力，可望做出实事求是的、正确的责任评价”②。

① 程东峰. 责任论：一种新道德理论与实践的探究［M］. 合肥：合肥工业大学出版社，2016：191.

② 程东峰. 责任论：一种新道德理论与实践的探究［M］. 合肥：合肥工业大学出版社，2016：191.

3.加强道德修养。责任评价是一项无私而又高度负责的社会工作，要求评价者必须具有高尚的思想觉悟和道德情怀，本着对评价对象负责、对人民负责、对社会负责、对自己负责的态度，摒弃个人私心杂念，才能真正实现责任评价的社会意义。因此，我们必须要“加强道德修养，密切联系群众，坚决从维护广大劳动人民的利益出发，坚决从维护社会正义出发，坚决克服个人偏见和一己私情对智慧之光的掩盖，以保证评价的纯洁性、公正性和权威性”[1]。

思考题

1. 如何正确理解责任评价的意义？

2. 如何评价社会舆论在责任评价实现中的效应作用？

3. 如何正确对待责任评价？

课外阅读书目

1. 李德顺.当代中国人文大系:价值论——一种主体性的研究[M].北京:中国人民大学出版社,2013.

2. 冯平.评价论[M].北京:东方出版社,1995.

3. 俞吾金.意识形态论[M].上海:上海人民出版社,1993.

① 程东峰.责任论:一种新道德理论与实践的探究[M].合肥:合肥工业大学出版社,2016:191.

第七章 责任监督

导　言

为了促使个体行为活动不间歇、不搁置，向预期目标不断前进，必要的监督是不可缺少的。监督是对主体活动行为的监督，保证主体行为活动不松懈，不前功尽弃，不偏离价值目标和方向。作为社会制度、体制、机制的一部分，监督既是社会文明发展的重要表现，又是社会文明有序运行不可或缺的重要保障。监督伴随个体行为活动全过程，只要有个体活动行为的存在，监督无处不在，监督无时不有。责任监督是对主体责任行为的监督，确保主体责任实现顺利，高质量圆满完成。责任监督贯穿于主体责任实现全过程，把责任评价的内容具体作用于责任主体，对责任主体因责任认识不到位、责任动机不纯、责任精神懈怠、责任能力不强等情形给予应有的监督，建议或责令责任主体及时整改，避免主体责任行为偏离正常价值轨道，确保责任任务如期完成，实现责任既定价值目标。

教学目标

通过本章教学，帮助同学们充分认识责任监督在整个责任实践过程中的重要性，是个体责任实现不可或缺的重要环节。责任监督是个体责任认识、责任选择、责任实现等责任行为顺利开展的重要保障，又是落实责任评价、实施责任赏罚的重要手段和前提。责任监督贯穿于主体责任行为全过程，只要有个体责任行为的存在，监督无处不在，监督无时不有。

通过对责任监督意义的学习，帮助同学们提高对责任监督意义学习的必要性认识，从而端正学习态度，明确学习目标。对责任主体而言，责任监督的意义在于使其明白人性是多面的，既有高尚、善的一面，又有庸俗、恶的一面，主体在责任实现过程中难免会出现动机不纯、精神懈怠、能力退化的情况，容易酿成责任事故，导致主体责任行为背离价值目标。责任监督的目的不是跟责任主体过不去，故意给责任主体找麻烦，而是帮助责任主体时刻保持良好的精神和能力状态，确保责任实现顺利完成。

通过对责任监督方式内容的学习，既要让同学们认识到责任监督方式是多样的，各自独立，互为补充，共同作用于主体责任行为，又要让同学们明确在所有责任监督体系中，自我监督（自律）是关键，起关键作用，是所有责任监督力量中最重要、最有效的监督形式。而社会监督（他律）是外部监督，起辅助作用，社会监督（他律）只有通过自我监督（自律）的自觉实现才能真正起作用。

教学建议

1.教学内容重难点的把握和突破。

（1）责任监督的意义是本章教学内容的重点。

责任监督的意义之所以作为本章教学内容的重点，是因为：

①这是由责任监督在整个责任实践活动中的地位和作用所决定的。主体责任实践活动是复杂的行为过程，由一系列环节所构成，包括责任认识、责任选择、责任动机、责任态度、责任实现、责任评价、责任监督、责任赏罚等，其中，责任监督贯穿主体责任实践活动全过程。如果没有责任监督，主体责任实践活动就不可能正常顺利开展，主体责任行为就有可能背离价值目标，主体责任实现就不可能预期圆满完成；如果没有责任监督，责任评价也就失去评价的意义。责任监督是把责任评价的内容与要求具体作用于责任主体的重要凭借力量，以促进责任主体不断成长和发展。如果没有责任监督，责任赏罚就是一纸空文，无依无据。责任监督是责任

赏罚机制制定和落实的前提。

②这是由责任监督对主体责任实现的重要性所决定的。责任监督是保证责任实现的重要措施和保障力量。责任实践活动过程的复杂性、艰巨性、挑战性，注定了主体在责任实现过程中难免会出现情绪波动、精神懈怠、能力不足的情形，责任监督则是克服和解决上述情形问题的最有效措施。当主体责任实现一帆风顺、得意忘形时，责任监督的及时提醒能让责任主体头脑降温、保持冷静；当主体责任实现陷入困境、心灰意冷时，责任监督的大力鼓励犹如向责任主体注入一剂强心剂，使责任主体对责任实现的前景充满信心；当主体责任实现面对责任失误一筹莫展时，责任监督的关键点拨能让绝境中的责任主体茅塞顿开，成功化解责任危机，重燃责任实现的希望。

为了突出这一重点教学内容，建议教师从以下两方面组织教学。

一方面，教师要围绕“责任监督贯穿主体责任实践活动全过程”这一教学要点开展教学，重点回答责任监督为什么会贯穿主体责任实践活动全过程以及责任监督与其他责任实践活动环节间的关系，从而突出责任监督在整个责任实践活动过程中的重要地位和作用。因此，教师在讲授这一知识要点时，先要带领学生简明扼要地对前面已学的责任认同、责任选择、责任动机、责任态度、责任实现、责任评价等进行回顾，指明责任监督与上述责任实践活动各个环节间的关联，让学生最终明白若失去责任监督，主体责任行为因偏离责任实现价值目标，致使责任认同、责任选择、责任动机、责任态度、责任实现、责任评价皆失去意义和必要。

另一方面，重点解析为什么主体责任实现必须要接受责任监督。针对这一重点解疑内容，第一，教师要从人性的多样性与多面性入手，通过对人性的善与恶、美与丑、高尚与庸俗、天使的一面与魔鬼的一面等多面性的分析，得出人性的优点和弱点是并存的，人性的弱点决定了主体责任行为必须要接受责任监督。因为人性的弱点容易使主体在责任实现过程中出现动机不纯、精神懈怠、价值取向异化等堕落情形，影响责任实现。第二，从责任监督对责任实现的全面影响分析，突出责任监督的重要意义。责任监督能提防责任主体在责任实现过程中出现责任精神和责任能力懈怠的状况，激励和焕发他们时刻保持高昂的工作热情和精益求精的进取精神；责任监督能及时帮助责任主体不断修正完善责任认知、责任动机、责任实现方案，矫正责任行为，确保主体责任行为与责任实现价值目标始终保持一致；责任监督能主动有效帮助责任主体及时排查责任失误的根源，完善责任实现方案，改善责任实现方法，提高责任实现能力，把责任失误的损失控制在最小有限的程度范围内，从而增强主体责任实现的信心；责任监督除向责任主体提供必要的纠错服务和智力服务外，对责任主体还具有激励鞭策的教育功效。

（2）自我责任监督既是本章教学内容的重点，又是本章教学内容的难点。

自我责任监督作为本章教学的另一重点内容，一方面是由责任监督的意义所决定的，另一方面是由自我责任监督与社会责任监督的关系所决定的。自我责任监督是内因，是整个责任监督的关键和基础；社会责任监督是外因，是对自我责任监督的有效补充，对自我责任监督起辅助作用。社会责任监督只有通过自我责任监督的自觉实现，才能真正发挥作用。如果没有自我责任监督的自觉实现，整个责任监督体系就会失灵，主体责任行为就会处于失控无序状态，责任失误迟早不可避免。

既然自我责任监督如此重要，那么，如何发挥自我责任监督在主体责任实现中的作用呢？一是责任主体自觉性的培养。没有自觉性为保障基础的自我责任监督是非惯性起作用的，时断时续，时强时弱，这种自我责任监督的间歇性缺场往往为责任失误提供机隙，为责任实现埋下隐患。二是责任主体主体意识的培育。自我责任监督自觉性高是责任主体主体意识强的表现，只有主体意识强的责任主体，才有利于自我责任监督中的同情心、自爱心、责任心和信仰的自觉生成。不论是责任主体自觉性的培养，还是责任主体主体意识的强化，都建立在责任主体对责任实现意义与价值的深刻领会基础上，只有对责任实现意义与价值认识到位，才有自我责任监督的自觉实现。

自我责任监督作为本章教学的难点内容，是由自我责任监督自觉实现所需的自觉性培养和主体意识强化的艰难性和复杂性所决定的。自我责任监督重要性揭示了主体的自觉性培养和主体意识强化对主体自我责任监督的自觉实现至关重要，而主体的自觉性培养和主体意识强化又建立在主体对责任实现意义与价值的深刻领会基础上，而这一认识过程却不是一朝一夕的，需要一个较为漫长的接纳、吸收和转化的过程，期间主体的认识还会受到来自内外诸多主客观因素的影响，因此，自我责任监督意识形成的不确定性和干扰性明显增加。此外，从价值观的角度来理解，主体对责任实现意义与价值的深刻领会又属于责任主体价值选择与判断的过程，而责任主体价值观的定型也不是一蹴而就的，易受冲击，具有多变性，因而也最终会波及自我责任监督意识的形成。由此可知，自我责任监督意识的形成、自我责任监督作用的发挥不是随心所欲的，关于这一难点问题的解读，对教师的教学组织和学生的学习领悟都是较大的挑战。

从以上的分析中可以看出，主体自我责任监督意识的形成对自我责任行为约束和监督的重要性，主体只有不断强化自我责任监督意识，才能真正发挥自我责任监督的作用。但自我责任监督意识的形成是复杂的，需要在认识的基础上，通过教育的启发和引导，排除诸多不利因素的干扰，才能逐渐形成。那么，教师应从哪些方面教育引导学生努力培养主体自我责任监督意识呢？

①同情心培养。同情心具有一定的本能性，属于低层次的监督力量，但它容易被培养、激发，发酵快，作用范围广，灵活、多变、适用。同情心人人都有，但不是人人都能随时随地地表现出来，它需要被激发、感染，只有情到深处，才能使同情心淋漓尽致地表现出来，促使主体做出行为的积极选择，从而自觉履行自我责任。爱心是唤醒同情心的最敏感有效的触感器，只有拥有浓浓爱心的责任主体，其同情心才易被激发、感染。因此，加强责任主体的爱心教育是其同情心培养的关键。

②自爱心维护。自爱心与同情心一样，都属于低层次的监督力量，也具有一定的本能性，而自爱心监督作用的发挥是通过对责任主体自我保护的需要而被激发的。自我保护是个体立足社会、谋求发展的需要，既表现为自我正当合法物质利益的保护，更体现为自我人格尊严形象的维护。因出于自我保护的需要，自爱心会役使主体自觉为他人、社会履行必要的责任和义务，最起码会约束主体行为不能过于放肆、无拘无束。自爱心维护

重在对自我人格尊严形象的维护，强化主体人格尊严形象意识是其自爱心维护的关键。

③责任心养成。责任心处于自我责任监督力量中的较高层次，具有相对的稳定性和自觉性。责任心养成一旦成为个体良好的习惯品质，主体就会把为他人、社会履行必要的责任视为义务的自觉和行为的快乐。责任心养成是个体后天认识和接受教育的结果。因此，一要提高个体对责任及其责任履行意义与价值的认识；二要强化个体主体意识，只有主体意识强的主体，才能在实践行为中表现出积极的责任担当，才有自由的责任认识、自由的责任选择、自由的责任行为。主体性塑造是责任心养成的核心，个体对责任及其责任履行意义与价值的认识也是建立在主体性基础之上。

④信仰确立。信仰是最高层次的自我责任监督力量，最稳定、最可靠。信仰是认识的结果，但信仰不是一般的认识，是建立在理性深入思考、反复酝酿基础上的价值笃信，植根内心，是激发人们工作自信、创造激情的强大精神动力，并具有伴随目标追求的坚定性和执着性等特点。信仰时刻敲打着人们的责任心，督促主体为兑现当初的誓言而履行责任，积极而为，永不言弃，不达目标，誓不罢休。信仰确立关键取决于主体对信仰本身意义与价值的认同程度，认同程度越高，信仰越牢固，其作用力就越强大，故而努力提高主体理论修养和价值判断水平是其信仰确立的根本所在。

此外，教师还要帮助学生总结归纳上述自我责任监督力量体系中同情心监督、自爱心监督、责任心监督和信仰监督间的关系，既要察觉到它们彼此间存在的区别，又要分析出彼此间内在的必然联系。监督力和作用方式的不同是它们彼此间最大和最主要的区别。它们彼此间的联系主要表现在：同情心和自爱心是责任心建立的基础，责任心是在同情心和自爱心基础上的有意识自觉培养的结果；信仰是一种价值认同，积极广泛作用于同情心、自爱心和责任心；同情心监督和自爱心监督是对责任心监督和信仰监督的有效补充和完善，从而形成较为完备的自我责任监督力量体系。

（3）社会责任监督是本章教学的又一重点内容。

社会责任监督虽然作为外在监督力量而存在，其作用的充分发挥还要以自我责任监督的自觉实现为前提，但在特定条件下，对特殊主体的行为而言，其作用是不可忽视的，也是不可替代的，尤其对那些违背民意倒行逆施、肆意践踏人间正义的行为主体能够形成强大的威慑作用，也让他们为其疯狂行为付出高昂代价。为此，为了让学生充分认识社会责任监督的重要性，建议教师应重点围绕下述内容进行阐述。

首先，教师在教学中要有意识引导和启发学生对社会责任监督力量体系中的人事监督、社会舆论监督、法规监督各自作用力不同的区分。人事监督和社会舆论监督渗透着更多的主观人为因素，受监督主体主观意志的影响，有时监督缺乏科学的统一标准，因而实际监督力也是有限的，甚至适得其反，而法规监督具有客观统一性，虽然其监督力在执行中也受主观因素的干扰，但其客观性和标准的统一性是确定的，因而其监督力以及在实际生活中所衍生的约束力是人事监督和社会舆论监督无以企及的。

其次，教师要具体分析人事监督和社会舆论监督在责任监督中的作用。人事监督和社会舆论监督虽然监督作用较为有限，但比较适用灵活，作用范围广，适合对一般工作和生活中主体行为的监督与约束。人事监督中的职业同事监督和亲属监督属于典型的熟人间的监督，彼此熟知对方底细，能起到防患于未然、防微杜渐的约束作用，是最基本的监督；社会舆论监督因舆论媒体传播影响的广泛性、特殊性，让行为主体迫于舆论的压力而不敢太随意，不得不规范其责任行为。

最后，教师还要具体分析法规监督在责任监督中的作用。法规监督是在一定范围内具有选择性作用的刚性约束力量，只对那些违法违规主体行为起作用，但其作用的强制性是其他任何监督力量所不能比拟的。对规律的尊重就是对责任的履行，尤其对自然规律的尊重在当前具有特别重要的意义。尊重自然、保护环境是人类的共同责任，实现人类与自然环境共生共荣是人们在长期生产生活实践中得出的价值共识。对自然规律是如此，社会规律对人的行为要求也是如此。任何开违背社会意识形态和经济发展规律的历史倒车，都属于没有历史责任感的可耻行为，其行为不仅被历史抛弃、被人们唾弃，还将被永远定格在历史的耻辱柱上。法纪是人们对自然法则和社会法则主观能动反映的产物，是在对自然法则和社会法则认识基础上制定的人为法则，是所有责任监督的依据。没有法纪为准绳，责任监督就无法实施，所谓监督就只能落为一种形式，一纸空文，无法起到真正的监督作用。

2. 教学方法建议：理论讲授法；例证教学法；课堂提问法。

3. 教学课时建议：2个教学课时。

第一节　责任监督的意义

现实生活中人性的表现不仅是具体的，而且还是多面的，既有理性的一面，也有非理性的一面；既是天使，又是魔鬼；有时做善事，有时行恶端。人性的具体多面性赋予了人的可塑性，接受教育引导的必要性。监督就是要让人自觉抑制远离人性的非理性、魔鬼、恶的一面，做一个广受欢迎、备受尊重且有益于社会的有理想、献爱心、乐善施的好公民。从责任实现的角度，责任监督就是要促使责任主体自觉不断深化责任认识、端正责任态度、纯洁责任动机、提高责任能力，努力完成责任任务，做一个对社会有意义、有贡献的人。

一、正确理解责任监督

正确理解责任监督的科学内涵是领会责任监督意义的前提，也是责任监督作用被人们广泛认同，且责任监督体系得以实施运行并发挥实效的关键。责任监督的形式有有形和无形之分，但从责任监督的实质来看，责任监督有对责任主体行为实施督查监管的成分，但督查监管不是对责任主体过不去，故意找茬，蓄意刁难，教训打压，而更多体现的是监督主体对责任主体善意的关心和帮助。督是督促、促进的意思，监督的目的就是要让被监督者获得发展、取得进步。责任监督的实质是监督主体通过有效监督形式给予责任主体必要的提醒、关心、帮助、鼓励、鞭策，目的是增强责任主体责任实现的信心和力量，助其完成责任使命、实现责任价值。“现在我们不断完善党内监督体系，目的都是形成科学管用的防错纠错机制，不断增强党自我净化、自我完善、自我革新、自我提高能力。”①

二、责任监督的意义

责任监督是通过对主体责任行为的有效监督，确保责任主体按时按质按量完成责任任务，故责任监督的意义最终通过主体责任实现的程度体现

① 习近平. 习近平谈治国理政：第二卷[M]. 北京：外文出版社，2017：185.

出来。主体实现责任的程度越高、越完美，主体责任行为的意义与价值就越大。没有责任监督，责任实现就失去了强有力的保障，仅指望责任主体的自觉，责任实现及其程度将是不可预料的，这将对责任实现的主体和客体都是不利的。“监督带有强制性，责任监督是保证责任实现的重要措施。完全靠人的自觉，没有任何的约束和监督，最终必将是‘丛林法则’的泛滥。”①

1.责任监督能提防责任主体在责任实现过程中出现责任精神和责任能力懈怠的状况，激励和焕发他们时刻保持高昂的工作热情和精益求精的进取精神。责任主体的惰性与懈怠是责任实现的大忌，因为精神上的懈怠和能力上的惰性易酿成责任事故，招致严重乃至致命的责任失误，直接影响责任实现的成效。责任主体在责任实现过程中出现责任精神和责任能力懈怠是难免的、是可以理解的，尤其是那些周期长且挑战大的责任实现更容易使责任主体产生懈怠情绪，这时责任监督就能起到打气振奋的作用，使责任主体努力做到拒绝责任懈怠、避免责任失误、提高责任实现的质量与效率。

2.责任监督能及时帮助责任主体不断修正完善责任认知、责任动机、责任实现方案，确保主体责任行为与责任实现价值目标始终保持一致，直至责任价值目标最终顺利实现。随着责任实现的深入，主体责任认知的偏差、责任动机的狭隘、责任实现方案的欠缺都可能招致主体责任行为逐渐偏离预期责任实现价值目标，如不及时纠正修复，轻则影响责任实现的质量与效率，重则酿成严重的责任事故，导致责任失误。责任监督通过对主体责任实现全过程的有效管督，对上述责任实现过程中出现的异常情形向责任主体及时给予提醒、说明，甚至采取相应措施强行责令责任主体立即整改，使主体责任行为重新回到责任实现预期价值目标轨道上。虽然责任评价对主体责任实现也有帮助、完善、提高的功效，但与责任监督所起作用相比，不能相提并论，责任评价更不能替代责任监督在责任实现中所起的重要作用，“如果只有评价没有监督，评价也不可能发挥作用”②。

3.责任监督能主动有效帮助责任主体及时排查责任失误的根源，完善

① 程东峰.责任论：一种新道德理论与实践的探究[M].合肥：合肥工业大学出版社，2016：193.

② 程东峰.责任论：一种新道德理论与实践的探究[M].合肥：合肥工业大学出版社，2016：193.

责任实现方案，改善责任实现方法，提高责任实现能力，把责任失误的损失控制在最小的范围内，这对责任主体的成长和社会整体利益的维护都是有利的。只监不督，不是真正的责任监督，责任监督既在于监，更在于督，监是手段，督才是最终目的。督，是督促、促进的意思，帮助责任主体成长提高是责任监督的真正实质所在。当责任主体在责任实现中处于被动、无助甚至绝望之时，责任监督主体应及时主动伸手相助，使其冷静沉稳，并协助其排查责任失误的根源，研析责任实现方案的缺陷，寻求责任失误的有效补救措施，同时，事后还要适时引导责任主体认真总结教训。这样，通过责任监督，既能使责任失误的损失最小化，又能使责任主体从中受到教育，不断成长，增强自信，从而以全新的面貌继续胜任新的更大的责任使命，这才是责任监督的应有初衷。

4.责任监督除向责任主体提供必要的纠错服务和智力服务外，对责任主体还具有激励鞭策的教育功效。当责任主体顺利高效完成责任使命时，对主体责任实现的价值与意义，责任监督主体要给予充分的认可，并通过适当形式向社会宣传，让责任主体及时感受到责任实现的成就感与价值感，增强责任自信，提高责任履行自觉，这将对责任主体起到必要的鼓励作用，对他人也能起到榜样的示范效应。当责任主体出现责任失误时，责任监督主体善意的批评也是需要的，责任主体也要虚心接受并认真反思。责任监督的真正目的不是对失误的责任主体进行不饶不休的批评处罚，而是通过善意的批评，并辅以一定必要的处罚以引起责任主体的重视，唤醒其责任自觉意识，迸发其责任担当情怀，从而促使责任主体以崭新的姿态接受新的责任挑战。

第二节 责任监督的方式

责任监督的方式主要有自我监督、社会监督、舆论监督和法规监督。根据责任监督方式产生动力的不同，责任监督方式可分为内生式和外来式两大类，其中，自我监督属于内生式道德自律监督；社会监督、舆论监督和法规监督则同属于外来式他律监督。

一、自我监督

（一）自我监督的含义

通常意义上的自我监督是个体实现道德修养的有效方法，意指道德主体在自我认识、自我评价的基础上，通过不断调整道德动机和道德行为，使之符合一定社会道德规范要求，从而实现预期道德价值目标。从责任实现的角度来理解，所谓自我监督是指责任主体在自我责任认识、自我责任评价的基础上，通过不断调整完善责任动机、责任实现方案，使主体责任行为始终与责任实现预期价值目标保持一致，最终如愿实现预期责任目标价值。

主体自我责任监督的力量来自内心道德定力，责任主体内心道德定力越强，自我责任监督的力量就越强大，表现为主体责任实现的自觉性和责任性就越强，尽职尽责，矢志不渝。责任主体内心道德定力在自我责任监督中主要表现为同情心、自爱心、责任心和信仰，是主体责任实现的重要推动力量。其中，同情心和自爱心是较低层次的监督力量；而责任心和信仰则是较高层次的监督力量，两种层次监督力量互为补充，共同作用于主体责任行为，确保主体责任实现顺利完成。

（二）同情心和自爱心在责任实现中的监督作用

同情心和自爱心在自我责任监督中属于较低层次的监督力量，因为同情心和自爱心更多展现的是主体心理力量，而主体心理力量的充分展现具有情境性和偶发性，不具有持久性和稳定性，随着时过境迁，同情心和自爱心在自我责任监督中的作用力就会逐渐弱化，甚至完全消失。但同情心和自爱心在自我责任监督中的作用属性，并不影响同情心和自爱心在自我责任监督中的需要，更不是可有可无，因为一般主体责任行为的自我监督多出自同情心和自爱心，具有及时性和多变性，而且此时此景的同情心和自爱心也能确保主体责任实现；就是复杂高端的主体责任行为，也需要同情心和自爱心的存在，因为同情心和自爱心是主体责任心和信仰监督力量生成的心理基础。

1.同情心的监督作用。

（1）同情心的含义及其在自我责任监督中的作用。同情心是人性善的一种表现形式，类同于怜悯心。同情心和怜悯心源自人的仁爱之心，“由是观之，无恻隐之心，非人也……恻隐之心，仁之端也……”[①]。人的仁爱之心充塞于天地、社会生活之间，是一种大爱和博爱，表现为对己之爱、对亲亲之爱、对同胞之爱、对人类之爱、对大自然之爱、对一切美好之爱……仁爱之心是孕育人类一切美好品德的情感基础，只有拥有这种无私大爱的人，才有甘愿向人类、向大自然播撒爱的阳光雨露，由近及远，能近取譬，并把这种无私的爱心行为视为己之道德责任，“有同情心既是人性之所在，也是孕育美好品德的开始。……同情心源于对生活的热爱、对人类的热爱和对美好事物的热爱”[②]。同情心和怜悯心是蕴藏于主体内心深处无形的监督力量，时刻唤起人们的道德良知，驱使人们以推己及人、将心比心的爱的道德情怀对处于弱小或弱势的社会群体行使善行，表达爱的关切之责。

（2）正确看待同情心在自我责任监督中的作用。由于同情心在自我责任监督体系中属于较低层次的监督力量，因而决定了同情心的监督作用是有限的，这是因为：第一，只有当责任主体身临其境面对弱小或弱势群体身陷悲惨不幸时，才会唤起同情心，具有直接的感官刺激性。如果责任主体不在现场或是通过间接渠道感受，那么，被唤起的同情心的强度是有限的，因而对主体责任行为所产生的促动作用也是有限的。第二，只有当责任主体面对与自己和亲近没有根本利益冲突，或者说对自己和亲近当前处境和发展不构成实质性威胁的时候，才会对他人的不幸和灾难产生同情心。如果对方与自己和亲近有根本利益冲突，或者对自己和亲近当前处境和发展构成潜在实质性威胁时，责任主体对对方的不幸遭遇所产生的反应可能不是同情心，而是沉默式的冷漠，甚至暗自落井下石，更不要指望主体能给予对方多少爱的关心和帮助之责任举动，这是人性妒忌、自私之狭隘表现。第三，同情心对责任主体所产生的监督作用不会持久，往往会随着时过境迁便逐渐弱化，甚至最终完全消失。同情心对责任主体所产生的

① 夏于全.四书五经：第一卷[M].呼和浩特：内蒙古人民出版社，2002：166.

② 程东峰.责任论：一种新道德理论与实践的探究[M].合肥：合肥工业大学出版社，2016：195.

监督作用具有情境性，越是在现场和当下，对责任主体内心的冲击就越大，引起的情感共鸣和反响就越强烈，对责任主体所引发的监督力也就越强大，促使责任主体在第一时间做出积极的责任行为反应。但随着时间的推移，生活空间的变化，那么，当初的责任情境在责任主体内心刻下的感触痕迹会逐渐褪失，对责任主体所产生的监督作用也越来越弱化，直至最终消失。

2. 自爱心的监督作用。

（1）自爱心的内涵及其在自我责任监督中的作用。“自爱心”是西方伦理学话语体系中常用的概念，而在中国传统伦理学话语体系中常用的概念是“自私心”，与之对应的叫“泛爱众”。自爱心虽然不被中国人熟知并常用，但作为西方伦理学中的重要概念，有它提出的合理性，不能把它简单等同于中国传统伦理学中的自私心。按西方伦理学的解读，自爱心是主体人所表现出的对自己有利的物（包括有形的和无形的）的喜爱和爱护，对己有利性主要体现在物质利益、人格名誉、身心健康、快乐幸福等方面。只要人的自爱行为不过分极端或个人的自爱行为不建立在影响和干涉他人正当合法利益的基础上，人的自爱心对个体行为能起到积极的规范和约束作用，预防其他过激行为对个体物质利益、人格名誉、身心健康、快乐幸福等方面带来损害。自爱心的过分与极端就会滑向自私心，自爱心与自私心之别就在于主体自我合法利益追求与保护的度的界限。适度的自爱心有助于主体美德和善心的培植，但过度的自爱心就会演变为主体的自私和贪婪之心，“自爱（或对自己的爱）无非是铭刻在我们内心的感情，这种感情，鼓动人的各种爱好和欲望，可以在每个人的身上转化为恶习，也可转化为美德；自爱在不同的变形中，既可产生骄傲，同样也可以产生谦虚”①。

从责任监督的角度来看，自爱心在自我责任监督中的作用主要表现在：当主体在对自我正当合法物质利益、人格名誉、身心健康、快乐幸福等利好大力追求和保护时，监督主体责任行为不能过分偏激，以防对他人正当合法利益造成伤害，影响自身人格形象；当主体出于对自我人格、名誉、信誉的保护时，监督主体责任行为不逾越道德法律底线，以防对社会

① 周辅成. 西方伦理学名著选辑：下卷［M］. 北京：商务印书馆，1987：52-53.

整体利益造成损害，从而有损行为主体人格尊严。此外，自爱心在自我责任监督中的作用还表现为对责任主体为社会、为他人履行责任时的监督力，防止责任主体在责任实现过程中因责任松懈酿成责任失误，给自己、他人和社会造成不应有的物质和精神上的损失。

（2）正确看待自爱心在自我责任监督中的作用。由于自爱心在自我责任监督中的作用是基于对个人正当合法物质利益、人格名誉、身心健康、快乐幸福等利好积极追求和保护时才起监督效用，若主体责任行为与其正当合法物质利益、人格名誉、身心健康、快乐幸福等利好追求和保护无关时，自爱心的监督作用就会被搁置。自爱心对主体正当合法物质利益、人格名誉、身心健康、快乐幸福等利好积极追求和保护的行为监督，其实质就是对主体人格尊严的保护监督，能自我约束并坚定地履行责任，是主体人格自尊的表现。人的社会性存在是主体独立人格精神的存在，主体人格尊严的丧失意味着主体一切其他存在都失去意义；只有主体人格尊严被他人和社会尊重，主体对自我正当合法物质利益、人格名誉、身心健康、快乐幸福等利好积极追求和保护才显得有意义，也才能体验主体责任行为过程和结果带来的成就感和幸福感。从这个意义上来讲，自爱心的监督作用就是对主体自我人格尊严和人格形象保护的责任行为监督，如果主体责任行为与其人格尊严和人格形象塑造无关，自爱心的责任监督也就没有必要，可有可无。综上所述，可见自爱心的监督作用是有选择性和功利性的，这种选择性和功利性的监督作用注定了自爱心在自我责任监督中的作用是有限的，因而也属较低层次的监督力量。

（三）责任心和信仰在责任实现中的监督作用

责任心和信仰在自我责任监督中属于较高层次的监督力量，相比较于同情心和自爱心，责任心和信仰作为自我责任监督力量更具有稳定性和持续性。因为责任心和信仰是为理性所唤起的对人类、民族、国家和集体负责的自我监督力量，而理性是人类高级认知活动的表现形式，被理性所支配的人的心理力量是强大稳定的，因而说责任心和信仰属于较高层次的监督力量。虽然责任心和信仰的生成离不开同情心和自爱心，但作为自我责任监督力量，责任心和信仰不像同情心和自爱心即兴即起，油然而生，而是经过主体深思熟虑、反复酝酿而成，具有更多的理性成分，形成强大而稳定的心里定力。因此，被理性支配的责任心和信仰在自我责任监督中具有较强的抗干扰能力，力排主体责任实现过程中所遇的一切障碍，确保主体责任行为不偏离价值目标，为主体责任目标的顺利实现保驾护航。

1.责任心的监督作用。

（1）责任心的含义及其在自我责任监督中的作用。作为较高层次的监督力量，责任心是责任主体建立在一定责任认知和责任实践活动基础上而形成的相对执着的行为态度。责任心的形成不是一朝一夕的，更不可能招之即来、呼之即有，责任心的形成必须符合以下条件：首先，责任主体必须具有较强的主体人格精神和主体独立意识，只有独立意识和人格精神都强烈的责任主体，才具有责任担当的精神，才会对他人、对社会、对人类、对大自然拥有深厚的责任情怀，“责任心只钟情于主体性强或有主体意识的人。责任心强，敢于负责，是现代人必备的素质”[①]。其次，责任心必须建立在主体自由意志活动基础之上，责任心只为主体自由认知、自由选择、自由行为而生成，而受其影响的主体自由意志活动的责任行为则表现为对自我人格尊严的敬畏、对社会道德法律的敬畏、对大自然法则规律的敬畏、对他人和社会正当合法利益的敬畏，“责任心是责任主体自由意志的表现，责任心完全是主体出于对规律的尊重，出于对自己独立人格的爱护和尊重，基于对社会集体、对他人、对自我的诚意、信赖和敬爱的情感，而涌动起来的比较持久的行为主动精神”[②]。最后，责任心是经过主体理性思考和自由选择而生成的，即责任心只对行为主体自由认同的责任负责，责任一旦被行为主体拒绝或抛弃，无责任心可言，“行为主体经过理性思考和自由选择的责任行为才能唤起责任心”[③]。

（2）正确看待责任心在自我责任监督中的作用。通过对责任心含义及其在自我责任监督中的作用学习，大家不难理解，责任心是经主体理性力量积极作用而生成的情感产物，具有一定的稳定性和自觉性，是主体责任行为习惯形成的重要心理基础，不需要责任情境的触发，主体行为始终处于履职尽

① 程东峰.责任论：一种新道德理论与实践的探究［M］.合肥：合肥工业大学出版社，2016：197.

② 程东峰.责任论：一种新道德理论与实践的探究［M］.合肥：合肥工业大学出版社，2016：197.

③ 程东峰.责任论：一种新道德理论与实践的探究［M］.合肥：合肥工业大学出版社，2016：197.

责的自觉状态中。此外，正确看待责任心在自我责任监督中的作用，还要厘清责任心与同情心和自爱心在自我责任监督作用中的区别与联系。

与同情心在自我责任监督中的作用相比较，同情心监督作用的发挥需要责任情境的渲染，责任情境对主体内心良知触动越深，产生的监督力就越强；反之，就越弱，并随责任情境的淡化，同情心对责任主体行为的作用力也逐渐弱化直至消失。源自同情心的主体责任行为更多体现的是道德善行，会获得一定的回报（物质和精神的）；而责任心则不然，它是经理性酝酿在胸的、不需要任何外界的刺激和作用而自觉行动的主体责任行为，是一种相对常态化的主体责任习惯行为，视为自己分内的事，主观上不求回报，“同情心监督履行的责任行为，主观上认为是行善、是做好事，而责任心监督履行的责任行为，主观上认为是自己应做的分内事，是应当做的事”[①]。

与自爱心在自我责任监督中的作用相比较，自爱心监督作用的发挥具有功利性，是主体出于自爱保护的需要对自我责任行为的监督。而出于责任心的责任行为则不同，它会把个人的暂时利益需要置于对他人和社会整体利益需要保护之下，主体责任行为的选择只对他人和社会整体利益需要保护负责，对社会和自然规律遵循服从需要负责；自爱心监督下的主体责任行为具有选择性、利己性，而出于责任心的责任行为只对责任负责，具有习惯性。

区别责任心与同情心和自爱心在自我责任监督作用中的不同，突出了责任心监督的稳定性，更具重要性，但并非意味同情心和自爱心的监督作用可以被忽视。现实的情况恰恰相反，同情心和自爱心是非常需要的美好情感。当责任心还没有完全促使主体责任行为习惯形成的时候，同情心和自爱心的监督就成为责任心监督空白下的不可或缺的必要补充，具有随机性和灵活性，避免了主体责任行为的混乱和无序，更何况同情心和自爱心又是责任心生成的重要情感基础。“责任心只对责任起作用；而同情心和自爱则完全有可能在责任心还没有觉悟时做出有益于社会、有益于他人的高尚行为来。同时，同情心和自爱，都是建立责任心的基础，三者是有内在联系的。”[②]

① 程东峰.责任论：一种新道德理论与实践的探究[M].合肥：合肥工业大学出版社，2016：198.

② 程东峰.责任论：一种新道德理论与实践的探究[M].合肥：合肥工业大学出版社，2016：198.

2.信仰的监督作用。

（1）信仰的含义及其在自我责任监督中的作用。作为概念，信仰是指个体在认识的基础上对某种主张、主义、宗教或对某人、某事产生极度相信和尊重，并把它视为自己行动的榜样或指南。信仰是个体意识积极活动的产物，科学信仰是经个体理性分析而得出的正确判断。科学信仰是个体理想的向导和行动的指南，为了价值目标的实现，排除一切干扰因素，能激发人们创造激情和工作的积极性与主动性，促使人们树立良好道德理想、坚决遵守道德规范。信仰对主体责任实现的监督作用主要体现在：信仰能帮助责任主体对责任实现价值目标确认的坚信，不怀疑，义无反顾；信仰能激发责任主体为责任价值目标的实现积极而为，不懈怠，认真作为；信仰能增强责任主体为努力克服责任实现中的不顺主动而为的坚强意志，不退缩，不灰心，永不言弃。“信仰的监督是一股强大的自我监督力量，有信仰支撑的事业心和有信仰支撑的责任心，是最可靠的精神力量，勇往直前，义无反顾，虽九死犹未悔，经百折而不屈，不达目的，誓不罢休。”①

（2）正确看待信仰在自我责任监督中的作用。信仰的力量是强大的，是所有自我责任监督中最重要、稳定可靠的精神力量，但不是所有的信仰都能为信仰目标的实现提供正能量，只有科学的信仰才能为目标实现提供强大的精神促动力，起到引领和护航的作用。信仰对自我责任实现的监督也是如此，只有科学的信仰才能为主体自我责任实现发挥强大的监督作用和推动作用。因此，能够为自我责任实现提供满满正能量的这样监督信仰，只能建立在主体对责任科学认识和深化的基础上，端正责任动机，明确责任目标，强化责任心，唯有如此，才能充分发挥信仰在自我责任监督中的作用，否则，适得其反，事与愿违。

二、社会监督

（一）社会监督的含义

社会监督是相对于自我监督而言的。如果说自我监督的力量来自主体

① 程东峰.责任论：一种新道德理论与实践的探究［M］.合肥：合肥工业大学出版社，2016：199.

内心道德自律，那么，社会监督的力量则来自外在他律，主要通过社会规章制度、法律法规、道德规范、媒体舆论、大众世俗等对主体责任行为进行监督，以保主体责任实现顺利完成，不偏离责任价值目标。根据社会监督力量来源的不同，社会监督的类型主要有人事监督、舆论监督和法律法规监督。

（二）人事监督

1. 人事监督的含义。所谓人事监督是指凭借人际关系力量对主体责任行为进行监督，这里的人际关系主要包括职业同事关系、家庭成员关系、国民关系和一般公众关系。特别是职业同事关系和家庭成员关系中的所有成员，由于他们通常的工作和生活都处于同一集体场合下，彼此关系比较熟悉，相互较为了解，因此，对主体责任行为具有直接的监督作用，效果显著，威慑力大。人们日常工作生活中存在的人事监督主要有职业同事责任监督、人民群众的责任监督和亲朋好友的责任监督。

2. 职业同事责任监督。

（1）职业同事责任监督的含义。职业同事责任监督是因职业工作关系的需要而形成的有效监督形式。一般来说，职业同事是因职业工作关系而形成的，由于工作开展是在同一集体场合下公开进行，所以彼此较熟悉了解，是一种常见而又重要的责任监督形式。职业同事责任监督又分为同级同事责任监督和上下级同事责任监督。

（2）同级同事责任监督。现代流水线式的生产劳动，社会分工越发科学、细化，员工彼此联系更为密切、依赖性更大，岗位意识的重要性也愈发凸显，彼此协作、互为支持是现代流水线式生产劳动对员工的基本职责要求。同事间彼此协作、互为支持关系内在地就包含着相互间的责任监督关系。只有相互监督，坚守岗位，才能确保整个工作流程顺畅运行；只有人人尽责，相互配合，才能确保整个工作顺利完成。现代职业工作关系中的任何一个职业人，都是在与他人的协作共事中获得价值存在，但又无时无刻不是处于职业同事和其他职业人的协作、服务和监督之中，人人既是监督者，同时又是被监督者。同级同事责任监督集中体现了每一个员工对工作、对集体、对国家的大局和整体意识。

（3）上下级同事责任监督。顾名思义，上下级同事责任监督包括上级领导对下级同事的责任监督和下级同事对上级领导的责任监督两方面，互为促进，共同发展。其中，上级领导对下级同事的责任监督，说是责任监督，实则表现为对下级同事生活上给予无微不至的关怀和学习工作上提供竭诚致力的无私帮助，这种领导式的爱的温暖能对下级同事起到意想不到的积极监督效果，激励他们为不辜负领导的工作嘱托而奋发努力、锐意进取、爱岗敬业；当然，对于下级工作中出现的严重责任失误，上级领导也要给予严厉的批评，必要时调离工作岗位，甚至开除。此外，作为监督的另一方面，下级同事对上级领导的责任监督同样重要。下级同事对上级领导的责任监督体现为在权力范围内对领导工作积极有为的行为监督，这种监督也包含着下级对上级的主观美好期望和善意的保护成分，希望领导用好手中人民赋予的权力，真正做到权为民用，利为民谋，为官一任，造福一方；对于不作为、严重失职的上级领导，下级有权提出不信任，甚至直接给予弹劾与罢免。

总之，只有上下级各司其职，认真负责，才能真正形成有效的监督力量，从而发挥人事监督的社会功效，促进社会事业兴旺发达，保障社会机体良性运转。

3.人民群众的责任监督。

（1）人民群众责任监督的含义。人民群众是个历史范畴，意指对历史发展起到推动和促进作用的一切劳动者，既可以指某一个体，也可以泛指某一群体。不论是个体还是群体，人民群众都必须代表先进生产力和先进文化的发展方向以及广大人民的根本利益，只有这样的人民群众，才享有监督的权利和资格。人民群众的责任监督既体现在人民对国家权力机关以及党政部门负责人的领导执政水平和个人品质的监督，也体现在人民间的相互监督，表现为整体对整体的监督、整体对个体的监督、个体对整体的监督。

（2）人民群众责任监督的作用。人民群众责任监督的作用主要体现在对广大党政机关领导及其工作人员立党为公、执政为民、全心全意为人民服务的行为宗旨的监督。自觉接受人民群众的责任监督，是党的全心全意为人民服务这一立党宗旨的内在根本要求，广大党员干部只有主动虚心接受人民群众的责任监督，耐心倾听人民群众的心声，真诚采纳人民群众对他们工作中存在问题的批评指正意见，才能真正赢得人民群众的深信，才能从人民群众中获得宝贵的工作信息和无穷的工作智慧，也才能最终做到全心全意为人民服务。

4. 亲朋好友的责任监督。

（1）亲朋好友责任监督的含义。中国社会历来重视人际亲情关系，因为个体的健康成长发展离不开亲情友情的佑护、提携、劝导，中国传统家规、家训、家风建设以及“人生得一知己足矣”的人际交往古训，都鲜明体现了人际亲情关系对个体健康顺利成长发展所起到的积极帮助和监督作用。亲朋好友的责任监督分为家属间的责任监督和亲友间的责任监督。

（2）家属间的责任监督。家庭是构成社会的最重要细胞单位，也是面向社会的独立利益共同体，家庭的这一组织属性决定了家属间责任监督的存在及其重要性，“家庭的共同利害关系，决定了家庭成员之间不仅有相互帮助的义务，也有相互制约、相互监督的责任”[①]。家属间的责任监督体现了家庭中的每一个成员对家庭利益和荣誉的维护，这既是家庭兴旺发达对每一成员的责任要求，也是每一成员对家庭发展应尽的义务。家属间的责任监督一方面通过家规、家训、家风建设，对家庭成员进行教育熏陶，培育责任品质，端正责任行为；另一方面，对家庭成员的社会行为要密切关注，时刻提醒，早打“预防针”，不放过任何一个细节，对于出现明显的越轨行为，要及时给予严厉忠告，劝其悬崖勒马，避免在错误的行道上越滑越远，给个人、家庭、社会造成不应有的巨大损失。“各级领导干部要保持高尚道德情操和健康生活情趣，严格要求亲属子女，过好亲情关，教育他们树立遵纪守法、艰苦朴素、自食其力的良好观念，明白见利忘义、贪赃枉法都是不道德的事情，要为全社会做表率。”[②]

（3）亲友间的责任监督。亲友间关系虽稍逊于家属间关系的亲密性、利害性，但相对于其他人际关系，亲友间关系对个体健康成长发展的重要性是其他人际关系所不可同日而语的。由于亲友间关系要么存在一定血缘

① 程东峰．责任论：一种新道德理论与实践的探究［M］．合肥：合肥工业大学出版社，2016：203.

② 习近平．习近平谈治国理政：第二卷［M］．北京：外文出版社，2017：356.

关系，要么拥有共同的志趣和价值追求，因而决定了亲友间的彼此关心、帮助、忠告是相互血缘关系和共同志趣与价值追求的必然要求。亲友间的责任监督一是要求一方不给另一方添加导致故意责任失误或责任行为越轨的麻烦，这也是亲友间责任监督一方对另一方积极主动保护的必然体现；二是对对方的失责行为出于关心爱护的需要，要及时给予善意的忠告，令其悬崖勒马，并真心帮助他积极寻找补救的有效措施，化解责任风险。如果对方执迷不悟，要苦口婆心进行劝导，直至对方知迷途返。

（4）亲朋好友责任监督的作用。亲朋好友责任监督比起其他社会监督作用要大、效果也好。这是因为：首先，家庭成员长期居住生活在一起，不仅彼此相互了解，熟知各人的性格、兴趣、爱好，而且相互接触的时间又多，有更多的机会相互交流、沟通，能起到监督的防微杜渐和早期预防的效果。家庭既是责任监督的早期“预防站”，又是责任实现的有力“加油站”，其作用之重要不可小视。其次，由于家庭成员间和亲友间都拥有共同的利益所在和价值追求，而且彼此又相互了解，深知对方的底细，因此在责任监督中，一方提出的善意忠告易被对方接受，一般不会出现强烈的抵触情趣或拒斥行为。再次，由于亲朋好友间已建立了一定深厚的情感，并且还拥有共同的话语平台，因此在责任监督中，对一方提出的善意忠告不需要转弯抹角，更不要苦于寻找适时的对话机会，可以在第一时间把善意的忠告传达给对方，监督及时、高效。

（三）舆论监督

1.舆论监督的含义及其作用。社会舆论主要有大众媒体和群众巷议两种形式。舆论监督是以社会媒介为载体，通过舆论宣传和曝光的形式对主体责任行为进行监督，其他社会监督的过程与结果经过舆论的传播也可转化为舆论监督，即社会监督的舆论表现形式。舆论传播的特点使舆论监督比其他形式的社会监督对责任当事人和局外人产生的作用力和威慑力更大，对全体社会成员都具有引导和监督作用。

2.依据舆论监督载体的不同，舆论监督分为大众媒介的舆论监督和民间的舆论监督。

（1）大众媒介的舆论监督。大众媒介的舆论监督是凭借报刊、广播、电视、网络等媒体形式对主体责任行为进行曝光和评价，引导全体社会成员认真反思，仔细鉴别，以达到教育、引导、鞭策、改正的监督目的。社会媒体舆论宣传的广为关注性、价值导向性决定了不论是积极的肯定评价，还是消极的否定评价，大众媒介的舆论监督必须要有一定的代表性，才能产生广泛的教育监督效果，就是针对特定主体责任行为的曝光宣传，也要具有广泛的教育意义，否则就失去大众媒介舆论监督的价值，也没有大众媒体舆论宣传的必要。“通过教育、引导、揭露，开启人们的良知和自觉性，达到监督改正的目的，是舆论监督的特点。”①

（2）民间的舆论监督。常言道“民言可畏”“众口铄金”，足见民间舆论威力之大，不可低估。虽然民间舆论具有粗疏性、随意性、主观倾向性等特点，事实的可靠性、观点的可信性等信度都不是很高，但作为一种监督力量，对人们言行所产生的约束力、威慑力还是很大的，迫使人们在民意舆论面前不得不谨言慎行，慎重行事，这就是民间舆论所应有的监督作用，不完全由其信度决定。民间舆论所应有的监督作用是由民间舆论社会影响的特点所决定的，一传十，十传百，直至神乎其神，哪怕只是捕风捉影，一旦成势，推到舆论的风口浪尖，将让人无法招架，逼使你不得不努力做到安分守已、忠于职守，远离民间舆论捕捉的视线。“民间舆论一旦形成，人们很难改变印象。若是直接关系到道德品质的舆论，会让人们另眼相看，直接影响到个人的事业和前途命运。”②更何况群众的眼睛是雪亮的，民间自有公道在，要想人不知，除非己莫为。一旦个人工作或日常行为中的失责细节被民间舆论炒作，将使你难以面对家人、同事、社会，责成你努力克服改正，收手勒马，光明磊落，做一个于家于单位于社会都有益的好亲属、好同事、好公民。当然，民间舆论对好人好事的渲染能起到榜样的树立和示范的推广效果，这是另一种认同激励式的舆论监督。

3. 正确对待舆论监督。言论的自由使自己被人“说三道四”是难免的，人人既是议论者，同时人人又是被议论者，你在议论着别人的同时，又在被别人议论着，这就是言论自由的“好处”。对于一般无伤大雅、不伤筋动骨的民间舆论，不要太在意，更不要刻意与之论战，彼此指责谩骂，

① 程东峰. 责任论：一种新道德理论与实践的探究[M]. 合肥：合肥工业大学出版社，2016：204.

② 程东峰. 责任论：一种新道德理论与实践的探究[M]. 合肥：合肥工业大学出版社，2016：205.

而是把它当作被人关注的“荣幸”。别人在议论你说明大家都在关注你，在乎你，替你做一次免费的广告宣传，即便带有轻微的伤害，也要像蛛丝一样轻轻地抹去，不要放在心头，难道这不是人生哲学智慧所折射出的一种处世幽默？“把与己极端不利的甚至是带有攻击性的舆论，在适当的场合化为生活小幽默，也不失为一种高明的做法。”[①]只要你心正、身正、言正、行正，谣言和妄议在真理和事实面前迟早会被击退得销声匿迹。

当然，对于那些不怀好意、恶意中伤的言论，借民间舆论以达到打压对方、诋毁对方来实现自己不可告人的图谋，要义正词严地予以驳斥，道明事件的真相，揭露谎言的底细，必要时要依法维权，这既是对自己权利负责，也是对社会舆论负责。不要让庸俗无聊的民间舆论蒙蔽大众视听，误导善良民意，从而失去舆论监督的意义，造成恶劣社会影响，这对被议者、议论者、社会都是不利的。只要我们每个人平时处处行为检点，克己奉公，忠于职守，恪守职责，民间流言蜚语就会与你不沾边，反而民间舆论会对你在责任实现中做出的“先进事迹”奔走相告，这既是对你责任行为的有心“监督”，更是对你责任实现的价值认同。

（四）法规监督

在对主体责任行为外在约束力量体系中，法规监督最具有刚性约束力，因而也最具公正性、严厉性，对任何责任行为主体的责罚都一视同仁，只要主体责任行为一旦触犯法规，将会付出人身财产、自由乃至生命的高昂代价。当今人类社会发展的现实境况决定了对主体责任行为的法规监督是必要的，是其他任何监督力量所不能替代的，并与其他监督力量一道形成完备的监督体系，互为补充，相互配合，共同作用主体责任行为，以确保主体责任行为丝毫不敢触越法规红线，有利于主体责任价值目标的实现。法规监督包括规律监督和法纪监督两方面，而规律又分为自然规律和社会规律；法纪则是纪律和法律的合称。

1. 自然规律监督。自然规律即大自然发展所体现的普遍法则，具有客观性，不以人的主观意志而转移。客观规律是可以被认识、利用以服务人类的生产和生活实践，但规律不能被制造和消灭，人类实践行为只有做到

---

① 程东峰.责任论：一种新道德理论与实践的探究[M].合肥：合肥工业大学出版社，2016：206.

自觉遵循自然规律、合理利用自然规律，才能最终实现人与自然共生共荣。“人类发展活动必须尊重自然、顺应自然、保护自然，否则就会遭到大自然的报复。这个规律谁也无法抗拒。人因自然而生，人与自然是一种共生关系，对自然的伤害最终会伤及人类自身。只有尊重自然规律，才能有效防止在开发利用自然上走弯路。”①主体责任实现价值目标集自然、社会、个人利益于一体，对自然利益的保护是社会和个人利益实现的前提，当前对自然生态的保护尤为凸显。主体责任行为价值目标的实现离不开对自然生态的保护、实现与自然关系的和谐相融，主体在责任实现过程中只有充分尊重自然生态规律、自觉保护自然生态系统，才有利于包括自然生态在内的综合发展效益的取得。因此，主体在责任实现过程中其行为必须接受自然规律的监督，尊重自然规律，保护自然生态，否则，主体责任行为将偏离综合发展价值目标，终究是没有意义的。

2. 社会规律监督。社会规律即人类社会发展的基本规律，表现为人类社会发展的根本方向及其推动力量，包括人类社会基本形态更替的基本规律以及政治、经济、文化等具体社会领域发展所体现的一般规律。与自然规律发生作用不同，社会规律的作用要通过人类有意识的实践活动才能体现出来，而且规律所起作用的表现形式与自然规律也是不同的，但与自然规律一样都是客观的，既不可无视，更不可违背。世界潮流，浩浩荡荡，顺之则昌，逆之则亡。社会规律所起作用的人为参与性及其不可违抗性决定了主体责任行为尊重并主动自觉接受社会规律监督的必要性。如果过分盲目乐观，片面夸大自我主观能动性作用，无视社会规律的客观存在，将会受到社会规律的无情惩罚，责任实现也终将遭受严重的挫折，这方面曾经上演的历史惨痛教训太多，需要我们冷静面对无情的结局，从中吸取教训。

3. 组织纪律监督。组织纪律监督不同于自然规律监督和社会规律监督，具有明显的人为性，即纪律的制定和执行都要通过人的自主行为才能完成，但与自然规律监督和社会规律监督的功效一样，对主体责任行为都具有约束作用，是督促责任主体自觉履行责任、确保主体责任行为不偏离

① 习近平．习近平谈治国理政：第二卷［M］．北京：外文出版社，2017：394.

责任实现价值目标的重要监督力量。“古人说：‘欲知平直，则必准绳；欲知方圆，则必规矩。’……我认为，我们党的党内规矩是党的各级组织和全体党员必须遵守的行为规范和规则。”[①]由于组织纪律监督的人为性，所以组织纪律是实施自我责任监督、领导责任监督、同事责任监督和群众责任监督的重要依据和奖惩标准，其监督作用的充分发挥，取决于组织纪律制定的科学性和执行力度的雷厉性。一是组织纪律必须具有执行的可行性。如果绝大多数责任主体在工作中无法做到，也就没有执行的必要，最终监督也就失去意义，所以纪律标准的制定不能过高、脱离实际，但也不能过低，否则都不利于监督作用的发挥。二是组织纪律的制定必须具有科学性和必要性。科学性和必要性是组织纪律监督作用充分发挥的内在依据，因此，工作单位和部门必须组织职工认真学习组织纪律，深刻理解组织纪律制定的科学性和必要性，唯有如此，才能在责任实践中自觉遵守。三是组织纪律的执行必须严格到位。如果在执行中讲私情、搞特殊，组织纪律监督的功效将大打折扣，久而久之，将名存实亡，成为摆设。四是组织纪律执行的标准要统一，一视同仁。如果在执行中对下不对上、欺软怕硬，组织纪律将失去人心，试想被众人抛弃的组织纪律其监督功效是可想而知的。五是为了让组织纪律深入人心，真正发挥监督功效，必须有奖有惩，奖惩分明，形成科学完备的监督体系。

4.法律规章监督。法律规章与组织纪律的人为性、约束性是同质的，但法律规章不同于组织纪律，法律规章更具政治性，其制定和执行代表的是国家权力机关的行为，是国家意志的体现，因而其权威性、强制约束力是一般单位组织纪律不可同语的。法律规章监督通常只适用于严重责任犯罪的主体行为，一般主体责任实现失误则由组织纪律调节。组织纪律监督是对法律规章监督的有效补充，但必须遵循基本法律精神，法律规章监督是监督的监督，是总监督。法律规章监督将使责任犯罪行为主体付出沉重的责任代价，法律规章监督的沉重代价性将会对责任主体产生强大的震慑力，是确保主体责任行为不越轨、不背离责任实现价值目标的最有效的社会监督力量。“要加强对权力运行的制约和监督，把权力关进制度的笼子

① 习近平.习近平谈治国理政：第二卷[M].北京：外文出版社，2017：151.

里，形成不敢腐的惩戒机制、不能腐的防范机制、不易腐的保障机制。各级领导干部都要牢记，任何人都没有法律之外的绝对权力。”①

思考题

1. 结合责任实现和责任评价，简要说明责任监督的重要性。

2. 围绕主体责任实践，具体分析责任监督的意义。

3. 自我监督的形式有哪些？并简要分析它们之间的关系。

课外阅读书目

1. 列宁全集：第三十六卷[M]. 北京：人民出版社，1972.

2. 周辅成. 西方伦理学名著选辑[M]. 北京：商务印书馆，1987.

3. 亚里士多德. 政治学[M]. 吴寿彭，译. 北京：商务印书馆，1985.

4. 中国共产党廉洁自律准则[N]. 人民日报，2015-10-22(3).

5. 习近平在会见第一届全国文明家庭代表时的讲话[N]. 人民日报，2016-12-16(2).

① 习近平. 习近平谈治国理政[M]. 北京：外文出版社，2014：388.

第八章 责任赏罚

导　言

责任评价和责任监督对责任实现的积极影响成效最终能否取得，关键取决于责任赏罚机制的科学制定与有效实施。责任赏罚是应责任评价和责任监督的需要而制定的对主体责任实现实施科学有效管理的重要手段与奖惩机制。赏善惩恶、奖勤罚懒，自古以来就是人类社会对个体在生活和工作中的不同表现而出台的相应管理措施。针对主体责任实现的不同表现，制定相应的责任赏罚机制，既是确保责任实现顺利完成的需要，又是应对主体责任态度在责任实现中的消极表现需要给予有效管理与积极引导的需要，服务责任实现，合情合理，符合实际。奖赏高质量完成责任实现或超额履行责任者，惩罚无法完成责任实现或酿成重大责任失误者，不仅是责任实践有效开展在管理措施和运行机制上的必然要求，而且还是社会正义与公平在责任实现中的积极体现。责任赏罚是确保责任实践顺利进行、满足责任实现的最后也是最终的保障环节。

教学目标

通过对本章教学内容的学习，帮助同学们深刻领会责任赏罚的意义，责任赏罚是整个责任实践体系中不可或缺的重要环节，是确保责任实现顺利完成的保障机制，是整个责任实践活动顺利开展的总保障；同时，责任赏罚还是社会实现有效管理的重要举措，有助于提高社会管理效益。只有帮助同学们提高对本章教学内容学习重要性的认识，才能使同学们明确学习目标，从而自觉端正学习态度。

通过对本章教学内容中的责任赏罚与道德内省的学习，使同学们深刻认识到：责任赏罚与道德内省都是为主体责任实现服务的，帮助责任主体不断修正和完善责任行为与责任实现方案。然而，两者在主体责任实现中的作用方式是不同的，责任赏罚属于外力作用，道德内省属于自律作用。同时，他律赏罚与自律内省在主体责任实现中的作用又不是彼此孤立的，道德内省是责任赏罚作用积极发挥的有效“中介”，责任赏罚则是道德内省作用自觉发挥的有力触动。由此引导同学们明确道德内省在主体责任实现中的作用是第一位的，是关键和核心，责任赏罚则需通过道德内省才起作用。

通过对本章教学内容的学习，有助于同学们进一步认识到责任赏罚对主体责任实现和社会管理保障作用的有效发挥，不但要借助责任主体道德内省这个重要“中介”而起作用，而且还要将它建立在责任赏罚机制的科学性基础上。责任赏罚机制的科学性要求责任赏罚的决定与执行要公开公正、适时适度，精神奖励与物质奖励运用得体，从而帮助同学们正确对待责任赏罚，注意责任赏罚中的科学性要求，充分发挥责任赏罚机制的保障作用。

教学建议

1.教学内容重难点的把握和突破。

（1）责任赏罚的意义是本章教学内容的重点。

责任赏罚的意义之所以被作为本章教学内容的重点，是因为：

第一，这是由责任赏罚的意义在本章教学内容中的地位所决定的。责任赏罚的意义是本章教学内容的中心，赋予了教师实施本章教学内容的必要性和学生学习本章教学内容的重要性，也是其他教学内容和活动开展的出发点和落脚点。只有抓住了本章教学内容的中心，教师才能有的放矢地组织和开展教学活动；学生才能明确学习目标，从而端正学习态度。

第二，这是由责任赏罚在整个责任实践活动中的地位所决定的。主体责任实践活动是由一系列活动环节所构成，形成一个有机的系统整体，包括责任认知、责任选择、责任动机、责任态度、责任实现、责任评价、责任监督、责任赏罚等。其中，责任赏罚既是对责任实践所有活动环节的赏罚，也是对责任实践活动全过程的监督。如果没有责任赏罚，责任主体就无法知晓自我责任认知、责任选择、责任动机、责任态度、责任实现的优劣；如果没有责任赏罚，责任评价和责任监督只能是一纸空文，流于形式。

第三，这是由责任赏罚在整个社会管理体系中的作用地位所决定的。责任赏罚是社会实现有效管理的重要举措，帮助社会以最经济的成本获得最高效的管理效益。教育引导责任主体不断增强责任意识，努力提高责任实现能力，积极践行责任誓言，确保社会有机体健康运行。

为了突出这一教学重点，建议教师应围绕以下知识点组织和开展教学：

其一，突出和强调责任赏罚的必要性，体现责任赏罚的社会意义和重要性。责任赏罚是应社会文明管理的需要而存在的。理想社会秩序和文明社会风气的形成是以人人讲责任、个个履行责任为前提的，只有每个行为主体在工作和生活中尽职尽责、积极履行义务，才有助于文明有序、风清气正良好社会环境的营造。人性的多面性和行为表现的多样性决定了责任赏罚存在的必要性和合理性。责任赏罚是社会在充分尊重人性趋善避恶的本质特性基础上所采取的有效社会管理举措。在主体责任自觉还没有可靠保证的前提下，责任赏罚是实现社会有效管理不可或缺的重要手段。奖励责任先进，惩罚责任麻痹或责任逃避，有助于在全社会形成人人讲责任自觉、个个争责任先进的良好氛围，从而确保社会运行有条不紊。

其二，突出和强调责任赏罚在整个责任实践活动体系中的作用地位。主体责任实践活动由责任认知、责任选择、责任动机、责任态度、责任实现、责任评价、责任监督、责任赏罚等诸多环节所构成，形成有机的活动体系，其中，责任赏罚贯穿责任实践活动全过程。只有通过责任奖励，才能使责任主体在坚信原有责任认知、责任选择、责任动机、责任态度、责任实现的基础上，进一步强化责任意识，提高责任能力，优化责任实现方案，以求责任实现的更高效率、更高质量；只有通过责任惩罚，才能使责任主体意识到责任偏差，从而自觉对原有责任认知、责任选择、责任动机、责任态度、责任实现进行全面纠偏，以期实现自我革新，将功补过，不断增强责任实现的积极性和主动性。此外，责任赏罚是对责任评价和责任监督的继续和深化，责任赏罚统摄责任评价和责任监督。一方面，责任评价和责任监督都带有责任赏罚的成分，是赏罚中的评价和监督；另一方面，责任赏罚是责任评价和责任监督下的赏罚，责任评价和责任监督的结果为责任赏罚提供依据。

其三，突出和强调责任赏罚是社会实现有效管理的责任体现。管理社会、维护秩序、服务民生是国家对内的重要职能，是政府的神圣职责。营造风清气正、井然有序的宜人工作和生活环境是社会兑现对人民的责任诺言；让社会充满正义感、工作有成就感、生活有幸福感是广大人民对政府行为的责任期待。为成功实现上述责任价值目标，责任赏罚既是社会实现有效管理的重要手段，又是履行本职责任的具体表现。实施责任赏罚，奖励责任先进，惩罚责任无为，奖罚分明，既是国家主持公道正义的体现，又是政府积极引导和规范公民责任行为的有效举措。正确地、坚决地实施责任赏罚是社会公正和社会集体责任的体现；国家和政府部门的责任赏罚具有社会导向作用，有功不赏，有过不罚，赏罚不明，甚至赏罚不分，是社会集体的责任失误，是社会公正抛失的前兆。

（2）责任赏罚与道德内省既是本章教学内容的重点，又是本章教学内容的难点。

①责任赏罚与道德内省作为本章教学的另一重要内容，是由两者作用的共同目标指向所决定的，即都是为主体责任实现的最终目标追求所服务的。通过前面内容的系统学习，同学们已经知道主体责任实践活动是一个复杂系统的过程，由诸多活动环节构成，其中，责任实现是中心和核心环节，其他环节都是围绕它开展并为其服务。责任认知、责任选择、责任动机、责任态度是主体责任实现的前提和基础；责任评价、责任监督、责任赏罚为主体责任实现提供保障。虽然责任赏罚与道德内省对主体责任实现作用方式不尽相同，但最终服务的目标价值取向是一致的，而且两者对主体责任实现的作用又不是彼此孤立的，而是相互作用，互为转化，共同为

主体责任实现服务。

那么，教师在教学过程中如何把握和突出这一教学重点以帮助同学们更好地理解和掌握，建议教师应着重阐述清楚以下几点内容：

首先，教师要向学生阐明尽管责任赏罚与道德内省属于两种不同类型的道德生活经营方式，但从主体责任实践活动管理需要来看，都是为主体责任实现服务的。为了避免主体责任行为偏离责任实现价值目标，需要对主体责任实践活动进行全程监管，责任赏罚与道德内省对主体责任行为能起到随时约束和及时提醒的作用，防患于未然，确保主体责任行为与责任实现目标方向始终保持一致。

其次，教师要向学生指明责任赏罚与道德内省对主体责任实现的作用方式是不同的。对责任实现主体而言，责任赏罚与道德内省属于两种不同的作用力，作用方式是不同的。责任赏罚属于他律，即外在作用力；道德内省属于自律，即内在作用力。责任赏罚主要是通过一定的强制或刺激措施对主体责任行为起到规范和引导的作用，为主体责任实现保驾护航；而道德内省主要是凭借主体道德自觉实现自我完善、自我更新、自我救赎，不断实现自我纠错、纠偏，以保自我责任行为不越轨、不偏道。

最后，教师要向学生辨清责任赏罚与道德内省对主体责任实现的作用不是彼此孤立的，而是相互作用，互为转化的。虽然责任赏罚与道德内省对主体责任实现的作用方式是不同的，前者属于外在强制，后者则属于内在自觉，但两者对主体责任实现作用的发挥不是孤军奋战，而是互为倚仗，相互支持，共同服务于主体责任实现。责任赏罚对主体责任实现作用的发挥需要借道德内省的“中介”作用，只有主体道德内省被完全“激活”，才能把责任赏罚所蕴含的积极教育价值转化为自我责任实现的自觉性与能动性；道德内省对主体责任实现作用的发挥需要责任赏罚的有效触动，责任赏罚只有触及主体内心深处、痛处，自我道德内省才能完全被“激活”，从而以全新的自我投入到责任实践中，为完成责任实现而努力奋斗。

②责任赏罚与道德内省作为本章教学的难点内容，是由责任赏罚与道德内省在主体责任实现作用发挥中的相互关系所决定的。责任赏罚与道德

内省作为一外一内监督力量共同作用并服务于主体责任实现，但两者在主体责任实现中作用的发挥并不是彼此孤立的，而是相互牵扯，互为凭借的。如果一方失去另一方的支持与配合，两者都将失去在主体责任实现中的应有作用。责任赏罚如果没有道德内省的“中介”发酵作用，就不可能转化为责任激励，就只能作为一般意义上的约束和评价机制而存在，其功能作用的发挥将大打折扣，无法实现责任赏罚的初衷。同样，如果道德内省没有责任赏罚的有效触动，道德内省将始终处于“休眠”状态，既不能把外在的责任他律转化为内在的责任自觉，更不能实现自我革新、自我超越。由此可见，道德内省的“点燃与激活”是两者关系作用的交汇点。那么，如何对道德内省实施有效的“点燃与激活”是问题的关键，也是问题的难点所在。

针对上述问题的难点所在，教师在教学中应如何寻找行之有效的突破路径呢？

第一，从内因上做文章、下功夫。内因是依据，是关键，起主导作用，决定事物的性质和发展方向，抓住了内因，也就抓住了事物发展的根本。道德内省是主体责任实现的内因，在主体责任实现中起决定性的关键作用。道德内省的“点燃与激活”是建立在主体意识基础之上，只有主体意识强的责任主体，才有强烈的进取心，不断追求进步，努力提高责任实现能力，并在责任实践活动中时刻保持高度的责任自觉，随时省察自我责任行为；只有主体意识强的责任主体，才愿意希望得到他人的帮助，才能虚心接受他人善意的建议。因此，努力培养责任主体的主体意识是其道德内省被成功有效“点燃与激活”的关键，只有主体意识强的责任主体，才强烈希望自我道德内省被彻底成功有效地“点燃与激活”。

第二，利用好外因。外因虽然通过内因而起作用，但外因如用得好，恰到好处，能积极作用于内因，促进事物发展。责任赏罚作为主体责任实现的外因，能否对主体责任实现的内因——道德内省起到有效的触动，关键在于对主体行为的责任赏罚是否在正确的时间、正确的时机做出正确的决定。所谓责任赏罚的正确时间与正确时机是指赏罚选择的时机要恰到好处，正是责任主体需要赏罚的第一时间，唯有如此，才能确保赏罚对责任主体产生真正实际效果。从赏的角度来看，必须是选择在责任主体成功顺利完成责任实现的不久，在整个责任实践活动中几乎是零失误，正是其踌躇满志的时候，这时的责任奖赏，犹如“火上浇油”，助其责任实现的信心；从罚的角度来看，必须是选择在责任主体刚完成责任失误反思的时候，此时的惩罚能让其长点记心，不忘伤痛，知耻而后勇。所谓责任赏罚的正确决定是指赏罚的执行要公开透明、赏罚的幅度要适中，只有公开透明的赏罚，才具有权威性，才能让责任主体心悦诚服；只有适度的赏罚，才能对责任主体起到应有的刺激作用，如太过或不及，都不能发挥应有的积极作用。总之，责任赏罚只有选择在最需要的第一时间，赏在明处，罚在痛处，才能对主体道德内省产生有效的触动作用。

（3）正确对待责任赏罚是本章教学的又一重要内容。

责任赏罚是社会实现有效管理的重要策略，但责任赏罚不是万能的。不是只要有责任赏罚，就有责任实现收效；也不是任何时候的责任赏罚，都能促进责任实现。责任赏罚只有运用得体，恰到好处，才有助于主体责任实现，才能确保社会有机体良性运行。关于责任赏罚运用得体与否的问题，其实质就是如何正确对待责任赏罚的根本性问题，直接关系到主体责任实践活动管理的效率问题，其重要性不言而喻。如果责任赏罚运用得不好，不仅影响主体责任实现的效果，而且还会引发整个社会的混乱和无序。那么，作为社会管理部门在具体工作实践中，如何正确对待责任赏罚、力求做到奖罚分明、得体适中呢？

①教师必须向学生强调，正确对待责任赏罚，一定要力求做到公认公开公正。公认公开公正，既是责任赏罚的正义性要求，也是责任赏罚的科学性要求。公认公开公正是责任赏罚运用得体的最基本体现。责任赏罚只有做到公认公开公正，才能具有说服力，才能令人信服，不论是被赏者还是被罚者，都能收到应有的激励和教育功效。责任赏罚只有本着公开性的原则，才能起到教育激励的示范和引领作用。通过公开性的责任奖赏，让更多的人了解责任先进的典型事迹，从而以责任先进为榜样，忠于责任，践行责任，力争使责任奖赏的教育价值效应发挥最大化；通过公开性的责任惩罚，让公众在了解责任无为“真相”的基础上，从中汲取教训，并引

以为戒，立志远离责任失误，让责任悲剧永远不要在自己身上重演，从而起到教育警示作用。广泛宣传、积极动员是扩大责任赏罚公认公开公正性影响的最有效途径。

②教师必须向学生强调，正确对待责任赏罚，一定要力求做到适时适度。适时适度要求责任赏罚在时机选择和幅度掌控上要恰到好处、科学到位。适时适度也是责任赏罚得体适中原则精神的基本体现。适时适度属于事物发展的时机和临界点的问题，如果把准了时机，措施得当，就能促成事物飞跃，使事物性质发生质的变化，向好的、符合人们主观愿望的理想方向发展。从主体责任实践活动管理的需要来看，适时适度的责任赏罚，能提升主体责任实现境界，提高主体责任实现能力，促进主体完成责任实现的质量与效率。

责任赏罚的适时时机应选择在责任主体出色完成责任实现或处于责任失误深深自责之时，这时的责任赏罚，要么起到积极的鼓励促进作用，要么起到必要的教育励志作用。责任赏罚的适度掌控要求赏罚既不要太频繁、过滥，又要注意赏罚的力度，避免太过或不及，要以最经济的成本获得最佳的管理效果。总之，在责任赏罚过程中，只有做到实时性和适度性有机结合，才能取得理想完美的责任实现管理效益。

③教师必须向学生强调，正确对待责任赏罚，一定要力求做到精神奖励与物质奖励运用得体。不管何种类型、层次的奖励活动，最终都要通过精神或物质的形式表现出来。精神或物质表现是对奖励活动的兑现与落实，精神奖励与物质奖励体现在各种类型、层次的奖励活动中。但精神奖励与物质奖励运用要有方，要科学把握分寸，不能主次颠倒，只有这样，才能发挥精神奖励与物质奖励应有的积极作用。责任奖赏也是如此，要遵循以精神奖励为主、物质奖励为辅的基本原则。

在主体责任实践活动管理过程中，精神奖励无处不在，无时不有，灵活多样。只要主体在责任实践活动中表现出应有的积极态度，追求进步，忠于责任，甚至在责任实现中能虚心接受别人的批评教育，都可以给予一定的精神奖励，哪怕是一个微笑、一个爱抚、一个点赞，都能对责任主体产生强有力的激励作用。至于有重大责任实现完成的优异表现，对社会发展和民生改善起到巨大的促进作用，则要对责任实现主体给予隆重的精神奖励（如通报表扬、颁发嘉奖证书、授予先进标兵等），并辅以一定的物质奖励。通常情况下，物质奖励不是非有不可，也不是越多越重越好，只是必要的时候让主体对责任实现的价值贡献有直接的物质获得感，从而协助精神奖励对责任主体产生更强烈的刺激和促进作用。物质奖励本身就包含着精神奖励的成分，越是巨额的物质奖励，越包含更有分量的精神激励。

2.教学方法建议：理论讲授法；例证教学法；课堂提问法；案例教学法。

3.教学课时建议：4个教学课时。

第一节　责任赏罚的意义

营造文明和谐的社会秩序、打造清明正派的社会风气是人类对美好社会的向往和追求。理想社会秩序和文明社会风气的形成是以人人讲责任、个个履行责任为前提的，只有每个行为主体在工作和生活中尽职尽责、积极履行义务，才有助于文明有序、风清气正良好社会环境的建成。理想化地想象个体都能出于自觉对他人和社会主动履行责任和义务是不现实的，最起码对每一个责任主体或责任主体在任何情况下都能自觉做到是不现实的。人性的多面性及其暴露出的弱点赋予了责任赏罚对主体责任行为所具有的特别重要的约束和引导作用，是落实责任评价和责任监督功效的不可或缺的最有效手段。人性的趋善避恶行为特征需要责任赏罚的激励与鞭策，行责任的善是社会和人们对每一个责任主体的积极期待。有善必赏、遇恶必惩，不仅是人心所向，也是社会正义所彰显的社会责任的体现。下面就围绕责任赏罚与责任评价和责任监督的关系以及责任赏罚与社会管理需要的关系具体阐述责任赏罚的意义。

一、责任赏罚是责任评价和责任监督的继续和深化

（一）从责任实践活动过程来看，责任赏罚是责任实践活动过程中最重要的保障环节，是确保责任实现的最有效手段

主体责任实践活动过程由责任认知、责任动机、责任态度、责任实现、责任评价、责任监督、责任赏罚等环节构成，形成有机统一的责任实践体系。其中，责任实现是责任实践活动的核心，所有责任实践活动环节都是为责任实现这一中心目标服务的。责任认知、责任动机、责任态度为责任实现提供铺垫和准备；责任评价、责任监督、责任赏罚为责任实现提供必要的保障。责任评价和责任监督使责任主体时刻端正责任态度、调整责任行为，与责任实现价值目标始终保持一致；而责任赏罚又是确保责任评价和责任监督功效最终实现不可或缺的最有效手段，没有责任赏罚，责任评价和责任监督都会显得苍白无力，难以真正发挥为责任实现服务的功

效，最终整个责任实践活动都将失去意义。

（二）从责任赏罚与责任评价和责任监督的关系来看，彼此相互渗透，互为影响

责任赏罚与责任评价和责任监督一道共同为责任实现服务，为责任实现不偏离价值目标和方向保驾护航。但责任赏罚不仅对责任实现的作用与责任评价和责任监督对责任实现的作用不同，而且责任赏罚统摄责任评价和责任监督，是对责任评价和责任监督的继续和深化。责任评价和责任监督都带有责任赏罚的成分，是赏罚中的评价和监督；责任赏罚是责任评价和责任监督下的赏罚，“评价、监督和赏罚是紧密联系在一起的，评价中含有监督和赏罚的成分，监督中也含有评价和赏罚，评价和赏罚本身也是一种监督”①。如果评价主体和监督主体对主体责任实现过程和程度不做出好坏或优劣的定性区分，也就失去了责任评价和责任监督对责任实现的应有功效与意义，责任赏罚最终也就失去了奖惩的依据。责任赏罚是对责任评价和责任监督的进一步认同和执行，如果没有责任赏罚的最终奖惩兑现，责任评价和责任监督的结果只能是一纸空文，流于形式，“在责任评价和责任监督以后，没有责任赏罚作一结论，评价和监督就会失之虚空”②。责任赏罚既是对责任评价和责任监督的结果的肯定，也是对责任评价和责任监督功效的落实，共同服务于责任实现。

二、责任赏罚是治理管控社会的有效举措和社会责任的体现

（一）对于社会管理来说，责任赏罚是实现社会良性有序运行的重要手段

社会良性有序运行是建立在人人讲责任、个个尽责任的基础之上，公民所拥有的对他人、对社会、对天下的责任情怀是确保社会安宁和谐的重要精神品质保证。公民的责任情怀不是与生俱有的，指望通过每个行为个体随时随地的责任自觉以实现社会的和谐有序是不现实的，责任赏罚是引导行为个体责任自觉以达到社会良性有序运行的重要管理措施。抓典型、树榜样是社会管理最常用、最实效的方法，奖励责任先进、褒扬履行责任的善行与惩罚责任失误、批评逃避责任的恶行，既能对责任当事者起到激

① 程东峰.责任论:一种新道德理论与实践的探究[M].合肥:合肥工业大学出版社,2016:214.

② 程东峰.责任论:一种新道德理论与实践的探究[M].合肥:合肥工业大学出版社,2016:214.

励和教育作用，又能对社会中间大多数起到示范和引领作用，学习责任先进，告别责任无为。“赏和罚、奖和惩、表扬和批评，从社会这个角度来看，都是作为管理手段而使用的，都是为了达到统治目的或是为了社会良性运行而使用的。赏和奖都具有表扬的功能，都是对于善的、美的、好的、积极的、有益的行为的肯定和倡导，表扬奖励的目的，既希望被奖励者再接再厉，做出更大的成绩或贡献，也希望其他人向受表扬者学习。”[①]

(二)对于国家和政府部门来说，责任赏罚是社会正义和社会责任的体现

管理社会、服务民生是国家对内的重要职能，让人民安居乐业地生活和工作着、为大众提供幸福安康的居住生活环境，是广大百姓对国家行为的基本要求。井然有序的社会环境需要政府组织和号召民众积极营造和维护，每一个行为主体在工作和生活中都能尽力做到责任自觉、努力完成责任实现，是建设良好社会发展环境的前提和基础。实施责任赏罚，奖励责任先进，惩罚责任无为，奖罚分明，既是国家主持公道正义的体现，又是政府积极引导和规范公民责任行为的有效举措。“各级党组织都负有执行纪律和规矩的主体责任，要强化监督问责，对责任落实不力的坚决追究责任，推动管党治党不断从‘宽松软’走向‘严实硬’。”[②]正确地、坚决地执行责任赏罚是社会公正和社会集体责任的体现；国家和政府部门的责任赏罚具有社会导向作用，有功不赏，有过不罚，赏罚不明，甚至赏罚不分，“是社会整体的责任失误，是社会公正丢失的征兆”[③]。

第二节　责任赏罚的类型

责任赏罚的落实和执行方式即为责任赏罚的类型。在实际落实和执行中，责任赏罚的类型花样繁多、五花八门，经梳理归类，主要有：按责任赏罚执行主体不同可划分为政府责任赏罚和民间责任赏罚；按责任赏罚执行内容不同可划分为精神责任赏罚和物质责任赏罚；按责任赏罚执行时间不同可划分为长久性责任赏罚和临时性责任赏罚。根据教学和实际影响的

① 程东峰.责任论：一种新道德理论与实践的探究[M].合肥：合肥工业大学出版社，2016：215.

② 习近平.习近平谈治国理政：第二卷[M].北京：外文出版社，2017：181-182.

③ 程东峰.责任论：一种新道德理论与实践的探究[M].合肥：合肥工业大学出版社，2016：216.

需要，下面重点分析讲授责任赏罚类型中政府责任赏罚和民间责任赏罚、精神责任赏罚和物质责任赏罚等四种常用常见类型。

一、政府责任赏罚和民间责任赏罚

政府责任赏罚和民间责任赏罚是按责任赏罚执行主体不同划分的结果表现，都是责任赏罚主体针对主体责任行为的不同表现而做出的赏罚判断结论。在两者关系中，政府责任赏罚是最高、最权威的责任赏罚，代表国家和集体，是社会正义和社会集体责任的体现，正常情况下，赏罚判断结论标准的科学性、公正客观性毋庸置疑，不容挑战，所产生的实际教育引导作用也是强大的；而民间责任赏罚带有明显的区域性、群体性，因而赏罚判断结论标准的科学性、公正性以及所产生的实际教育引导作用，与政府责任赏罚不能相提并论。但作为政府责任赏罚的有效补充，民间责任赏罚的存在及其作用的发挥却是不可轻视的，对主体一般责任行为具有及时有效的约束和监督作用，防患于未然，避免产生更大、更严重的责任失误。更何况政府责任赏罚为民间责任赏罚定调、定向，民间责任赏罚是对政府责任赏罚标准的积极认同，也是对政府责任赏罚标准的具体落实。

(一)政府责任赏罚

政府责任赏罚是最具权威、最具效力的社会管理行为，是政府根据国家发展需要、代表广大人民根本利益对个体责任行为做出奖惩性结论判断的社会管理活动。作为企事业单位做出的具有官方性质的责任赏罚评定，在一定意义上与政府责任赏罚判定具有同等的社会影响力与权威性，同样体现着国家的发展意志和人民的根本利益诉求。政府责任赏罚具有鲜明的政治色彩，体现统治阶级的政治意愿，往往与社会舆论互为凭借，共同宣扬和维护统治阶级的政治理想和根本利益，引导社会大众从根本上认同统治阶级的价值主张，在实践中自觉履行责任使命，从而实现社会治理的和谐稳定、有序安宁。

(二)民间责任赏罚

民间责任赏罚虽不具政府责任赏罚的巨大影响力和导向性，但比较适用、接地气，反映了最普通社会阶层间责任行为关系以及对彼此责任行为表现的不同价值认同，有助于规范人们的责任行为，增进彼此间的责任互认、责任互信、责任互助，从而促进代表广大多数基层良好人际关系和健康社会秩序的建立和形成。民间责任赏罚的自发性、随意性、区域性、阶层性等特点，决定了民间责任赏罚教育作用的有限性，不具有广泛的示范意义和普遍的推广价值。因此，对民间责任赏罚的实际教育价值作用的评估，要根据具体教育需要和实际作用情况，才能做出公正客观的评价。

二、精神类责任赏罚和物质类责任赏罚

物质类责任赏罚和精神类责任赏罚是依据责任赏罚执行内容不同而划分的结果表现，是责任赏罚主体遵循责任教育引导的需要，对责任当事者做出不同内容的奖惩行为。不论是物质类责任赏罚，还是精神类责任赏罚，都将对责任当事者产生应有的激励和鞭策作用。然而，两者实际教育引导作用力还是有所不同的，精神类责任赏罚所产生的教育引导作用力会更长久、更稳定，更具广泛且较为持久的示范效应价值，也遵循了人的社会性存在对尊严和名誉的追求与维护的需要；而物质类责任赏罚所产生的教育引导作用力较为短暂，会随着物质的消耗而逐渐弱化，甚至有些人对奖励还会产生较为严重的物质期待心理，如不能满足心理期求或出现心理落空，则会对责任赏罚嗤之以鼻。个体价值实现的精神和物质表现，决定了物质类责任赏罚和精神类责任赏罚都是必要的，互为补充，相互依托，共同作用并服务于主体责任实现，两者在主体责任实现中的作用都是不可或缺的。

（一）精神类责任赏罚

精神类责任赏罚是责任行为管理中最常用的一种监管手段，屡试不爽，效果显著，因而也常常被各种层次的责任赏罚活动开展所采纳。精神类责任赏罚是通过对个体社会名誉、人格形象、价值尊严的褒扬或贬斥，从而造成行为主体精神上的愉悦或沮丧的赏罚形式。精神类责任赏罚遵循了人的社会性存在对高层次精神价值的追求与捍卫的需要，因此，不论是人格的力挺，还是尊严的斥责，都会对行为主体产生极大的激励和刺激作用，尤其是精神奖励，特别是那些影响大、级别高的精神奖励，对个体所

产生的促进作用是难以言喻的。精神奖励不仅让行为主体获得内心的满怀喜悦，而且还提高了社会知名度，扩大了社会影响，提升了人格魅力，促使行为主体在生活和工作中，不得不谨言慎行，努力建功履责，不辜负社会和人们的期望。“树碑立传”“歌功颂德”等精神嘉奖方式备受责任赏罚主体的推崇，对被奖励者来说，则是责任主体最自豪、最荣耀的精神奖品。

(二)物质类责任赏罚

所谓物质类责任赏罚是指社会管理部门或管理者针对主体责任实践的行为表现和责任实现的结果程度，对责任主体做出物质上的奖励或惩罚的激励机制与管理措施。满足人的物质生存需要赋予了物质类责任赏罚存在及落实的合理性和必要性，在一定意义上对行为个体所产生的激励作用还是很大的，没有物质类责任赏罚相伴随的纯粹精神类责任赏罚是理想化的，也是不现实的，因而其作用影响力也是有限的。所以，物质类责任赏罚所具有的实际作用影响力，既不可无视，更不可替代。现阶段我国实行以按劳分配为主体、以多种分配形式为补充的分配制度，既兼顾了公平与效率，又能鼓励一部分人通过诚实合法经营劳动先富起来，以先富带动后富，最终实现共同富裕。上述分配制度体现了物质类责任赏罚激励机制在现阶段我国分配领域的具体运用，既调动了个体劳动的积极性，又强化了个体生产的责任意识，极大促进了社会经济发展，实现了守法敬业、履职尽责者的劳动价值。

第三节　责任赏罚与道德内省

对责任主体而言，责任赏罚属于外在他律，道德内省属于内在自律，他律性责任赏罚也好，自律性道德内省也好，其目的都是对主体责任实践过程的表现和责任实现结果的程度所呈现的好坏、优劣的综合评价与自我反思，旨在督促帮助责任主体端正责任实现动机，修复责任实现行为。优化责任实现方案，提高责任实现能力，共同服务主体责任实现，由此可见，责任赏罚和道德内省在服务责任实现的目标指向和价值取向上都是一致的。然而，两者对主体责任实现的作用不是彼此孤立的，而是相互作用，互为转化，共同融于主体责任实践过程中，“责任赏罚和道德内省，相互作用，互相转化，可望行为主体更自觉地履行责任，更完满地实现责任”[①]。责任赏罚对责任实现作用的发挥需要以道德内省为“中介”；道德内省对责任实现作用的发挥需要责任赏罚的触动。

一、道德内省的含义

道德内省是行为主体道德自觉的一种理性活动形式，意指“行为主体在自我道德观念和良心的指导下，对自己行为的动机和结果所做的优劣、好坏、美丑的一种自我反思、自我评价、自我蜕变、自我纠正的心理活动过程”[②]。道德内省自古以来就是人们修身养性所遵循的基本道德信念，作为一种修身养性的重要途径和方法，道德内省理念深入人心，被人们广为接受并躬亲笃行。常言道“吾日三省吾身”，它要求行为主体在行为实践过后或行为实践过程中，对自己的行为表现和结果进行冷静的反思与总结，自我审问道德动机是否纯洁、道德行为是否越轨，如果没有出现意外，行为主体不仅会获得道德内心的安宁，而且还会收获道德自信。总之，“道德内省既是一种提高道德境界的修养方法，又是获得道德自信的途径手段，更是聚集道德力量的内在酵母”[③]。任何外在举措对行为主体所产生的思想和心理触动，只有通过道德内省，才能转化为主体内在的道德信念与道德良知，才能最终外化为真正的道德行为自觉和良好的道德行为习惯。

二、道德内省是责任赏罚作用发挥和目标实现的有效“中介”

责任赏罚是有目的性的，不是盲目的，站在责任实现的角度，责任赏罚说到底就是为了修正行为主体的责任行为，提高行为主体的责任能力，端正行为主体的责任动机，明确行为主体的责任目标，强化行为主体的责任意识，增强行为主体的责任心。责任实现的赏（表彰、鼓励、奖励）和责任实现的惩（批评、责备、处罚），其最终目的无非是为了使责任主体道德内心得到真正的触动，从而激发他们为按时按质按量完成责任实现甚至

① 程东峰．责任论：一种新道德理论与实践的探究［M］．合肥：合肥工业大学出版社，2016：221.

② 程东峰．责任论：一种新道德理论与实践的探究［M］．合肥：合肥工业大学出版社，2016：221.

③ 程东峰．责任论：一种新道德理论与实践的探究［M］．合肥：合肥工业大学出版社，2016：222.

高质量超额完成责任目标而不断提高自我责任能力、提升自我道德境界，进而实现完善自我、彰显主体意识的目的。以上责任赏罚所体现的一切，终归到底都是为主体责任实现服务的，如果背离这一终极目标，责任赏罚的所有举措都是徒劳无意义的。

责任赏罚必定属于外在他律，对责任主体教育作用力的充分发挥还不能直接起效，对责任实现的积极影响也不能立竿见影，需要通过道德内省“中介”的酵母作用，只有主体道德自觉意识被彻底唤醒，时刻省思自我责任实践行为，才能把责任赏罚所蕴含的积极教育价值转化为主体的责任自觉和责任能力。然而，主体道德内省的充分唤醒不是无条件、自发的，需要外在因素的触动，如果主体道德内心被触动得越深，道德内省就越主动、越自觉，因而对主体责任行为的作用就越有力，对责任实现也就越有利。这就需要责任赏罚对道德内省的充分有效触动，这又是两者关系的另一方面，即责任赏罚对道德内省的实现和触动的问题。

三、道德内省的充分完全觉醒需要责任赏罚的必要有效触动

实现道德内省觉醒的途径手段不是唯一的，但责任赏罚的触动是实现道德内省觉醒的最有效的外在干预手段。外在责任赏罚的触动对主体道德内省觉醒的干预效果取决于两方面因素：一是主观条件；二是客观条件。从主观条件来看，主要取决于主体是否具有勇于担当的责任精神和高尚的道德觉悟。主体只有怀有强烈的责任心，积极追求进步，乐于通过对他人、对社会、对国家、对民族的自觉责任担当以示自我社会价值的存在，才会甘愿接受他人的关心帮助和外在约束力量的评价监督，才能把责任赏罚所蕴含的教育价值主动转化为自我责任实现的动能，服务责任实现。从客观条件来看，作为道德内省触动的最有效外在约束力量——责任赏罚，要实事求是，公正客观，科学透明，幅度适中。一言以蔽之，责任赏罚必须是赏罚主体在恰当的时机对特定具体的主体责任行为表现和责任实现结果做出正当透明的评定，既不要大张旗鼓，也不要偷偷摸摸；既不要太过，也不能不及。责任赏罚的评定只有恰到好处，尊重责任事实，注重赏罚技巧，才能对主体道德内心产生真正应有的触动作用，从而触发主体道

德内省，自觉主动把责任赏罚的外在约束成功转化为自我内心的积极反思。

第四节　正确对待责任赏罚

责任赏罚是当今社会实现社会有效管理所采取的重要举措。责任赏罚措施运用得当，既有助于责任实现，帮助责任主体不断增强责任意识、努力提高责任能力，而且还有助于不断推动社会向前发展，营造良好的社会秩序。社会只要有管理，就有责任赏罚的体现，责任赏罚伴随社会管理的需要彰显其存在的必要性。然而，不是有管理就必须要赏罚，也不是所有任何形式的责任赏罚都能起到应有的社会管理效果，只有科学的责任赏罚，才能起到应有的社会管理效果。所谓责任赏罚的“科学”，即为责任赏罚要公认公开公正、适时适中、精神奖励与物质奖励运用要得体，这就是责任赏罚应注意的几个问题，必须正确对待。

一、责任赏罚要公认公开公正

（一）责任赏罚公认公开公正的含义

责任赏罚公认公开公正解决的是责任赏罚的效率问题，实现责任赏罚目标，服务主体责任实现，营造和谐社会关系，建立良好社会秩序，提高社会管理效益。责任赏罚的公认是指社会管理部门或赏罚者对主体责任行为做出的赏罚决定，既不能暗箱操作，也不能只是出自裁定者本人或少数几个人的擅自决定，要体现公众的心声，是集体民主讨论的结果。只有这样的责任赏罚决定，才能让责任当事者心悦诚服，才能对公众产生真正的教育引导作用。责任赏罚的公开是指社会管理部门或赏罚者对主体责任行为做出的赏罚决定，一定要以适当的方式择机向社会公布，不能搞走过场，玩形式，偷偷摸摸，不仅如此，而且还要向社会公众详细说明对主体责任行为做出赏罚决定及其赏罚程度的依据，并虚心接受社会公众的质询与监督。唯有如此，才能使责任当事者和社会公众对责任赏罚的意义与作用自觉认同，从而真正发挥责任赏罚的社会管理效能。责任赏罚的公正是指社会管理部门或赏罚者对主体责任行为做出的赏罚决定要秉持公平合理、一视同仁的原则，不能感情用事，要做到对事不对人，不管何人何职位，在责任赏罚面前一律平等。

(二)责任赏罚公认公开公正的实现途径

通过对责任赏罚公认公开公正含义的学习，其重要性不言而喻。责任赏罚的社会意义与作用能否得到真正的实现，关键取决于责任赏罚能否体现公认公开公正的本质要求。那么，如何才能做到责任赏罚时的公认公开公正的本质要求呢？首先，从责任赏罚公正性要求来说，责任赏罚标准的制定要科学，因需设岗，按岗论责，对号入座。以责任履行的优劣程度论赏罚，从而避免了赏罚管理中其他因素的干扰，尤其是泛政治化的忌讳，在体现了责任赏罚科学性的同时，又有效地向社会公众树立了责任权威，进而促使人们为努力实现责任而不断增强责任意识、提高责任能力。其次，从责任赏罚公认公开性要求来说，社会管理部门或赏罚者要对既定的责任赏罚标准向社会广泛宣传，征求民意，必要时要以多种形式组织公众学习解读，以便让他们更好更深入了解责任赏罚标准制定的底细。只有被公众广泛熟知和普遍认同的赏罚标准，才能使责任赏罚观念深入人心；只有建立在坚实民意基础上的责任赏罚机制，才有被执行的必要和可能，才能发挥其应有的社会管理与效应价值。

二、责任赏罚要适时适度

责任赏罚的适时性和适度性与责任赏罚的公认性、公开性、公正性一样，解决和回答的都是责任赏罚的效率问题，都是为提高责任赏罚的管理效率而服务的。如果说公认性、公开性、公正性解决和回答的是责任赏罚中的民主透明和科学标准问题，那么，适时性和适度性解决和回答的是责任赏罚中的最佳时机和黄金幅度问题。

(一)责任赏罚的实时性

1.责任赏罚实时性的含义。责任赏罚的实时性指的是责任赏罚选择的最佳时机问题，通过时机的合理选择，使责任赏罚取得最理想的社会管理和教育效果。一般来说，责任赏罚应选择在责任事故处理后不久或责任实现完成总结后不久，这时的责任赏罚对责任当事者和其他社会责任主体都能起到及时应有的教育触动和启发诱导作用，正如趁热打铁，省力又高效。如果责任赏罚选择在责任事故处理或责任实现完成总结已久，责任当事者和社会公众对当初责任失误发生的情境已经淡忘模糊，甚至早已时过境迁，此时的责任赏罚，不仅赏罚效果勉为其难，就连赏罚动机也有摆摆样子、走过场之嫌。

2. 责任赏罚实时性的社会意义。责任赏罚选择时机恰到好处，能帮助赏罚主体取得理想的社会管理和教育效应。从责任赏罚客体来看，适时的责任赏罚，有助于帮助责任主体及时从责任事故和责任实践中汲取教训，总结经验，优化责任实现方案，提高责任实现能力。特别是对刚经历责任失误的洗礼，紧接着又面临责任惩罚鞭策的责任主体来说，能有效激发他们的责任践行斗志，努力工作，将功补过，矢志为责任实现而奋力拼搏。从责任赏罚主体来看，适时的责任赏罚，有助于帮助社会管理部门或管理者提高社会管理效能，化责任实现不利为责任实现有利，变已有的责任实现成就为新的更大的责任实现动力，把责任赏罚机制有效贯穿于责任实践管理过程中，“让奖惩活动在工作阶段的衔接处起一个承前启后的作用”①。确保社会有机体顺利高效运转。“适时的奖惩，能保持奖惩的新鲜感，能让人受到鼓舞和教育，有利于推动工作。”②

(二)责任赏罚的实度性

1. 责任赏罚实度性的含义。责任赏罚的实度性是指实施责任赏罚的量度，既不能太过，又不能不及，要恰到好处，只有这样，才能实现责任赏罚的教育管理功效。科学把握责任赏罚的量度，一定要与主体责任实践的表现和责任实现的程度结合起来，脱离主体责任实践行为，责任赏罚就失去了执行标准的依据，所谓责任赏罚的适度性也就无从谈起。

2. 责任赏罚实度性的社会意义。与责任赏罚实时性社会意义如出一辙，恰如其分的责任赏罚能帮助赏罚主体取得理想的社会管理和教育效应。对主体责任实践行为表现做出与之相一致的责任奖赏或责任惩罚，使社会管理部门或管理者以最经济适用的方式获取最佳理想的社会管理效能；对责任当事者则能直接及时收到道德内心被触动和思想情感被感染的

① 程东峰.责任论:一种新道德理论与实践的探究[M].合肥:合肥工业大学出版社,2016:226.

② 程东峰.责任论:一种新道德理论与实践的探究[M].合肥:合肥工业大学出版社,2016:226.

教育效果；对社会则能大大提高运行效率。反之，如果对主体责任实践行为表现做出超出适度的责任奖赏或责任惩罚，既不能对责任当事者起到鼓励促进或教育警示的作用，又增加了社会管理的成本和运行的风险。需要特别指出的是：盲目无原则的过度责任奖赏或责任惩罚，要么把责任当事者奖赏得无动于衷，要么把责任当事者惩罚得精神崩溃，这对促进责任主体的有效成长和实现社会管理的高效运行都是不利的，“太过的奖励，让人感到虚假，名不副实；太过的惩罚会造成量刑不公，有过于残忍或挟私报复之嫌”①。因此，科学把握责任赏罚中的量度分寸是有学问的，“奖惩的适度，与奖惩标准的科学有直接关系，再者与奖惩者的指导思想、政策水平、个人品质有联系”②。

三、责任奖励要得体

不管何种层次、任何方式的责任奖赏，最终都要以精神奖励或物质奖励的形式体现出来。精神奖励和物质奖励渗透于各种层次和方式的责任奖赏活动中，是对主体责任实现表现及其结果奖励的有效见证和积极落实，并对责任主体精神和感官直接产生刺激作用。只要精神奖励和物质奖励运用得体，就能帮助社会管理部门或管理者成功实现对社会的有效管理。

（一）精神奖励和物质奖励的含义

精神奖励主要是针对主体责任实践过程中的行为态度、精神品质、责任实现程度的优异表现而给予精神方面的嘉奖，主要体现为通报表扬、授予荣誉称号、颁发优秀证书等。精神奖励满足了人们对高层次精神需要的追求，体现了人的精神价值的存在。对责任行为主体而言，精神奖励扩大了其社会影响力，提高了其社会知名度、社会信誉度和人格魅力，使其作为榜样或典范被社会广为宣传、被人们乐于效行，从而让行为主体真切体验到前所未有的尊严感和自信心。物质奖励主要是针对主体责任实践过程中的行为态度、精神品质、责任实现程度的优异表现，作为精神奖励的配套补充而给予一定物质方面的嘉奖，主要体现为奖金或有价实物。物质奖励在一定程度上改善了行为主体的生活条件，满足了个体生存和发展对物

① 程东峰．责任论：一种新道德理论与实践的探究［M］．合肥：合肥工业大学出版社，2016：226.

② 程东峰．责任论：一种新道德理论与实践的探究［M］．合肥：合肥工业大学出版社，2016：227.

质条件的基本需求，体现了人的精神价值和物质价值的存在，使其既享有实实在在的物质获得感，又会衍生充满幸福的精神慰籍感，因而对行为责任主体和他人都具有一定物质和精神方面的激励作用。

由于物质奖励是被作为精神奖励的配套补充所使用，所以，不是所有精神奖励一定都要有相应的物质奖励相配套。但所有物质奖励都包含着精神奖励的成分，就是不授予精神奖励，也改变不了这一事实，至于精神奖励是否需要授予，则因责任奖赏的需要而定。因此，在精神奖励和物质奖励的运用上，要本着实事求是和精神奖励为主、物质奖励为辅的原则，既不能奖励过滥，更不能主次颠倒。

(二)责任奖赏遵循的原则

通过对精神奖励和物质奖励的含义及其相互关系的学习，我们已经知晓精神奖励和物质奖励，都体现了社会管理部门和管理者对主体责任实践活动实施有效管理不可或缺的两种手段，但两者在主体责任实践活动管理中所起的实际作用是不同的，必须遵循以精神奖励为主、物质奖励为辅的原则。“精神奖励告诉人们：人生在世，不能仅仅追求物质生活的丰富和享受，而且要追求精神生活的高尚和幸福；人格的丰满、高尚，才是人生真正的富足、充实。”[①]不论是社会管理部门或管理者，还是责任行为主体，只有彻底弄明这一原则其中的缘由，才能在社会管理工作中和责任实践活动中自觉贯彻遵循这一基本原则精神。

首先，这一基本原则体现了社会管理部门和管理者对人的社会性存在的尊重，反映了人的本质属性对精神价值的期许。人是自然属性和社会属性的统一体，其中，社会属性是人的根本属性。人的社会属性决定了人最终是精神意义上的存在者，对精神价值的追求，尤其是对高层次精神需要的满足表征着人的高级心理需求。

其次，这一基本原则直接体现了实施责任奖赏的社会管理初衷。从社会管理部门或管理者来说，奖励责任先进不是根本目的，而是手段，并凭借这一手段最终实现对社会有效管理的初衷。任何责任先进其背后行为都昭示着一定社会先进的主流价值观和高尚的道德榜样意义，通过奖励责任

① 程东峰.责任论:一种新道德理论与实践的探究[M].合肥:合肥工业大学出版社,2016:227.

先进，把主体责任行为所彰显的社会价值意义突出地展示出来并转化为具有普遍意义的社会价值标杆，从而产生巨大的价值导向作用，引领并规范人们的责任行为。

最后，这一基本原则成功实现了节约社会管理成本，降低了社会运行风险。责任奖赏与其他类型的奖励一样，都是为了提高社会管理效益而采取的有效激励手段，起到“四两拨千斤”的管理功效，使社会管理部门或管理者以最经济的运行成本获得最高效的管理效能，这一原则无疑与社会管理目标所强调的基本精神和效能要求是一致的。如果社会管理部门或管理者过分迷信和依赖物质奖励的刺激作用，既增加了社会管理成本和运行风险，又使受奖者对物质享受产生消极的期待心理，造成价值观的异常扭曲，严重遮蔽了责任奖赏应具有的积极教育价值意义，这与责任奖赏的初衷实则是“貌合神离”。

思考题

1. 如何理解责任赏罚的意义？

2. 如何理解责任赏罚与道德内省在责任实现中的作用及其相互关系？

3. 影响责任赏罚作用发挥的因素有哪些？

课外阅读文献

1. 程东峰. 责任论：一种新道德理论与实践的探索[M]. 合肥：合肥工业大学出版社，2016.

2. 习近平. 习近平谈治国理政[M]. 北京：外文出版社，2014.

3. 习近平. 习近平谈治国理政：第二卷[M]. 北京：外文出版社，2017.

4. 中国共产党问责条例[M]. 北京：人民出版社，2016.

第九章
当代人的责任与自我实现

导　言

责任的履行是双向的，即个体对集体的责任担当与集体对个体的责任承诺。个体对集体的责任是自我对他人、对集体、对国家、对自然应履行的责任，是集体和国家对个体的责任要求，是集体和国家赋予个体的社会义务与职责；集体对个体的责任是集体和国家对个体正当合法利益的保护以及个体正当合理合法要求的满足，是个体对集体和国家的责任期待，以满足自我实现。当代人的社会责任与自我实现是一致的，统一于主体责任实践。当代人的社会责任履行是自我实现的前提和基础，社会责任履行越完美，自我实现就越充分；同理，自我实现是个体社会责任自觉履行的必然体现，自我实现越满足，越能增强主体社会责任实现的信心和履行社会责任的使命感，自觉提高社会责任实现的能力，从而完全胜任当代自我责任角色扮演的“至善”要求。

教学目标

帮助同学们对自我实现概念内涵的科学把握是本章教学的首要目标。通过教学要求同学们对自我实现有以下的基本认识和理解：在了解自我实现层次性和多样性的前提下，懂得责任实现是构成自我实现的核心，自我实现的实质就是责任实现，其他一切自我实现都融于或通过责任实现得以实现。责任实现是人的社会属性的必然要求，也是社会对人的社会性存在的必然期待。自我实现本质上体现的是人的价值实现，因此，责任实现的过程就是价值创造的过程，个体自我价值和社会价值创造越丰富，自我实现就越充分。

帮助同学们厘清自我实现与道德满足的关系是本章教学的另一重要目标。通过教学使同学们明白：自我实现与道德满足的关系是自我实现内容与实现表现形式的关系，两者的价值指向是一致的，都服务于人的社会性价值存在。道德满足反映和表征着自我实现，是自我实现在精神层面上的最高价值表现；道德满足又是检验和推动自我实现的最高标准和强大精神动力，促使自我追求更高层次的道德满足。道德满足是责任实现效果广受社会好评的产物。

帮助同学们理解至善与自我实现的关系并最终掌握实现至善的科学有效途径是本章教学的又一重要目标。自我实现的最终价值目标就是达致至善，至善是自我实现追求的最终行为目标和最高道德境界。实现至善是人生理想追求的终极价值目标。至善只能在积极务实的责任实践中实现。当今时代，人们只有树立全心全意为人民服务的思想宗旨、不断加强自我学习和自我道德修养，在全身心致力于建设中国特色社会主义伟大事业和创造人们美好幸福生活伟大实践的征程中，才能实现至善。

教学建议

1.教学内容重难点的把握和突破。

（1）自我实现的含义既是本章教学内容的重点，又是本章教学内容的难点。

①自我实现的含义作为本章教学的重点内容，原因在于：

第一，从本章教学内容来看，自我实现是本章的核心概念，其内涵贯穿本章教学内容的始终，是学习和掌握全章教学内容的总线索和主开关，领会了自我实现的全部含义，就能帮助人们找到了自我实现的动力与途径，就能帮助人们正确定位自我实现的价值目标。

第二，从全书教学内容的结构来看，自我实现是全书教学内容的目标总结和意义归宿。自我实现是个体存在和发展的价值追求，自我实现是全面的、多层次的实现，其中，责任实现是构成自我实现的关键和核心，其他一切实现都融于并服务于责任实现，没有责任实现就没有自我实现，自我实现实质就是责任实现。

那么，教师在教学过程中应从哪些方面入手以突出和强调这一重点内容呢？

首先，教师要向学生说清讲透自我实现的深刻内涵。从自我实现的主体来看，自我实现是行为主体主体意识和创造精神的自觉能动表现，只有这样的行为主体，才有自我实现的可能；从自我实现的内容实质来看，自我实现的内容实质是价值的实现，是个体自我价值和社会价值的创造实现；从自我实现的本质来看，自我实现是人的内在本质力量的充分展示，体现为在一定价值目标牵引下的自我行为对人类社会和自然的责任担当。

其次，教师要向学生阐述清楚自我实现与自我需要满足的关系。在自我实现与自我需要满足的关系中，自我实现是自我需要满足的结果；自我需要满足是自我实现的内在动力。自我需要满足推动自我实现的追求，自我需要满足是多层次、多方面的，自我实现也是多层次、多方面的；自我需要的最高层次是追求精神的满足，实现至善是自我实现的最高价值目标；自我需要满足是无穷无尽的，自我实现也是无止境的。

再次，教师要向学生深入浅出地论证自我实现与价值创造的关系。自我实现不是抽象空洞的，而是具体的，是实实在在的，是价值的表现形式，是得到社会和他人充分认可的，因此，自我实现本质上是自我价值实现。自我实现的过程就是自我价值的创造过程，是自我价值和社会价值的有机统一。自我价值创造越丰富，越得到社会和他人的广泛认同，自我实现就越充分，社会意义和价值也就越大。

最后，教师还要向学生深刻阐释自我实现的本质。自我实现本质上是自我内在本质力量对象化的外在展示，体现了在一定价值目标牵引下个体对他人、对社会、对自然的责任担当。自我实现的过程就是自我责任履行的过程；自我实现的结果就是自我责任的按时、按质、按量甚至高质量超额完成；自我实现的价值创造就是自我责任顺利履行的社会意义与价值的充分彰显。

②自我实现的含义作为本章教学的难点内容，关键难在：

第一，对自我实现概念的释义。自我实现概念内涵十分丰富，对其内涵的科学阐释，要求教师必须厘清自我实现与责任实现、价值实现的关系。自我实现与责任实现、价值实现都属于哲学视域下的基本概念，抽象性较强，对教师的教学和学生的理解都有较大的难度，教师必须用哲学的思维和相关背景知识，才有可能把三者的内在关系阐释清楚，便于学生理解消化。

第二，对自我实现本质的理解和把握。对自我实现本质的理解和把握将会涉及人的本质力量。什么是“人的本质力量”，这又是个纯哲学概念，这对师生的教与学又是不小的挑战。只有弄懂了“人的本质力量”的科学内涵，才有助于我们解开对自我实现本质认识的疑惑，让我们真正明白自我实现与责任的关系以及责任及其履行对自我实现的重要性。

基于上述教学中存在的难点，教师如何有效应对和化解呢？

针对第一个教学难点，教师应从人的社会性入手，顺藤摸瓜，逐一厘清自我实现与责任实现、价值实现三者之间的内在关系。人的存在本质上是社会性的存在，人的社会性决定了责任与生俱有，具有客观性，不可改变。个体认同责任、积极履行责任，对社会来说，是社会对个体的基本要求，是义务，不可推卸；就个体而言，责任及其认同与履行，又是自我实现的前提，是个体向社会正当合理索取的权利，没有责任实现就没有自我实现，自我实现实质就是责任实现，自我实现和责任实现在价值取向上是一致的。责任实现是自我实现的核心内容和前提基础，自我实现是责任实现的必然体现。自我实现和责任实现不是抽象空洞的，而是具体、实实在在的，都是在一定价值观指导下的价值实现，自我实现和责任实现的过程就是价值的创造过程，表现为自我价值和社会价值的有机统一。

针对第二个教学难点，教师应从对人的认识入手破题。关于对人的科学认识，马克思主义认为，人不是纯粹自然意义上的存在物，人的存在本质上是社会性的存在，人的存在是自然属性和社会属性的统一。社会属性是人的本质属性，赋予了人的内在本质力量。“人的本质力量”主要表现为人的认知、判断、推理、想象、审美等创造性智能。个体在实践中，通过对象化活动把自我内在本质力量充分地展示出来，改变和影响着其中生活的世界，使自然和社会更好适合人类生存和发展的需要，从而实现自我价值。自我实现本质上是个体在正确价值观的指导与充分尊重自然和社会发展规律的前提下，内在本质力量对象化活动外在积极展示，体现了个体的责任自觉与应有担当。从这个意义上来说，自我实现其实就是责任实现。

（2）关于自我实现与道德满足的关系是本章教学的另一重要内容。

自我实现与道德满足的关系之所以被定为本章教学的重点内容，一方面是因为道德满足解决了自我实现的价值目标和自我实现的终极意义的追问问题，也是人生的境界问题。自我实现即为自我人生价值实现，人生价值的追求不在于物质，而在于精神，这是由人的社会属性和自我满足的精神需要所决定的，道德满足是自我实现的最高精神价值表现。另一方面是因为道德满足解决了自我实现的动力问题以及自我实现和责任实现的价值检验标准。道德满足作为自我实现的最高精神价值表现，又能很快转化为自我实现的强大精神动力，促使自我追求更高境界的道德“善”，没有道德满足的促进，也就没有自我实现对“至善”的不断追求。能不能获得道德满足以及在多大程度上获得道德的满足，又是检验自我实现和责任实现的“善”的最高也是最有效的价值标准。为突出这一重点，建议教师从以下几方面组织教学：

①阐述道德满足的含义及其获得。道德满足是自我精神价值实现的表现，是个体道德实践活动后的积极结果，源于自我实现。自我实现是自我价值的实现，但人不能仅仅为自我实现而实现，这样的自我价值实现最终也是实现不了的。自我实现是建立在个体社会价值创造的基础上，包括物质价值与精神价值的统一，自我价值实现的大小不在于物质占有多少，而在于精神上的富有程度，这种精神上的富有程度是通过个体责任实现的“善”的程度得到他人和社会的普遍认可后而获得的。

②分析道德满足对自我实现的促进作用。有的人活着，他已经死了；有的人死了，他还活着。从责任实现的角度来理解，责任实现完美、责任实现至善，能得到他人和社会的积极广泛认可，成就道德口碑，铸就道德

丰碑，永远活在人们的心中；责任实现失误、责任实现缺憾，甚至责任无为或责任逃避，将会受到他人和社会的批评和谴责，直至被抛弃，感受不到人生存在的意义和价值，只有孤独和失落，活着也如同死了。两种不同的人生价值对比，促使人们积极追求前者而无情摒弃后者，激励人们为追求更高层次的道德满足努力践行自我实现的“至善尽美”。自我正是在道德满足的不断作用下，从当下已实现的“善”到下一个期待的新的“善”的“无限”良性循环，推动着责任实现不断深入、不断提高、不断完善，也使人生更加丰富充实、更有成就感和获得感。

③说明道德满足是自我实现的检验标准。通过前面内容的学习，大家已经知道自我实现其实就是责任实现，责任实现的过程也就是自我价值的创造过程，故而自我实现亦即意味着自我价值的实现。道德满足既是自我价值实现的精神表现形式，又是对自我实现、责任实现的最高检验。由于道德满足不是无缘无由的自满自足，而是来自他人和社会对个体责任实现行为表现及其结果的充分赞许后的自我道德欢欣，所以说道德满足是反映个体责任实现有无价值及其价值大小的晴雨表，因而道德满足实际也就成为了自我实现价值程度的检验标准。道德满足犹如无形的价值标杆，支配着个体责任实现行为，使之与责任实现追求的价值目标始终保持一致，确保个体自我在责任实现的圆满完成中收获满满的道德正能量，以便更好服务自我实现。

（3）关于自我实现与当代中国人的责任是本章教学的又一重要内容。

自我实现与当代中国人的责任作为本章教学的重点，名至实归，合情入理，理解起来也并不难。让每个学生明确自我的当代社会责任、在积极的责任担当中实现自我，既是本章教学的目标所在，也是全书课程教学的最终意义归宿。从本课程的教学宗旨来看，实践性是本课程教学的最显著特点，服务大学生健康成长、指导大学生积极有效开展社会责任实践活动是本课程教学所遵循的重要指导思想。大学生接受相关责任、自我实现、责任实现的教育，不能局限于唯理性的思维上，停留在抽象概念的理解上，而应融于生活中，指导服务人生责任实践。任何不沾泥土、不接生活地气的理论是空洞无意义的，也难登理论的殿堂，最终会被人们抛弃。从本课程教学的最终意义归宿来看，责任及其责任实现、自我实现是客观具体的，只有通过责任实践才能完成。责任及其责任实现、自我实现只有与时代主题和社会追求保持一致，才能心想事成、梦想成真。当代中国人的责任实现、自我实现与实现中华民族伟大复兴的“中国梦”、全面建成小康社会的伟大实践是分不开的，个体只有在实现中华民族伟大复兴的“中国梦”和全面建成小康社会的积极责任担当中，才能顺利完成责任实现、自我实现。这就是当代大学生为什么要接受社会责任教育以及最终意义之所在。

为帮助同学们更好地对这一教学重点内容的理解和消化，建议教师应讲清以下几点：

①关于个人与集体的关系。个人与集体关系的实质是利益关系，如何正确处理好个人利益与集体利益的关系，是当代中国人自我实现责任关系中必须正视的现实问题。自我实现是建立在个体社会价值充分彰显的基础上，没有社会价值为前提基础的自我价值是不存在的，自我实现也就无从谈起。树立集体利益至上、整体意识、大局意识、长远意识，就是当代个体社会价值的充分彰显。

②关于个人荣辱与国家命运的关系。个人荣辱与国家命运的关系属于个人的政治责任与担当。个人荣辱与国家命运是紧密联系在一起的，个人荣辱是建立在国家命运的前途上。国家强盛，民则昂首扬眉；国家败亡，民则失魂落魄。自古以来，中国知识分子就有“甲天下”家国情怀和“舍我其谁”责任担当的英雄壮举，当代大学生当然要以其为榜样，概莫能外，要始终自觉树立个人荣辱与国家命运一荣俱荣、一损俱损的“责任命运共同体”意识。

③关于个人信仰与“四个自信”的关系。个人信仰属于理想的范畴。人是要有理想的，人若没有理想，就失去了前进的目标和奋斗的动力。就责任实现、自我实现而言，个人理想又成了责任实现和自我实现的理想，责任实现和自我实现本身也就包含着理想的实现，理想为责任实现和自我实现提供前进的目标和奋斗的动力。个人信仰必须与“四个自信”结合起来，自觉树立为建设中国特色社会主义伟大事业奋斗终生的理想信念，这

样的理想信念，既能为责任实现和自我实现提供取之不尽、用之不竭的动能，又能置自我于高瞻远瞩的远大视野。个人只有通过不断的理论学习和接受应有的历史教育，才能不断深化对“四个自信”的认识，从而坚定对“四个自信”的信仰。

④关于当代中国人的自我实现与责任至善的关系。至善是当代中国人自我实现所追求的最高道德境界，也是责任实现终极价值目标之所在。什么是“至善”？对“至善”道德内涵的科学解读是理解当代中国人自我实现为什么要极力达致责任至善的关键。教师要向学生解释清楚“至善”自古就是中外思想家们关注的伦理话题，赋予其多维的思想内涵，使“至善”作为最高道德境界的价值标杆深入人心，见诸行动，是大德，唯有如此，才能称之为至善，最高的善，自我实现对责任至善的追求也就在情理之中了。当代中国人追求自我实现责任至善目标基本要求是：胸持全心全意为人民服务和全身心致力于中国特色社会主义建设事业的责任情怀；对技术的精益求精和对工作的兢兢业业的责任态度；不断学习和不断加强道德修养的责任自觉。

2.教学方法建议：理论讲授法；例证教学法；课堂提问法；案例教学法。

3.教学课时建议：4个教学课时。

第一节 自我实现的含义

人的存在是人的价值存在，这是由人的根本属性所决定的。个体自我实现实质就是个体自我价值实现。个体自我价值实现的结果表现为精神价值和物质价值的统一；个体自我价值实现是建立在个体价值创造的基础上，个体价值创造的过程表现为社会价值和自我价值的统一。个体自我实现是在满足自我正当需要的作用下合规律性和合目的性的价值创造过程，既推动了社会进步和发展，又满足了自我需要。从责任实现的视角理解，个体合规律性和合目的性的价值创造过程即为个体对他人、对集体、对国家、对自然责任的积极履行过程，因此，个体社会责任的履行是自我实现的前提和基础。故个体自我实现的过程是自我需要满足、自我价值创造、自我社会责任担当的统一。

一、科学把握自我实现的含义

自我实现是人的本质属性的使然，是人的主体精神的积极表现。科学把握自我实现的含义应从以下几方面来界定：从自我实现的主体来看，自我实现的主体应该是具有主体意识和创造精神的行为个体，只有这样的行为主体才有自我实现的自觉能动和创造能力；从自我实现的内容实质来看，自我实现是人的价值实现，主要表现为精神价值与物质价值、社会价值与自我价值的统一；从自我实现的本质来看，自我实现的过程是自我价值的创造过程，是人的内在本质力量的外在充分展示，体现为在一定目标牵引下的自我行为对人类社会和自然的责任担当，与人类社会和自然发展所遵循的价值取向是一致的。

二、自我实现是自我需要满足的结果

自我实现是需要动力的，自我实现是在一定目标牵引下和一定内在动力促使下的有意识价值创造活动，盲目和自发的自我实现是难以进行的，自我需要的满足就是自我实现的目标和动力。这里所说的人的自我需要即为人的正当合理自我欲望满足的需要（非法和不当的自我需要是难以实现的，即不受保护，也不能起到应有的目标和动力作用），这样的人的自我需要亦可称之为个人理想。由于人的欲望追求和满足是无止境的，且又具有不同的层次要求，总是呈从低层次向高层次逐渐过渡的跃升趋势，因此，在自我需要满足的牵引和作用下，个体自我实现从一个目标不断攀越到另一个新的目标、实现从低级向高级的不断飞跃。

三、自我实现是自我价值创造的过程

由于人的自我实现在内容上实质表现为人的自我价值实现，因此，人的自我实现过程就是人的自我价值积极创造过程。

（一）自我价值创造是在一定价值观指导下进行

自我实现是在一定价值观指导下进行的自我价值创造活动过程，只有在科学价值观的指导下，自我价值创造才能够顺利实现。价值观在价值创造中表现为人的价值取向，所谓价值观是在价值认识的基础上，并通过价值实践活动逐渐形成的较为稳定的关于价值认识、价值判断和价值创造的总和，直接指导和服务主体价值创造行为。价值观的科学性最终决定和影响主体价值创造活动的可行性和成效性。价值观的科学性是建立在主体价值认识和价值判断必须与人类社会和自然发展规律、广大人民根本利益追求保持一致的基础上。

（二）个体价值创造是社会价值与自我价值、精神价值与物质价值的统一

个体价值创造的过程和结果就是自我价值实现，根据价值构成主体和存在形式的不同，个体价值创造和实现主要表现为社会价值与自我价值、精神价值与物质价值。

1.社会价值与自我价值。社会价值与自我价值是根据价值构成的主体不同而划分的，是个体价值创造和实现最常见也是最重要的表现形式。社会价值是指个体存在及其实践活动对他人和社会的需要满意程度，即个体存在及其实践活动对广大人民根本利益的实现、社会发展所产生的积极促进作用。个体存在与实践活动对社会发展作用越大，价值就越大；反之就越小，甚至无价值，因而个体的社会价值也称之为积极奉献。自我价值是

指个体通过正当的手段从社会所获取的以满足自我生存、发展所需要的各种精神价值与物质价值的总和。自我价值只有通过个体诚实合法的经营劳动才能够实现，故个体的自我价值又叫正当索取。社会价值与自我价值统一于个体价值实践创造活动，社会价值是自我价值实现的基础和保障；自我价值是社会价值实现的前提和动力。在两者关系中，社会价值是核心，是衡量个体价值大小的权威标杆。

2. 精神价值与物质价值。精神价值与物质价值是根据价值创造存在形式的不同而划分的。所谓精神价值是指价值创造的结果主要以精神的形式存在，表现为抽象的精神产品，包括思想、道德、文化、价值观念、审美等。所谓物质价值，顾名思义，是指价值创造的结果主要以物质的形式存在，表现为各种类型具体的物质形态，如工人制造的工业产品、农民生产的农副产品、作家出版的书刊读物等。任何个体价值创造的最终结果都表现为精神价值与物质价值的统一，纯粹的不表现物质价值的精神价值创造和纯粹的不表现精神价值的物质价值创造都是不存在的，只是价值创造的结果在精神和物质方面的表现侧重有所不同而已。精神价值与物质价值互为渗透、相互表现，而且在一定条件下还可以互相转化。

（三）自我价值创造是个体内在本质力量的对象化外在展现

人的自我价值创造源自个体内在本质力量的充分展现，自我价值创造的实现是个体内在本质力量对象化活动的必然结果。人的本质力量是作为社会属性的存在个体最具有革命性和创造性的精神力量，表现为认知、判断、推理、审美、创造等智能活动。人的本质力量通过对象化活动展示出来，影响和改变着自然界和人类社会，使自然界和人类社会更加富有人性化，丰富多彩，文明有序，符合和满足自我生存和发展的需要。在对象化活动过程中，人的本质力量不仅得到充分的展示，创造着全部物质世界和精神世界，而且个体又能从这一创造的过程和结果中满满地感受到自我价值的存在，自豪地确证着自我价值的实现。渴望自我实现是每一个行为个体在内在本质力量的积极作用下发自内心的自我价值期盼，个体内在本质力量的对象化活动顺利开展及其充分展示，必须与社会发展方向和人们对根本利益的追求保持一致，唯有如此，自我实现才能最终如愿以偿。

四、自我实现就是自我责任的实现

自我实现的自我需要满足性和自我价值创造性决定了自我实现是具体实在的，而不是抽象空洞的。置于主体责任实践活动的视角，自我实现就是自我责任的实现，这是社会对个体所扮演义务角色的基本要求，也是个体对自我角色义务的责任担当。自我实现的过程就是自我责任履行的过程；自我实现的结果就是自我责任的按时、按质、按量甚至高质量超额完成；自我实现的价值创造就是自我责任积极履行的社会意义与价值的充分彰显。个体自我实现中所表现的内在本质力量的对象化外在展现，从责任实现的角度来理解，就是主体完成责任实现的能力，即责任能力。个体内在本质力量越充盈，主体履行责任能力也就越强大，责任实现的完成也就越完美，因而对社会促进和自然发展所呈现的正作用也就越显著。责任能力是责任分配的依据，一般而言，主体责任能力越强，相应承担的责任义务和责任使命就越多、越重，随之责任实现的意义和影响也就越大，亦即意味着最终创造的价值也就越大，自我实现的程度也就越完满。

第二节　自我实现的步骤

人生而有责，这是既定的，是勿以自我意志而转移的，故而自我人生实现的步骤也就是自我人生责任实现的步骤。由于个体人生成长具有阶段性，因而自我人生责任的实现也就是由一个个具体的阶段性责任所构成，具有步骤性。人生与责任天然不可分离，人生必尽责任，责任伴随人生，责任成就人生；人为责任而生，责任赋予人的意义与价值存在。人生是不断走向成熟的，个体自我责任实现的能力也会伴随人生的成长发展而逐渐提高完善，因此，自我人生责任实现的过程遵循由内到外、由少到多、由小到大、由浅到深、由一般到重要、由简单到复杂的逻辑演进规律。自我责任的每一次圆满实现，既见证着自我人生成长和自我人生价值的实现，又在自我人生成长的道路上留下了坚实的跋涉印记，正是这一串串的跋涉印记勾勒出个体自我成长发展的人生轨迹。“个人人生责任的实现就是按照人生发展的道路，一个一个地实现具体的责任，每一个具体责任的实现，都在人生的旅途上留下一个坚实的脚印。这一连串的脚印、一连串的责任实现，构成了人生的辉煌或是人生的歧途，也就是人生自我实现。”①

一、自我人生责任实现的准备阶段

人生虽有责，但并非意味每个个体一生下来就必须而且能够承担责任，个体责任的赋予和履行需要经历一个准备阶段，这是由个体责任认知、责任能力、责任心等责任品质发展提高、成熟完善的过程性所决定的，只有取得完全主体资格的责任主体才有能力和可能完成自我人生责任实现。从个体成长历程来看，责任主体资格的取得必须是赋有完全公民权利与义务、具有独立人格精神和拥有自由认知、自由判断、自由选择能力的行为个体，个体在成人之前都不具备完全的责任主体资格，属于自我人生责任实现的前准备阶段。在自我人生责任实现的前准备阶段，个体主要生活在家庭和各级各类学校里，系统接受家庭和学校的成人和成才教育，同时，参加一定形式必要的社会实践活动，接受社会实践教育。

个体在自我人生责任实现的前准备阶段，主要任务是接受系统的知识教育和能力培训，完成自我社会化过程，为顺利步入社会、积极承担社会责任做准备。但在这一阶段，虽然个体不承担完全真正意义上的社会责任，但也要履行一些力所能及且与其自身能力发展相一致的家庭、学校、社会的责任，如做一定的家务、爱护公物、遵守公共秩序、关爱他人、孝敬父母、尊老敬师等，尤其在学习励志方面，勤奋用功，立志成才，报效祖国，是个体在这一阶段最主要的任务，也视为一种自我重要责任。

总之，个体在自我人生责任实现的前准备阶段所做的一切，都是围绕个体责任认知水平、责任履行能力、责任行为态度、责任心理品质等方面成熟发展、完善提高积极开展的，从内容上可简概为：热爱生活，珍爱生命；强身健体，报效祖国；储知炼能，服务人民；立志高远，坚定信念；陶冶情操，完善人格；优化性格，共事合群；艰苦卓绝，宁折不弯。以上围绕责任实现所做的一切，既是个体在自我人生责任实现的前准备阶段必

① 程东峰. 责任论：一种新道德理论与实践的探究[M]. 合肥：合肥工业大学出版社，2016：240.

须完成的，而且贯穿于整个人生责任实践的全过程，这一切，既是个体自我不断完成社会化过程的需要，也是个体自我不断实现成长完善的需要。“人生的过程就是一个不断社会化的过程，也是一个不断自我完善的过程；人生的过程，就是人们不断积聚能量、实现人生责任的过程。”①

二、自由地选择责任和努力地实现责任

自由地选择责任和努力地实现责任是自我责任实现的两个方面要求，互为一体，相互制约，共同诠释着自我责任实现的本质内涵和内在要求。自由地选择责任是努力地实现责任的前提条件，不是个体自由选择的责任，自我就没有必要去努力实现它，这样的责任本来就是不成立的，因而履行也就没有必要；努力地实现责任是自由地选择责任的必然要求，既然责任的选择是出自个体的自由意志，那么，自我就必须努力地去完成它，否则就会酿成责任失误或属于责任逃避，不管是哪种情形造成的结果，都归于责任无为，都是要面临责任惩罚的。

（一）自由地选择责任

责任是自由的。自由是责任生成的必要前提；责任是自由认同的必然结果。自由地选择责任是个体自我责任实现的第一步，也是至关重要的第一步，如果这一步不成立，后面所有的努力都显得毫无意义和必要，自我实现最终也沦为空谈。从个体角度来说，自由地选择责任是在科学的责任价值观教育影响下，经过自我反复认真思考抉择，选择了自我认同、与自身能力相一致、体现自我价值取向与社会价值取向相吻合的社会责任。只有这样选择的责任，个体在履行时才能保持愉快的心情，实现的可能性才有保证。从社会角度而言，自由地选择责任是在充分尊重个体意愿的基础上，通过教育引导，帮助责任主体选择自己乐意的、能够胜任的、符合广大人民根本利益和社会发展需要的责任，并为个体自我责任实现搭建必要的实践平台。只有这种选择的责任，个体在履行时才能全力以赴，社会保障才能全力支持，实现的可能性才会更大。不论从个体选择的角度还是从社会分配的角度，自由地选择责任体现了社会对个体兴趣、能力、人格的

① 程东峰．责任论：一种新道德理论与实践的探究［M］．合肥：合肥工业大学出版社，2016：241—242.

尊重，避免个体在责任认同中产生抵触情绪和不快心理，也违背了责任分配中的人性化原则，这对责任实现是非常不利的。"自由选择责任是现代社会出于对责任主体的人格的尊重，出于对人的自主意识或主体意识的尊重，让主体自觉认同，不作强行分配。"①

(二)努力地实现责任

自由选择了的责任，就必须要忠实地对它负责，努力地实现责任是自由地选择责任的必然要求。个体努力地实现责任，既是对自我自由地选择责任的行为负责，又是自我价值实现的坚实基础。任何逃避责任、搪塞责任而招致的责任失误，都属于责任无为，这种无视责任的自我失信行为必然要为之付出应有的代价，接受责任惩罚。努力地实现责任，贵在"努力"：第一，要坚信自己的责任选择，只有坚信自己的选择，才能持之以恒地去践行它，不畏惧，不动摇；第二，要增强责任实现自信，只有自信，才能充分释放和展示自我才华，把不可能变成可能，把可能变成出色和优秀；第三，要提高责任实现能力，只有不断提高自我责任实现能力，才能有效预防和避免责任失误，即使出现责任意外，也能及时排查缘故并把责任损失控制在最小限度内；第四，要优化责任实现方案，只有对当初的责任实现方案不断进行调整，才能虚心接受他人的责任评价和责任监督，才能把责任实践经验转化为责任实现智慧。

三、在责任实现过程中，个体要不断提高和增强责任能力与责任心

不断提高和增强自我责任能力与责任心是自我实现的内在要求，也是对自我人生责任实现前期阶段准备情况的检验和升华。个体责任实践是不断深入和发展的，所扮演的责任角色和承担的责任使命也越来越重要，前期的教育学习准备只能为责任实现打下一定的普遍基础，不可能应对未来人生所有责任角色扮演和责任使命胜任的需要，更不可能一劳永逸，必须随着个体责任实践的不断深入和发展，努力提高和增强自我责任能力与责任心。人要活到老，就必须学到老，这既是知识更新的需要，更是责任实

① 程东峰.责任论：一种新道德理论与实践的探究[M].合肥：合肥工业大学出版社，2016:242.

现的需要。只有在责任实现中，个体才能深化所学知识，把抽象的知识转化为实际的动手能力；只有在责任实现中，个体才能深切地感触责任实现的意义与价值，从而自觉端正责任态度、增强责任心。“广大青年要坚持面向现代化、面向未来、面向世界，增强知识更新的紧迫感，如饥似渴学习，既扎实打牢基础知识又及时更新知识，既刻苦钻研理论又积极掌握技能，不断提高与时代发展和事业要求相适应的素质和能力。”①

此外，责任能力与责任心既共同塑造着主体人格形象，又是主体人格精神的重要体现，责任能力与责任心互为影响、互为作用、互为促进，使主体人格更加完善，彰显的人格力量更加强大，共同服务于自我责任实现。“从个人角度来说，提高责任能力和增强责任心，二者相辅相成、互相促进。责任心强的人，必然要出色地完成任务，要出色地完成任务就必须懂技术、有知识、有经验，因而责任心促使行为主体不断地学技术，努力提高能力；不断地刻苦钻研技术、学习文化。对技术精益求精，就是高度责任心的表现。反过来，责任能力强、技术水平高的人，办事认真，要求严格，他更要对工作负责任。对工作负责任就是对自己的人格负责，对自己的信誉负责。”②

第三节　自我实现与道德满足

通过对前面章节内容的学习，我们已经知道自我实现既是自我能力和自我理想的实现，也是自我责任的实现，自我能力和自我理想的实现与自我责任的实现不仅相互之间存在内在的影响制约关系，而且彼此在价值目标的终极追求上也是一致的。其实，自我能力、自我理想、自我责任都是构成自我实现的重要内容，自我能力和自我理想说到底也是为自我责任实现服务的，自我责任实现需要能力的支撑和理想的指引。任何责任实现的行为都体现着善的道德价值，因此，自我责任实现的实质就是对自我价值实现的追求，道德满足是自我实现的最高价值表现，体现了行为主体责任实现的目标的善与行为手段的善合二为一，至善至诚，尽善尽美。道德满

① 习近平.习近平谈治国理政[M].北京：外文出版社，2014：51.

② 程东峰.责任论：一种新道德理论与实践的探究[M].合肥：合肥工业大学出版社，2016：243.

足既是自我实现的精神产物，又是自我实现追求的最高价值目标。完美无憾的道德满足有助于自我实现。

一、道德满足的含义及其与自我实现的关系

简单地理解，所谓道德满足是指行为主体在从事某项具体的道德实践活动后，其道德行为表现及其结果得到他人和社会的普遍认可所获得的成就感、荣誉感和自尊心，因此，道德满足也叫道德的精神慰藉。道德满足不是凭空产生的，是道德实践的产物。自我实现，亦即自我责任实现，本身就包含着道德实践的成分，不体现道德善的责任实现是不存在的，也没有实现的必要。个体在自我实现过程中，既兑现着自我责任践行的承诺，又创造着自我价值，同时，还收获着道德满足，道德满足是自我价值实现的最高表现。作为自我实现的精神产物，道德满足是自我实现追求的最高价值目标。至善至美的道德满足有助于自我实现。

二、道德满足对自我实现的影响和作用

（一）道德满足是自我责任实现的动力

从人生价值的实现来说，自我责任实现的过程就是追求人生价值实现的完美境界，至善至美就是这种价值实现的最高理想境界。至善至美体现了自我责任实现的价值目标方向性与价值实现手段向善性的一致性，符合大众世俗的普遍价值期求，对社会发展和大众根本利益的维护与实现具有积极的促进作用，因而其行为表现能得到他人和社会的广泛认可。他人和社会对自我责任实现行为至善至美表现的广泛认可，使个体自我能从中获得满怀充盈的道德满足感，这种出自“善”的道德满足又能转化为个体下一步自我责任实现和人生的自我实现的强大精神动力，克服和排除自我责任实现和人生的自我实现过程中遇到的各种困难和障碍，不断推动着自我责任实现和人生的自我实现从“此善”到“彼善”的飞跃，最终达到“至善至美”。“人们在实现责任和人生的自我实现中，会遇到许多的困难和阻力，而道德满足则是克服这些困难和阻力的动力和智慧。”[①]自我责任实现

① 程东峰.责任论:一种新道德理论与实践的探究[M].合肥:合肥工业大学出版社,2016:245.

和人生的自我实现都有着明确的"为善"的目标指向性，否则，都不能称之为自我责任实现和人生的自我实现，"道德满足是一种'善'的满足，道德满足有明确的行为目标的方向性和目标手段的向善性。那也就是说，能引起道德满足的行为实现满足，不是一般的实现满足，必须是为了'善'实现'善'的满足，或是实现了'至善'的满足"①。综上所述，道德满足是一种特殊的满足，这种满足不同于物质和金钱带来的一般感官上的满足，而是"善"的精神心理满足。出自"善"的道德满足，是推动自我责任实现和人生的自我实现向着更高"道德善"境界攀越的永恒的经久不衰的精神动力。

（二）道德满足是自我人生前进的动力

人生的发展伴随自我责任的实现而不断前进，故而道德满足既是自我责任实现的动力，又是自我人生前进的动力。自我责任的完美实现使个体自我从中获得欣然如愿的"善"的道德满足，这种暂时的"善"的道德满足，很快又会转化成自我人生前进的新的动力，成为谋划更高层次自我责任实现的新的起点，追求人生更高境界的"善"。"每当一个'善'的目标实现了的时候，他的内心就会升起一股道德的满足感，而这种道德满足感又会成为他继续追求'善'的动力，再继续做好早已立定的为善的事业。"②自我正是在道德满足的不断作用下，实现着从当下既成的"善"到下一个新的"善"的积极期待和不懈追求的"无限"良性循环，推动着责任实现不断深入、不断提高、不断完善，也使人生更加丰富充实、更有成就感和获得感。"广大青年要坚定理想信念，志存高远，脚踏实地，勇做时代的弄潮儿，在实现中国梦的生动实践中放飞青春梦想，在为人民利益的不懈奋斗中书写人生华章！"③由此可见，道德满足赋予的人生是尽职尽责、价值实现、成就辉煌的积极追求进步的"尽善尽美"的人生，这样的自我人生注定会受人敬仰爱戴，将来也必能"留名"青史、永驻世间。

（三）道德满足是对自我实现的最高检验

人的自我实现包括能力的实现、理想的实现，当然更包括责任的实

① 程东峰.责任论：一种新道德理论与实践的探究[M].合肥：合肥工业大学出版社，2016：245.
② 程东峰.责任论：一种新道德理论与实践的探究[M].合肥：合肥工业大学出版社，2016：246.
③ 党的十九大报告辅导读本[M].北京：人民出版社，2017：69.

现。能力和理想的实现服务并融于责任实现之中；责任实现包含着能力和理想的实现。因此，自我实现实质就是自我责任实现，责任实现在某种程度上也就是自我实现。由于责任实现本质上体现的是人的价值实现，因此，自我实现归根结底就是自我价值实现。道德满足对自我实现的最高检验其实就是对自我责任实现中的价值实现的最高检验。自我责任的完美实现，对社会发展做出积极贡献，赢得国家和人民的充分肯定与赞许，从而使个体自我获得满心欢喜的道德满足，这是自我价值实现的最高体现，促使自我不断努力，再接再厉，继续前行；自我责任实现的严重失误，会使党的事业和人们的利益蒙受损失，社会舆论的聚焦和人民大众的评议使自己深陷道德自责，激发自己发誓改过自新，奋发图强，重塑自我。“道德满足感促使自己不断努力，继续前进；道德谴责和道德负罪感促使自己改过自新，从头再来，以利于今后的责任实现、道德实现、人生目标的实现。”[①]总而言之，道德满足犹如无形的检验自己行为善恶的道德法官，密切窥视着自我责任实现动机，掌握着自我责任实现行为，力保自我责任实现始终与责任实现既定的价值目标保持一致，不偏离价值轨道，最终确保自我实现的如愿完成，做一个有益于人民、有益于社会、有益于国家的责任自觉与担当有为的“我”。

三、道德满足、自我实现、责任实现是互为联系的因果关系

自我实现与道德满足的密切关系还表现在道德满足、自我实现、责任实现三者之间的有机统一性和互为因果关系上，“责任实现是自我实现的前提和基础；自我实现是责任实现的指导和动力；道德满足既是对责任实现的满足，也是对自我实现的满足，道德满足还是行为主体实现责任和实现自我目标的推动力和检察官”[②]。厘清道德满足、自我实现、责任实现三者之间的关系，有助于我们进一步深化对自我实现与道德满足之间密切关系的认识。

首先，从道德满足与自我实现和责任实现的关系来看，一方面，道德满足是对自我实现和责任实现的满足，自我实现和责任实现是道德满足获

① 程东峰.责任论：一种新道德理论与实践的探究[M].合肥：合肥工业大学出版社，2016：246.

② 程东峰.责任论：一种新道德理论与实践的探究[M].合肥：合肥工业大学出版社，2016：247.

得的事实和价值依据。没有自我实现和责任实现，道德满足只能是空穴来风，所谓道德满足充其量只能是自我幻想与虚构，纯属无稽之谈。另一方面，道德满足又是推动和检验自我实现和责任实现的最有效的动力与最高标准。自我实现和责任实现创造的价值是多维的，道德满足作为自我实现和责任实现的精神产物，是检验和评判自我实现和责任实现的最高价值标准。自我道德满足程度越高，说明自我实现和责任实现对社会的价值贡献就越大，越能得到他人和社会的广泛认同与好评。此外，从他人和社会的广泛认同与好评中获得的自我道德满足，又能转化为自我实现和责任实现的强大精神动力，促使自我向着更高的自我实现和责任实现的“善”的目标迈进。

其次，从自我实现和责任实现的关系来看，两者互为表现、相互作用。从责任实现的角度来理解，责任实现既是自我实现的中心内容，又是自我实现的重要保障和基础。自我实现的内容是多方面的，其中，责任实现是自我实现的真正核心和关键，因为其他方面自我实现的所有内容都是围绕责任实现展开的，并为责任实现服务，没有责任实现，就没有一切自我实现，责任实现越完美，自我实现就越充分。另外，从自我实现的角度来理解，自我实现指导并统领责任实现，责任实现表征着自我实现。由于自我实现的实质就是责任实现，所以，为了自我实现，个体自我会为责任实现制定科学周密的实施方案和行动计划，一切为责任实现服务：责任理想为责任实现确立目标动力；责任能力为责任实现保驾护航；责任情感为责任实现注入活力；责任意志为责任实现扫清障碍；责任价值为责任实现引领导航。

第四节　自我实现与当代中国人的责任

自我实现本质上是自我价值的实现，体现了个体社会价值和自我价值的统一，其中，社会价值的创造是自我实现的前提和基础。因此，自我实现不能仅仅局限于自我价值的实现，更不能为此极端地做出为自我实现而自我实现的人生实践规划，自我实现的目的要体现社会价值指向，要与社会发展价值目标保持一致。纯粹为了自我实现而自我实现，不仅是狭隘自私的，也是渺小可怜的，这样的自我实现最终注定是不可能真正实现的。“自我实现的目的表现为自我实现的社会指向，自我实现的社会指向应与社会发展的方向一致，应是为他人、为社会、为人类做出有益的贡献！”[①]当前，个体自我实现应置身于实现中华民族伟大复兴的“中国梦”和建设中国特色社会主义事业的伟大实践中，只有在这样的人生实践环境中，才能确保自我实现的社会价值指向性，既能为人民幸福事业、国家发展大业和民族振兴伟业贡献智慧和力量，又能使自我得到充分的展示和全面的发展，“展望未来，我国青年一代必将大有可为，也必将大有作为。这是‘长江后浪推前浪’的历史规律，也是‘一代比一代强’的青春责任。广大青年要勇敢肩负起时代赋予的重任，志存高远，脚踏实地，努力在实现中华民族伟大复兴的中国梦的生动实践中放飞青春梦想”[②]。

一、正确处理好个人与集体的关系

个人和集体的关系实质是利益关系，因此，正确处理好个人与集体的关系就是要正确处理好个人与集体的利益关系。正确处理好个人与集体的关系关键在于自我，只有不断提高自我责任意识，遵守集体主义原则，才能正确处理好个人与集体的关系，并通过这种协调一致的互责互利关系实现自我实现。

那么，自我在平日生活和工作中如何做到个人与集体互责互利关系的协调一致呢？

首先，坚持以集体主义为中心，树立整体长远利益至上原则，增强大局和全局意识，自觉维护集体、国家、民族根本利益以实现集体、国家、民族利益最大化，在任何时候、任何情况和场合下，都是自我神圣之责。当自我正当合法利益与集体、国家、民族根本和核心利益发生严重冲突时，个体要主动放弃并甘愿牺牲自我正当合法利益，至少不因自我利益（当然是正当合法的利益，非法的利益不存在一味坚守）的一味坚守而影响和损害集体、国家、民族整体乃至根本利益的实现，“讲奉献，就是具有自

① 程东峰.责任论：一种新道德理论与实践的探究[M].合肥：合肥工业大学出版社，2016：247.

② 习近平.习近平谈治国理政[M].北京：外文出版社，2014：50.

觉的国家意识、民族意识、责任意识，主动担当民族复兴的历史责任，在尽责集体、服务社会、贡献国家中体现自身价值”①。

其次，作为集体一员，在平日工作中，要讲集体规矩，严守集体纪律，尊重集体意志，服从集体安排，力挺集体权威，这是集体对个体履职尽责的道德自觉要求。尤其是个体自我要遵从组织安排，甘愿到祖国和人民最需要的地方、到条件最艰苦的地方去建功立业，服务人民，报效祖国，这既是个体履行道德义务的自觉反映，也是对自我责任情感、责任意志和责任理想的检考。“无数人生成功的事实表明，青年时代，选择吃苦也就选择了收获，选择奉献也就选择了高尚。青年时期多经历一点摔打、挫折、考验，有利于走好一生的路。”②

再次，实现个人与集体互责互利关系的协调一致，个体仅做到自觉忠于集体利益、自觉服从集体安排是不够的，还要有自觉同危害集体利益的各种违法犯罪行为做斗争，忠实履行坚决捍卫集体、国家、民族根本利益的光荣义务和神圣责任，随时随地随情准备同危害他人、危害集体、危害国家和危害人类长远利益的不法行为做斗争。与此同时，个体还要极力履行在集体利益实现和维护中应肩负的监督和保障职责，这也是个体实现全面发展和自我实现的题中应有之义。

当然，实现个人与集体互责互利关系的协调一致是双向的，个人在为维护和实现集体、国家、民族整体与根本利益的同时，社会和国家也应为个人的全面发展和个性自由的充分彰显创造条件，保护个人既有正当合法权益，尊重个人对正当合法权益的应有诉求。切实保护好以生存权、生命权、发展权为基本内容的个人各项正当合法权益，努力创造满足个人全面发展和个性自由充分彰显所需的全部正当合理条件，同样是社会和政府对个人应尽的既有职责。“在社会主义国家，个人利益和集体利益是一致的。从个人方面来讲，要全心全意尽职尽责地服务于集体事业，优先考虑集体利益；从集体方面来讲，要充分尊重个人的个性发展，切实保护个人的正当合法利益，切实保护个人的生存权、生命权、发展权。”③

① 党的十九大报告辅导读本[M].北京：人民出版社，2017：326.

② 习近平.习近平谈治国理政[M].北京：外文出版社，2014：54.

③ 程东峰.责任论：一种新道德理论与实践的探究[M].合肥：合肥工业大学出版社，2016：248.

总之，正确处理好个人与集体的关系，实现个人与集体互责互利关系的协调一致，个人对集体的责任是先决性和前置性的，个体只有忠实地履行好对集体、对国家、对民族的责任，才有资格和条件向社会和国家表达自我实现的正当合理诉求，社会和国家也才有可能尽量满足自我实现的正当合理诉求，并为自我正当合理诉求的实现积极创造条件。

二、国家兴亡，匹夫有责

“国家兴亡，匹夫有责”既不是当今政治标语，也不仅仅是历史政治话语，而是当前每一位热血中华儿女自我实现的最高责任要求，是一份沉甸甸的现实责任使命。今天，每个行为个体只有把“国家兴亡，匹夫有责”牢记于心、付诸于行，才能在实现中华民族伟大复兴的“中国梦”和全面建成小康社会的伟大征程中完成自我实现。那么，自我在日常生活和工作中如何才能做到“国家兴亡，匹夫有责”的责任行为要求呢？

（一）牢记历史，不忘初心，增强“国家兴亡，匹夫有责”的自觉性和责任感

近代中华民族的独立解放史以无可辩驳的历史事实深刻揭示了“国之不存，家之焉附”的惨痛教训。近代中华民族的独立解放运动既是一部自强不息的民族奋斗史，又是一部揭示内忧外患的国民苦难史。无数血淋淋的历史事实不止一次地证明：个人的荣辱与国家的命运永远都是融为一体的，国强则民富，国泰则民安；国弱则民穷，国危则民忧。只有国家好了，百姓日子才好，民族复兴会更好；只有国家强盛了，人民才能幸福，民族才能振兴。“历史告诉我们，每个人的前途命运都与国家和民族的前途命运紧密相连。国家好，民族好，大家才会好。实现中华民族伟大复兴是一项光荣而艰巨的事业，需要一代又一代中国人共同为之努力。”[①]知史使人明智，读史致人爱国。历史是最好的老师，只有熟知近代中华民族的独立解放史，才知今天爱国守家的责任内涵和使命价值，才能把时刻铭记于心的“国耻之恨，国耻之痛”转化为强国之志、报国之情、效国之行，在追逐强国富民的建设愿景中实现自我价值。“时至今日，我们不但要深化‘国家兴亡，匹夫有责’这个共识，而且要赋予‘国家兴亡’以新的内容，

① 习近平．习近平谈治国理政［M］．北京：外文出版社，2014：36．

还要把‘匹夫有责’落实到每一个中华人民共和国公民的具体责任中。切实把自我实现与国家的富强和长治久安有机地结合起来。”①

(二)维护社会秩序,加强民族团结,凝聚“国家兴亡,匹夫有责”的责任共识

今天的中国,为实现国家的繁荣富强、人民的幸福安康、民族的振兴昌盛而努力奋斗,是每一位公民义不容辞的神圣职责,为祖国的兴旺发达汇聚民智、开创和平稳定的发展环境是全民的共识。国家建设、人民幸福、民族振兴离不开和平稳定的国际国内环境,因而,安定团结是当前国内最大的政治,稳定压倒一切。为了国家的建设、人民的幸福、民族的振兴,自觉同各种试图分裂祖国、破坏民族团结、扰乱社会秩序的各种犯罪行径做斗争,是我们的共同责任。无视各种犯罪的发生、容忍各种犯罪的存在,就是我们的集体失责。在国家昌盛、人民幸福、民族复兴的伟大建设事业中完成自我实现,是新时期“国家兴亡,匹夫有责”的内含要求。我们只有深刻领会“国家兴亡,匹夫有责”的既有含义,才能深化对“国家兴亡,匹夫有责”的当今理解,赋予其新的时代内涵和基本要求,才能最终把“国家兴亡,匹夫有责”所蕴含的新时代责任精神和规范要求落实到每一个公民的具体行动中,从而凝聚起“国家兴亡,匹夫有责”的最大共识,汇聚成“国家兴亡,匹夫有责”的磅礴力量。“中国梦是国家梦、民族梦,也是每个中华儿女的梦。只要海内外中华儿女紧密团结起来,有力出力,有智出智,团结一心奋斗,就一定能汇聚起实现梦想的强大力量。”②

三、坚定政治理想信念,立志为中国特色社会主义建设事业奋斗终生

政治理想为自我实现提供强大的精神动力和明确的价值方向,缺乏政治理想的自我实现,将是迷茫的,也将最终失去前进的思想动力。当今全体中国人自我实现所秉持的共同政治理想就是:坚定社会主义信念,坚持走中国特色社会主义道路,立志为中国特色社会主义建设事业奋斗终生。

① 程东峰.责任论:一种新道德理论与实践的探究[M].合肥:合肥工业大学出版社,2016:249.

② 习近平.习近平谈治国理政[M].北京:外文出版社,2014:64.

(一)自我实现为什么要坚定政治理想信念,立志为特色社会主义建设事业奋斗终生

作为政治信仰或政治理想,"坚定社会主义信念,坚持走中国特色社会主义道路,立志为中国特色社会主义建设事业奋斗终生"是每一个公民的政治义务,也是每一个公民自我实现的政治前提和根本保证。作为公民的政治义务,中华民族自古以来就有爱国守家的光荣传统,知识分子素有浓厚的家国情怀,以爱国主义为核心的中华民族精神是中华民族屹立世界巍巍不倒的精神支柱,并在此精神的强大感召下,涌现出了众多令人敬仰的爱国仁人志士。今天的爱国主义就是坚持社会主义的爱国主义,爱国就必须坚定社会主义信念,爱国主义与爱社会主义在内涵本质上是一致的。社会主义大学必须为中国特色社会主义建设事业培养合格的建设者和接班人,坚定社会主义信念是当代大学生应有的政治素养。作为每一个公民自我实现的政治前提和根本保证,今天中国共产党领导开创的建设中国特色社会主义伟大事业正处于继往开来的新时期,也是最接近中华民族伟大复兴的最好时期,在中国共产党的坚强领导下,全面建成小康社会的美好蓝图业已绘制,各项建设事业正如火如荼全面展开,为自我实现提供了广阔的用武之地,只待我大显身手,施展宏志。"共同的根让我们情深意长,共同的魂让我们心心相印,共同的梦让我们同心同德,我们一定能够共同书写中华民族发展的时代新篇章。"①

(二)自我实现如何做到坚定政治理想信念,立志为特色社会主义建设事业奋斗终生

1.必须全面系统学习马列主义、毛泽东思想、中国特色社会主义理论体系,尤其是习近平新时代中国特色社会主义思想这一马克思主义中国化最新理论成果。只有全面系统学习马克思主义,才能提高自我理论修养,才能提高自我政治敏锐性,也才能提高自我政策解读水平,从而指导自我实现。全面系统学习马克思主义,除了广泛阅读、必要时细读精读马列经典外,还要密切跟踪我党召开的重要系列会议,仔细研读党和政府出台的重大方针政策和文件精神,领会并明确党和国家的发展意志与目标,调整

① 习近平.习近平谈治国理政[M].北京:外文出版社,2014:63.

自我实现计划方案和目标追求，使之与党和国家的发展目标保持一致，只有这样的自我实现，也才能最终顺利实现。

2.积极参与中国特色社会主义建设的伟大实践。自我实现不能在空谈中完成，坚信社会主义要付诸实践。积极参与中国特色社会主义建设的伟大实践，既是自我实现最有效唯一正确的途径，又是对坚信社会主义的行动落实。空谈误国，实干兴邦。自我只有积极投身于建设中国特色社会主义的伟大实践中，才能自如挥洒青春，充分施展才华，在特色社会主义建设事业的突出贡献中收获自我价值，“人的一生只有一次青春。现在，青春是用来奋斗的；将来，青春是用来回忆的。青春面临的选择很多，关键是要以正确的世界观、人生观、价值观来指导自己的选择”①。同时，在特色社会主义建设事业伟大实践中，自我还能把书本知识与工作实际、理论与实践有机地结合起来，不断深化对理论的认识，丰富完善自我能力体系。积极参与中国特色社会主义建设的伟大实践，既是坚信社会主义的行动要求，也是自我实现的价值要求，当然也是马克思主义理论与时俱进的发展要求。

3.自觉主动接受历史教育，尤其是中国革命史教育，增强道路自信、理论自信、制度自信、文化自信。一部波澜壮阔的中国共产党领导的革命史，由此上溯到自鸦片战争以来中国社会各阶级孜孜追求民族独立解放的探索史，向我们揭示一个永远颠扑不破的深刻政治道理：只有社会主义才能适应中国，只有中国共产党才能救中国。坚持走社会主义道路，是国情的选择，是历史的选择，是人民的选择。中国共产党领导的新民主主义和社会主义革命，积极顺应历史，充分尊重国情和民意，最终选择走社会主义道路，从此开辟了社会主义建设的新天地，带领人民全面奔小康。了解历史，才会向党致敬；学习历史，才知为何爱国。自觉主动接受历史教育，也是一种自我责任教育，旨在增强道路自信、理论自信、制度自信、文化自信。“一个国家实行什么样的主义，关键要看这个主义能否解决这个国家面临的历史性课题。历史和现实都告诉我们，只有社会主义才能救中国，只有中国特色社会主义才能发展中国，这是历史的结论、人民的选择。我们就是要有这样的道路自信、理论自信、制度自信，真正做到‘千

① 习近平.习近平谈治国理政[M].北京：外文出版社，2014：54.

磨万击还坚劲，任尔东西南北风’。”[①]

四、加强自身建设，积极追求自我实现的至善境界

（一）何为至善

至善，即最高境界的善，自古以来就是中外思想家们潜心研究的道德范畴。《礼记·大学》记载：大学之道，在明明德，在亲民，在止于至善。自古希腊以来，西方伦理学者把至善涵概为幸福、快乐或理性的生活方式。尽管古今中外先哲们赋予至善的思想道德内涵不完全一致，各有自己独到的理解，但人们一直都坚持认为至善是包含所有其他善在内的最完美境界的善，其他善都是为实现和达到至善的最高境界服务的。“至善，就是绝对的、无条件的、至高无上的善。至善是道德行为的最终目的和人生的最高理想，也是用来判断一切善恶的标准；其他的善都是实现和达到至善的过程和工具。”[②]在重视自我实现的当今，我们认为至善是自我实现的最高价值追求，也是人们道德行为所达到的终极目标，人生的理想就在于止于至善，至善是自我实现的大德，是衡量一切善恶的最高标准。

（二）如何才能确保当代中国人的自我实现达到至善的境界

1. 树立全心全意为人民服务的意识和全身心致力于中国特色社会主义建设事业的伟大实践，是至善的基本内容。思想是行动的先导，只有思想立意高，行为才能达到至善的境界。树立全心全意为人民服务的意识和全身心致力于中国特色社会主义建设事业的伟大实践，既是自我实现“舍我其谁”敢于担当的责任表现，又是自我实现“至善”的价值指向。全心全意为人民服务的意识与全身心致力于中国特色社会主义建设事业的伟大实践在目标价值的指向上是根本一致的，体现了自我实现动机和行为的高度契合，个体只有在这样的责任实践中，才能达到效果的至善，最终实现自我实现动机、行为与效果的完美统一。

2. 对技术的精益求精、对工作的兢兢业业，是通往至善的能力保障和情感基础。自我实现的“至善”必须通过用心做或积极行为才能达到。当前国人的自我实现只有在服务祖国、服务社会、服务人民的工作实践中，

---

① 习近平.习近平谈治国理政[M].北京：外文出版社，2014：22.

② 程东峰.责任论：一种新道德理论与实践的探究[M].合肥：合肥工业大学出版社，2016：252.

才能达到至善的境界，因此，必须要为中国的建设大业添砖加瓦、为社会的和谐安宁殚精竭虑、为人民的幸福生活奔走操劳，还必须要有对人民的热忱、对工作的热情以及拥有以精湛的技术为核心的过硬的本领，只有这样，才能在力避责任失误的前提下，高质量出色完成工作任务，为祖国的发展、社会的进步和人民的幸福做出积极贡献，从而收获至善的自我实现。对人民的热忱，问寒问暖；对工作的热情，无私忘我；对技术的求精，炉火纯青，既是至善的表现，也是实现至善的重要手段和必要保障。

3.不断学习、不断加强自我道德修养，是现代社会人们实现至善的必备条件。实现至善需要自我以精湛的技术为核心的能力基础为支撑，而技术能力的习得需要不断的学习才能转化而成。当今信息化社会，知识的传播和更新的速度越来越快，自我只有树立终身全面学习的理念，才能保持知识体系结构紧跟形势，不被淘汰，人们只有时刻以最新的知识武装自我，才有助于至善的实现。自我学习和自我道德修养的加强是互惠互进的，自我学习是能力知识和道德理论的学习，学习的永无止境既有助于不断提个体高道德认知水平和判断水平，还有助于不断增强自我道德修养的自觉性；而自我道德修养加强的需要又是促进自我永无止境学习的动力。自我只有对祖国和人民怀有深厚的道德情感，才能勇敢地同各种危害国家和人民利益的形形色色错误思想观念、违法乱纪行为做斗争，才甘愿把聪明才智献给祖国建设大业和人民幸福事业。自我不断学习和不断加强道德修养是实现至善的标配，责任实现、自我实现直至走向至善，都是在不断学习和不断加强自我道德修养过程中完成的。

思考题

1.如何正确理解自我实现的科学内涵？

2.如何正确理解自我实现与道德满足的关系？

3.联系国情请简要分析当代中国人追求自我实现责任至善目标的基本途径。

课外阅读书目

1. 马克思恩格斯选集：第一卷[M]. 北京：人民出版社，1995.

2. 毛泽东选集：第二、四卷[M]. 北京：人民出版社，1991.

3. 江泽民文选：第二卷[M]. 北京：人民出版社，2006.

4. 习近平. 习近平谈治国理政[M]. 北京：外文出版社，2014.

5.B.П. 图加杜诺夫. 马克思主义中的价值论[M]. 齐友，王霁，安启念，译. 北京：中国人民大学出版社，1989.

6.A.H. 马斯洛. 动机与人格[M]. 许金声，程朝翔，译. 北京：华夏出版社，1987.

7. 中国共产党第十八次全国人民代表大会文件汇编[M]. 北京：人民出版社，2012.

附件一

《大学生社会责任教育》教学大纲

目录

《大学生社会责任教育》（理论部分）教学大纲

一、基本信息

课程名称：大学生社会责任教育

课程类别：公共通识课程

学分/学时：理论学分/学时，2.0/32

适用对象：本科各专业

开课单位/教研室：马克思主义学院/社会责任教研室或其他教研室

二、设置目的与教学目标

1.设置目的：《大学生社会责任教育》作为普通高校新增设的公共通识教育课，是对中共十八届三中全会《决议》关于“增强学生社会责任感、创新精神、实践能力”要求以及安徽省教育厅颁发的《关于深化高校教学改革加强大学生社会责任教育的意见》精神积极贯彻落实的结果。本课程在充分遵循大学生思想和心理成长发展规律的基础上，努力培养他们社会责任感、不断强化他们社会责任意识，旨在提高他们的社会责任践行能力，从而有利于他们树立完整的、系统化的责任观念，为今后的人生、学习和工作奠定有担当、负责任的思想基础。

2.教学目标：作为一门新开设的高校公共通识教育课，《大学生社会责任教育》总体教学目标是：让大学生在系统全面接受责任伦理基本原理教育的基础上，通过开展积极有效的责任实践活动，帮助他们形成一定的社会责任意识，树立科学的社会责任观念，使他们初步具备学会运用正确的责任理论分析人们日常职业行为和社会行为，从而指导人们度过有意义的责任人生。

三、教学内容及要求

表1 《大学生社会责任教育》(理论部分)教学内容与要求

<table>
<tr><th colspan="2">知识单元</th><th colspan="3">知识点</th><th rowspan="2">学时</th><th rowspan="2">备注</th></tr>
<tr><th>序号</th><th>描述</th><th>序号</th><th>描述</th><th>要求</th></tr>
<tr><td rowspan="3">(一)</td><td rowspan="3">责任概述</td><td>1</td><td>责任定义</td><td>理解</td><td rowspan="3">2</td><td rowspan="3">重点：责任概念;现代责任伦理精神</td></tr>
<tr><td>2</td><td>责任与义务</td><td>掌握</td></tr>
<tr><td>3</td><td>责任与角色</td><td>掌握</td></tr>
<tr><td rowspan="4">(二)</td><td rowspan="4">责任认同</td><td>1</td><td>责任认同的含义</td><td>理解</td><td rowspan="4">4</td><td rowspan="4">重点:责任认同概念;责任认同方法</td></tr>
<tr><td>2</td><td>责任认同的范围和内容</td><td>了解</td></tr>
<tr><td>3</td><td>责任认同的方法</td><td>掌握</td></tr>
<tr><td>4</td><td>责任认同的契机</td><td>理解</td></tr>
<tr><td rowspan="4">(三)</td><td rowspan="4">责任教育</td><td>1</td><td>责任教育的目的和意义</td><td>理解</td><td rowspan="4">4</td><td rowspan="4">重点:责任教育的目的和意义;责任教育方法</td></tr>
<tr><td>2</td><td>责任教育的内容</td><td>掌握</td></tr>
<tr><td>3</td><td>责任教育的层次</td><td>了解</td></tr>
<tr><td>4</td><td>责任教育的方法</td><td>掌握</td></tr>
<tr><td rowspan="4">(四)</td><td rowspan="4">责任分配</td><td>1</td><td>责任分配的意义</td><td>理解</td><td rowspan="4">4</td><td rowspan="4">重点:责任分配的意义;责任分配的原则</td></tr>
<tr><td>2</td><td>责任分配的原则</td><td>掌握</td></tr>
<tr><td>3</td><td>责任分配的方法</td><td>了解</td></tr>
<tr><td>4</td><td>正确对待责任分配</td><td>理解</td></tr>
<tr><td rowspan="4">(五)</td><td rowspan="4">责任实现</td><td>1</td><td>责任实现的主观因素</td><td>掌握</td><td rowspan="4">4</td><td rowspan="4">重点:影响责任实现的主客观因素;创造性地实现责任</td></tr>
<tr><td>2</td><td>责任实现的客观因素</td><td>掌握</td></tr>
<tr><td>3</td><td>创造性地实现责任</td><td>理解</td></tr>
<tr><td>4</td><td>树立正确的责任失误观</td><td>理解</td></tr>
<tr><td rowspan="4">(六)</td><td rowspan="4">责任评价</td><td>1</td><td>责任评价的意义</td><td>理解</td><td rowspan="4">4</td><td rowspan="4">重点:责任评价的意义;责任评价的实现和效果</td></tr>
<tr><td>2</td><td>责任评价的实现</td><td>掌握</td></tr>
<tr><td>3</td><td>责任评价的效果</td><td>掌握</td></tr>
<tr><td>4</td><td>正确对待责任评价</td><td>理解</td></tr>
</table>

续 表

知识单元		知识点			学时	备注
序号	描述	序号	描述	要求		
（七）	责任监督	1	责任监督的意义	理解	2	重点：责任监督的意义；自我责任监督和社会责任监督
		2	责任监督的方式	掌握		
（八）	责任赏罚	1	责任赏罚的意义	理解	4	重点：责任赏罚的意义；正确对待责任赏罚
		2	责任赏罚的类型	了解		
		3	责任赏罚与道德内省	理解		
		4	正确对待责任赏罚	掌握		
（九）	当代人的责任与自我实现	1	自我实现的含义	理解	4	重点：自我实现与道德满足；自我实现与当代中国人责任
		2	自我实现的步骤	了解		
		3	自我实现与道德满足	理解		
		4	自我实现与当代中国人责任	掌握		

四、教学基本要求

本课程教学提倡课堂讲授为主与学生自学为辅相结合原则，课堂教学以理论讲授为主要形式，同时运用多媒体现代教学手段，针对大学生和社会中存在的热点焦点责任问题展开研讨，鼓励学生积极参与社会责任教育实践活动，努力做到理论与实践相结合。

学生成绩评定由两部分组成：平时考勤、参与教学活动和课程期末统一考试或考查。考试或考查建议采用开卷形式，考试或考查试卷结构样式因考核需要而定，占60%。平时考勤、参与教学活动情况，占40%。

五、选用教材及主要参考资料

1.选用教材

李邦红，程东峰.大学生社会责任教程[M].芜湖：安徽师范大学出版社，2018.

2.教学主要参考书

[1]程东峰.责任论：一种新道德理论与实践的探究[M].合肥：合肥工业大学出版社，2016.

[2]程东峰.《责任伦理导论》[M].北京：人民出版社，2010.

[3]程东峰.责任与自由——当代中国青少年成长研究[M].北京：人民出

版社,2014.

[4]程东峰.责任论[M].北京:中国林业出版社,1994.

[5]郭金鸿.道德责任论[M].北京:人民出版社,2008.

[6]况志华,叶浩生.责任心理学[M].上海:上海教育出版社,2008.

[7]刘世保.责任教育研究与指导[M].北京:北京工业大学出版社,2011.

[8]谢军.责任论[M].上海:上海人民出版社,2007.

《大学生社会责任教育》(实践部分)教学大纲

一、基本信息

课程名称:大学生社会责任教育

课程类别:公共通识课程

学　　时:8

适用对象:本科各专业(四年制)大一至大四学生

开课单位/教研室:马克思主义学院/社会责任教研室或下设在其他教研室

二、设置目的与教学目标

大学生社会责任教育实践活动是大学生社会责任教育课程教学的重要组成部分,有组织、有计划开展大学生社会责任教育实践活动,是对大学生社会责任教育理论教学的有益补充与必要深化,也是大学生社会责任教育理论教学的必然要求,有利于进一步强化大学生对"责任"内涵的深刻领会以及责任实现重要性的感性认识,从而引导他们不断培养责任情感,努力深化责任认识,积极践行责任担当,最终帮助他们自觉做一名对自我、对家庭、对国家、对社会、对自然拥有责任心、富有责任敬畏感、更有责任担当的有价值人生。

三、教学内容与要求

表2 《大学生社会责任教育》(实践部分)教学内容与要求

序号	实践教学活动项目	对象	对知识与技能点的教学要求	学时	备注
1	珍爱生命,热爱生活,增长智慧,学会生存	大一	一方面要教育引导大一新生迅速适应大学生活环境、学习方法、成才规律和自我管理等方面新的变化要求;另一方面还要有意识教育启迪他们善于独立思考人生、谋划未来发展	2	必做
2	立德树人,立志成才,践行人生理想价值	大二	通过教育实践活动,使他们更加自觉意识到青年时期确立人生远大理想目标的重要性,并把实现个人梦想和追求与国家发展命运、时代发展主题结合起来,让知识注入青春远航动力、本领助威青春搏击力量的人生理想价值践行理念深入内心	2	必做
3	热爱祖国,传承民族优秀文化,坚定政治信念,牢固政治立场	大三	在教育实践活动中努力塑造当代大学生具有国家意识、民族意识、坚定的政治理想和信念意识、勇于担当的责任意识,为特色社会主义建设事业、实现民族复兴伟业培养输送合格可靠的接班人和担当有为的建设者	2	必做
4	爱岗敬业,遵纪守法,善待他人,奉献社会	大四	教育目标旨在通过实践活动强化大学生爱岗敬业、爱屋及乌、遵纪守法等社会责任意识,不断提高他们科学对待和协调自我关系、人际关系、人社关系、工作关系的能力,以满足适应社会、奉献社会的工作和生活的需要,成为一个对自己、对他人、对集体、对事业有无比责任心的合格乃至优秀的社会公民	2	必做

四、教学基本要求

为了真正贯彻党和政府关于重视和加强当代大学生社会责任教育重要性的指示精神，充分落实大学生社会责任教育课程化、体系化要求，根据实际教育教学需要，必须把大学生社会责任教育实践教学环节与理论教学环节一并纳入全校课程教学计划中，并通过课表具体体现出来，这样才能使大学生社会责任教育在教学时间和制度上得到有效保障，也便于执行和监督；在广泛调动全校各方面积极性和主动性的基础上，从而确保教育教学的针对性和实效性，为最终实现增强大学生社会责任情感、强化大学生社会责任意识、提高大学服务社会责任能力的培养目标而服务。

附件二

实践活动方案一

一、实践活动主题

珍爱生命，热爱生活，增长智慧，学会生存。

二、实践活动参与对象

大一学生。

三、实践活动主题确立的依据

成人之年应尽成人之责，个体只有及时完美履行自我成人之责，才能确保人生沿着正确的方向茁壮成长，从而不断完善自我、壮大自我，最终完满实现自我。刚入大学校门的大一新生，正值成人之年，也是真正意义上尽自我人生之责之年，此时尽自我人生之责更显对人生发展之价值意义。大学时期是个体人生发展最重要、最关键阶段，开启了人生价值追求新的起点，这时尽好人生之责，不仅影响大学阶段人生价值意义的收获，更为今后人生发展奠定基调。作为正值成人之年的大一新生，开始了真正意义上全新的自我独立生活之旅，应正视大学生活、正视自我，通过对生命意义的理性思考，自觉树立敬畏生命、珍爱生命的积极人生态度。个体只有从责任内心迸发出对生命的无比敬畏和珍爱，才有对生活表现出无限的热爱和留恋；对生命的钟爱和对生活的钟情，又会促使大学生努力增长生活智慧、学会自我生存，而生存智慧又会进一步驱使他们认真思考如何科学规划大学生涯，激励自己不断提高自我管理、自我学习、自我成才的能力。因此，大一新生早日形成“珍爱生命，热爱生活，增长智慧，学会生存”的科学人生观，既是他们在成人之年对己应尽的成人之责，也是广大高校教育工作者的育人之责。大学不仅要有造诣深厚的学术研究大师，更要有德高望重的人生成长导师，只有这样，才能适应大学生顺利成人成才的发展需要。

四、实践活动指导思想和主要原则

（一）指导思想

加强对大学生的生命健康教育和学习生活教育是高校育人工作的重要内容，教育引导大学生形成积极向上、富有自我责任意识的科学人生态度，既是他们履行自我责任的基本要求和积极表现，又是高校思政育人工作的中心任务。因此，大学生开展以“珍爱生命，热爱生活，增长智慧，学会生存”为主题的社会责任教育实践活动，必须贯彻联合国教科文组织在《学会生存》中提出的面向21世纪“四个学会”教育主题思想，以《中共中央国务院关于进一步加强和改进大学生思想政治教育的意见》《教育部卫生部共青团中央关于进一步加强和改进大学生心理健康教育的意见》《普通高校学生心理健康教育课程教学基本要求》等文件中关于加强和改进大学生心理健康教育要求精神为指导，帮助大学生形成自信乐观的人生态度，这对于提高他们对大学生活过程的充实感、对大学学业完成的幸福感和对大学人生意义的获得感都具有重要意义。

（二）主要原则

1.活动主题统一性与活动形式多样性相结合原则。大学生社会责任教育活动主题的选择与确定不是随心所欲的，体现了大学生社会责任教育体系化和全程化的必然要求。每一学年确定不同主题的责任教育实践活动，既遵循了大学生思想成长规律，又契合了责任教育目标发展指向性要求，只有按统一时间节点和统一主题要求，才能确保教育实践活动高效顺利开展，实现预期教育效果。但由于学校专业众多且各个专业人才培养目标和培养模式有所不同，因此，大学生社会责任教育主题实践活动开展必须与专业人才培养目标和培养模式结合起来，采取灵活多样的活动形式，才能突显教育效果。

2.活动形式集中与分散相结合原则。为了克服学生多、统一活动时间难以保证且经费投入和安全保障相对不足的矛盾，大学生社会责任教育实践活动开展应采取集中与分散相结合原则，是一种行之有效而又尊重实际的必然选择。大学生社会责任教育实践活动集中开展通常由不同学院和专业学生代表组成，在相关组织部门和教师直接统一指导下有计划有目的地进行，便于组织部门和教师及时了解活动开展情况，收效相对较好；而大学生社会责任教育实践活动分散开展则是在大学生明确教育主题和目标的前提下，自由自主开展活动，既可以是单个活动，也可以是集体开展。教学实践活动分散开展的教育效果取决于学生的自觉程度和教师的督查程度。

3. 活动学分认定统一评定与自我评定相结合原则。由于社会责任教育实践活动开展是大学生素质提升和能力拓展的重要内容及其表现，是构成大学生顺利毕业的必备条件，因此，必须以学分的形式予以认定，这样才有统一的参考标准，也才能最终引起学校和师生的高度重视。对于集中统一开展的社会责任教育实践活动，相关组织部门和教师可以根据活动目标要求，依据大学生在活动中的实际表现和完成情况统一评定学分，公平合理；对于分散自主开展的社会责任教育实践活动，原则上由参与学生根据自己在活动中的实际表现及其完成情况，结合对方和他人的评议结论，自我评定学分。为了保证大学生社会责任教育实践活动开展的实效性，组织部门和教师必须对大学生在活动中的实际表现、完成情况以及学分自我认定的合理性与科学性进行回访和复核。

五、实践活动开展预期实现目标

大学阶段是人生发展的关键时期，因为大学是培养人才的摇篮，是传播知识的殿堂，是交锋思想的阵地，故而大学能为人生夯实发展基础，为人生理想的放飞搭建更高平台。因此，在一定意义上人们一旦拥有大学就意味着拥有希望，但只有完全融入大学、适应大学，才有可能真正拥有出彩人生，因而加强对大学生的适应性入学教育就显得尤为必要，是一堂全新的更具针对性的影响深远的人生责任教育课。针对大一新生这样的人生责任教育，不仅体现在教育引导他们迅速适应大学生活环境、学习方法、成才规律和自我管理等方面新的变化要求，而且还表现在有意识教育启迪他们善于独立思考人生、谋划未来发展。他们对人生理解越深刻、越科学，对生命就表现得越敬畏，对生活就表现得越热爱；对生命的敬畏和对生活的热爱又会促使他们倍加珍惜新的学习机会，科学规划大学生涯，不断积累人生智慧，服务大学学习生活。组织大学生积极开展以“珍爱生命，热爱生活，增长智慧，学会生存”为主题的社会责任教育实践活动，就是为实现上述教育目标而服务的。具体来说：

1. 珍爱生命就是强化对大学生的生命责任教育。通过教育使他们充分认识到生命是一种自然现象，表现为生与死的辩证统一，贯穿于人生发展全过程。生命的宝贵在于短暂有限且不可重复性，因此，对待生命责任的正确态度就是要时刻意识到时光有限、人生紧迫；要敬畏生命，时时处处珍惜、保护他人和自我生命，让有限的自我生命在无限的为祖国和人民服务的工作实践中绽放出绚丽价值。

2. 热爱生活是对大学生生命责任教育的升华。通过教育使他们真正感知到生命是具体而不是抽象的，生命在生活中存在、在生活中延续，而不是一种摆设；生活因生命而显得高贵而有意义，生命也因生活而富有价值且绽放激情；人们对生命的珍爱必然会转化为对生活的热爱。人们热爱生活是对生命的敬畏和回报，热爱生活必须以满腔热情投入生活、享受生活、创造生活；人们生活的丰富与充实会赋予生命的激情和活力。

3. 增长智慧就是对大学生强化学习生活能力的责任教育。人生成长、学业进步、事业有成都需要智慧的辅佐，智慧既可以转化为能力，智慧亦可以演变成方法，一言以蔽之，智慧就是个体成人、成才、成事的重要资本。对于刚步入大学校门的大一新生来说，学校教育的职责就是帮助他们督促自己不断增长学习生活的智慧。智慧可以提高他们思考分析问题的能力；智慧可以为他们提供解决问题的科学方法；智慧可以提高他们甄别是非、善恶、美丑的能力。总之，智慧就是为满足他们大学学习生活和自我健康成长发展的需要服务的。

4. 学会生存就是对大学生强化交往合作能力的责任教育。当今社会既崇尚公平竞争，更强调合作共事。信息化、网络化把世间万事万物紧连在一起，彼此不可分割，在这样的社会发展环境中，个体如没有良好的交往合作能力，人生难有收获，事业难有成就，因此，学会生存教育也是一种人生责任教育。大学是社会的缩影，不同于中学，对于大一新生而言，必须教育引导他们乐于与人交往、善于与人合作，最终让他们真正认识到只有建立良好的同学关系和亲密的师生关系，才有助于自我健康成长和学业的顺利完成，而且还能为今后的发展打下良好基础。

大学生“珍爱生命，热爱生活，增长智慧，学会生存”实践活动方案实施具体设计如下：

表3　大学生实践活动方案一

类　别	内　容
一、实践活动主题	珍爱生命，热爱生活，增长智慧，学会生存
二、实践活动参与对象	大一年级学生
三、实践活动主题确立的依据	具体略
四、实践活动指导思想和原则	具体略
五、实践活动预期实现目标	具体略
六、实践活动主要内容	利用“清明”祭扫活动之际，组织大学生祭拜英烈陵墓，参观英烈展馆；借“重阳”敬老之机，组织学生参观老年大学，与他们开展交流对话；借与大四学姐学哥话别之时，举办大一与大四学生专场学习生活经验交流会；聘请部分具有代表性的成功校友回母校给大一学生做专题报告，分享他们的成功秘诀
七、实践活动基本形式	学校部门统一组织和个人自由参与相结合
八、实践活动成果与认定	为了确保教育实践活动成效、便于活动组织部门科学认定实践活动学分，大学生在实践活动结束后应及时提交实践活动成果。组织大学生祭拜英烈陵墓、参观英烈展馆，目的让他们通过对先烈事迹的了解，感知生命的壮烈和宝贵，并提交一份关于生命真谛的感言。组织大学生参观老年大学，与他们开展交流对话，让大学生从他们的言行和表现中感受到什么叫生活自信、何为热爱生活以及生活的丰富和情调又是如何让他们焕发出青春活力，并提交一份大学生涯生活规划书。组织大一与大四学生进行学习生活经验交流互动，让大一学生近距离分享大四学哥学姐生活学业丰收成功的心路历程，帮助他们增长学习生活智慧，并提交一份话别学哥学姐的感言信。聆听成功校友的专题报告，让同学们笃信良好的交往合作能力对人生成长和事业发展的重要意义，并结合报告写一篇关于“学会生存”的小论文。学校相关组织部门对大学生提交的责任教育实践活动成果，必须认真评阅、复审，并在此基础上给予相应的学分认定，最后统一汇总到学校教务部门，造册存档

续 表

类 别	内 容
九、实践活动评析	学校相关活动组织部门除对大学生提交的社会责任教育实践活动成果进行必要的评阅、复审和学分认定外，还要对整个社会责任教育实践活动开展情况进行认真总结评析，既要对活动开展过程与效果进行总结评析，又要对大学生在活动开展过程中的表现与收获进行总结评析。对大学生社会责任教育实践活动开展过程与效果的总结评析，既要客观公正肯定其所取得的积极成效，又要如实科学分析其存在的不足，并提出改进提高的参考建议。对大学生在社会责任教育实践活动开展过程中的表现与收获的总结评析，旨在通过表彰先进与优秀，提高大学生对责任教育社会实践活动开展重要性与意义的认识，激励他们积极参与社会实践活动。强调对大学生社会责任教育实践活动开展结果的总结评析，既是活动开展环节完整性的需要，更是确保活动开展科学性和实效性的需要

实践活动方案二

一、实践活动主题

立德树人，立志成才，践行人生理想价值。

二、实践活动参与对象

大二学生。

三、实践活动主题确立的依据

教育大学生懂得修身治学、建功立业的人生道理，既是对自我生命的责任，也是对父母、对家庭、对社会和对国家的责任。人生的成长发展不能没有科学理想目标的指引，科学理想目标为人生健康成长发展指明正确的努力方向、提供强大的前行动力。人生既有整体性的理想目标规划，但在人生成长发展的各个重要阶段又有具体的理想目标和价值追求，属于整个人生发展的阶段性理想目标，成为整个人生理想目标规划不可或缺的重要组成部分。大学时期是人生成长发展的重要阶段，直接影响人生发展的走向，关系到人生价值的最终实现。青年时代是学习的黄金时期，应该把学业作为首要任务，作为一种人生责任、一种精神追求、一种生活方式，要树立梦想从学习开始、事业靠本领成就的人生价值理念。因此，大学生在大学阶段不仅要有理想和追求，而且还要确立崇高理想和远大目标，这样，既能确保大学阶段生活得充实、学有所成，又能为自我人生价值目标的最终实现奠定坚实的基础。理想要拥有，更重在践行，对理想的践行也是一种责任的履行。个人理想目标和价值追求的实现需要建立在自我良好的综合素质基础之上，没有良好的综合素质为前提，个人美好理想和追求只能是一厢情愿，甚至最终落为空想。德与才是塑造个体综合素质的两个重要维度，德，才之帅也，才，德之资也，德才兼备是构成高素质人才的标配，个体才华只有在道德善心的作用下，才能为人类正义和幸福事业做出贡献，从而成就自我价值。因此，教育引导大学生立德树人、立志成才、践行人生理想价值，既是大学生对自我责任、对他人责任和对社会责任的积极践行，也是高校德育和广大教育工作者的重要使命和神圣职责。

四、实践活动指导思想和主要原则

（一）指导思想

青年兴则国家兴，青年强则国家强。青年一代有理想、有本领、有担当，国家就有前途，民族就有希望。当代大学生开展以“立德树人，立志成才，践行人生理想价值”为主题的责任实践教育活动，必须深入贯彻党的十九大报告中关于立德树人和关心青年成长的指示精神以及全国高校思想政治工作会议精神，以毛泽东、邓小平、江泽民、胡锦涛、习近平等历代党和国家领导人对青年和大学生成长成才的殷殷寄语为激励，特别要以近年来习近平总书记历次在考察高校与广大师生座谈以及其他重要讲话中关于教育工作和青年成长成才重要指示精神为指导，努力探索新时期青年大学生健康成长成才规律，从而为新时代中国特色社会主义建设事业培养合格建设者和可靠接班人。

（二）主要原则

1.活动主题统一性与活动形式多样性相结合原则。大学生社会责任教育活动主题的选择与确定不是随心所欲的，体现了大学生社会责任教育体系化和全程化的必然要求。每一学年确定不同主题的责任教育实践活动，既遵循了大学生思想成长规律，又契合了责任教育目标发展指向性要求，只有按统一时间节点和统一主题要求，才能确保教育实践活动高效顺利开展，实现预期教育效果。但由于学校专业众多且各个专业人才培养目标和培养模式有所不同，因此，大学生社会责任教育主题实践活动开展必须与专业人才培养目标和培养模式结合起来，采取灵活多样的活动形式，才能突显教育效果。

2. 活动形式集中与分散相结合原则。为了克服学生多、统一活动时间难以保证且经费投入和安全保障相对不足的矛盾，大学生社会责任教育实践活动开展应采取集中与分散相结合原则，是一种行之有效而又尊重实际的必然选择。大学生社会责任教育实践活动集中开展通常由不同学院和专业学生代表组成，在相关组织部门和教师直接统一指导下有计划有目的地进行，便于组织部门和教师及时了解活动开展情况，收效相对较好；而大学生社会责任教育实践活动分散开展则是在大学生明确教育主题和目标的前提下，自由自主开展活动，既可以是单个活动，也可以是集体开展。教学实践活动分散开展的教育效果取决于学生的自觉程度和教师的督查程度。

3. 活动学分认定统一评定与自我评定相结合原则。由于社会责任教育实践活动开展是大学生素质提升和能力拓展的重要内容及其表现，是构成大学生顺利毕业的必备条件，因此，必须以学分的形式予以认定，这样才有统一的参考标准，也才能最终引起学校和师生的高度重视。对于集中统一开展的社会责任教育实践活动，相关组织部门和教师可以根据活动目标要求，依据大学生在活动中的实际表现和完成情况统一评定学分，公平合理；对于分散自主开展的社会责任教育实践活动，原则上由参与学生根据自己在活动中的实际表现及其完成情况，结合对方和他人的评议结论，自我评定学分。为了保证大学生社会责任教育实践活动开展的实效性，组织部门和教师必须对大学生在活动中的实际表现、完成情况以及学分自我认定的合理性与科学性进行回访和复核。

五、实践活动预期实现目标

中国梦是历史的、现实的，也是未来的；是我们这一代的，更是青年一代的，中华民族伟大复兴的中国梦将在一代代青年的接力奋斗中变为现实。实现中华民族伟大复兴的中国梦是当前和今后一段时期全体中华儿女的共同理想目标，只有人人为此圆梦并不懈努力、勇于担当，才有伟大理想目标的最终实现。尤其是当代大学生，他们对祖国和人民所怀有的责任情感及其担当精神的强烈程度，直接决定着中华民族伟大复兴中国梦实现的推进速度；他们追求理想目标的高度及其坚定程度，直接影响着中国特色社会主义建设事业的发展进度。当前在大学生中开展以"立德树人，立志成才，践行人生理想价值"为主题的社会责任实践教育活动，就是要启迪他们自觉意识到青年时期确立人生远大理想目标的重要性，并把实现个人梦想和追求与国家发展命运、时代发展主题结合起来，让知识注入青春远航动力、本领助威青春搏击力量的人生理想价值践行理念深入内心。具体来说：

1. 立德树人就是强化对大学生的做人教育，帮助大学生树立立德为先、德业至上的科学成人成才观，使他们充分认识到德行对成就自我、成就他人、成就事业的奠基性作用。以德业为基，才能使大学生成为既高尚而又有情调的人；以德业为基，才能使大学生对他人富有善心；以德业为基，才能使大学生对事业拥有责任心。总之，只有努力塑造大学生高尚的道德人格，才能使他们在人生实践中极力行责任的至善与尽美。

2. 立志成才就是强化对大学生的成才教育，通过对当前国内外发展形势和科技革命日新月异变化的感受，增强他们成才意识的紧迫感，形成全新的成才观，以满足自我价值实现和适应社会发展的需要。努力成才、成社会所需有用之才，是个体履行对自我、对他人和对社会责任的积极有效途径。只有成才，才能助人生理想的放飞、自我价值的实现；只有成才，才能润泽苍生、造福社会。总之，大学生只有立志成才，才能无悔于人生、无愧于社会。

3. 践行人生理想价值就是要让大学生明白个体对自我、对他人和对社会责任的履行不仅要确立科学的人生价值理想，更在于努力践行人生价值理想，通过正确的渠道和方法，化理想为现实，从而实现人生理想价值。践行人生理想价值要遵循科学规律，立德树人和立志成才是践行人生理想价值的基本条件和重要手段；在实践中充分尊重自然和人类社会发展规律、走与人民群众相结合的道路、自觉把个人理想融于国家民族共同理想之中，是践行人生理想价值的基本路径和重要保障。

大学生“立德树人，立志成才，践行人生理想价值”实践活动方案实施具体设计如下：

表4　大学生实践活动方案二

类　别	内　容
一、实践活动主题	立德树人，立志成才，践行人生理想价值
二、实践活动参与对象	大二年级学生
三、实践活动主题确立的依据	具体略
四、实践活动指导思想和原则	具体略
五、实践活动预期实现目标	具体略
六、实践活动主要内容	布置大学生详细全面搜集整理从毛泽东、邓小平、江泽民、胡锦涛到习近平等五位领袖人物分别对青年成长的殷切寄语，并在此基础上以“修身与立业”为主题组织开展演讲比赛活动；组织大学生认真观看(有条件可以组织现场观摩)各种层次的大学生“互联网+”双创竞赛活动以及各种类别的大学生创新技能大赛活动盛况；开展“中国梦，青春梦，个人梦”为活动主题的励志青春签名活动
七、实践活动基本形式	学校部门统一组织和个人自由参与相结合
八、实践活动成果与认定	为了确保教育实践活动的成效、便于活动组织部门科学认定实践活动学分，大学生在实践活动结束后应及时提交实践活动成果。开展以“修身与立业”为主题的演讲比赛活动，既能让大学生懂得修身与立业的关系，又能增强立德树人的责任感和使命感，并提交完整的演讲稿。组织观看或观摩大学生创新创业技能赛况，旨在强化他们立志成才以实现自我、报答社会的紧迫感和责任感，并提交一份观后感。开展励志青春签名活动，意在使大学生明白个人理想价值的实现，既需要励志于青春，更需要把个人梦想融于国家民族共同梦想之中，并提交一份活动感言。学校相关组织部门对大学生提交的实践活动成果，必须认真评阅、复审，并在此基础上给予相应的学分认定，最后统一汇总到学校教务部门，造册存档

续 表

类 别	内 容
九、实践活动评析	学校相关活动组织部门除对大学生提交的社会责任教育实践活动成果进行必要的评阅、复审和学分认定外，还要对整个社会责任教育实践活动开展情况进行认真总结评析，既要对活动开展过程与效果进行总结评析，又要对大学生在活动开展过程中的表现与收获进行总结评析。对大学生社会责任教育实践活动开展过程与效果的总结评析，既要客观公正肯定其所取得的积极成效，又要如实科学分析其存在的不足，并提出改进提高的参考建议。对大学生在社会责任教育实践活动开展过程中的表现与收获的总结评析，旨在通过表彰先进与优秀，提高大学生对责任教育社会实践活动开展重要性与意义的认识，激励他们积极参与社会实践活动。强调对大学生社会责任教育实践活动开展结果的总结评析，既是活动开展环节完整性的需要，更是确保活动开展科学性和实效性的需要

实践活动方案三

一、实践活动主题

热爱祖国，传承民族优秀文化，坚定政治信念，牢固政治立场。

二、实践活动参与对象

大三学生。

三、实践活动主题确立的依据

大学之道，在明明德，在新民，在止于至善。培养当代大学生具有深厚真切的家国情怀和引以为傲的民族自豪感，热爱祖国、爱戴同胞、坚决拥护党的领导、坚定中国特色社会主义的必胜信念，是当今中国大学之道。努力培养大学生具有“热爱祖国，传承民族优秀文化，坚定政治信念，牢固政治立场”的高尚精神境界是由社会主义大学的办学性质所决定的，也是社会主义大学人才培养目标的根本所在以及社会主义大学教育所承担的对国家和人民的庄重责任承诺。培养大学生的“四个自信”、对祖国的挚爱和对人民的深情，就是当前中国社会主义大学所肩负的神圣政治使命和崇高道德责任，天经地义，绝不动摇。从大学生所处的成长发展阶段来看，培养大学生具有“热爱祖国，传承民族优秀文化，坚定政治信念，牢固政治立场”的崇高思想情感，也是他们之前接受理想信念教育的价值指向所在，理想信念只有为实现民族昌盛、祖国富强和人民幸福的责任目标服务奋斗，才能发挥强大的动力和指引作用。再从大学生自我成长成才目标来看，大学生只有对祖国和人民怀有深厚的家国情怀，坚定“四个自信”，才能不忘初心，牢记使命，勤奋好学，立志成才，才能甘愿在实现中华民族伟大复兴“中国梦”的工作实践中奉献智慧、贡献青春，以实际行动诠释报效祖国、奉献社会有价值有担当责任人生的深刻内涵。

四、实践活动指导思想和主要原则

（一）指导思想

以党的十九大报告中关于“加强思想道德建设”和“强化新形势下意识形态工作领导权”讲话精神为指导，积极引导大学生形成正确的历史观、民族观、国家观和文化观，牢固树立建设中国特色社会主义的共同理想和走中国特色社会主义发展道路的坚定信念绝不动摇，深入学习领会《爱国主义教育实施纲要》《社会主义荣辱观》《公民道德建设实施纲要》中关于爱国主义教育的基本要求，努力塑造思想纯洁、立场坚定、怀有深厚家国情怀和民族自豪感的新时代大学生爱国主义精神风采。

（二）主要原则

1.活动主题统一性与活动形式多样性相结合原则。大学生社会责任教育活动主题的选择与确定不是随心所欲的，体现了大学生社会责任教育体系化和全程化的必然要求。每一学年确定不同主题的责任教育实践活动，既遵循了大学生思想成长规律，又契合了责任教育目标发展指向性要求，只有按统一时间节点和统一主题要求，才能确保教育实践活动高效顺利开展，实现预期教育效果。但由于学校专业众多且各个专业人才培养目标和培养模式有所不同，因此，大学生社会责任教育主题实践活动开展必须与专业人才培养目标和培养模式结合起来，采取灵活多样的活动形式，才能突显教育效果。

2.活动形式集中与分散相结合原则。为了克服学生多、统一活动时间难以保证且经费投入和安全保障相对不足的矛盾，大学生社会责任教育实践活动开展应采取集中与分散相结合原则，是一种行之有效而又尊重实际的必然选择。大学生社会责任教育实践活动集中开展通常由不同学院和专业学生代表组成，在相关组织部门和教师直接统一指导下有计划有目的地进行，便于组织部门和教师及时了解活动开展情况，收效相对较好；而大学生社会责任教育实践活动分散开展则是在大学生明确教育主题和目标的前提下，自由自主开展活动，既可以是单个活动，也可以是集体开展。教学实践活动分散开展的教育效果取决于学生的自觉程度和教师的督查程度。

3.活动学分认定统一评定与自我评定相结合原则。由于社会责任教育实践活动开展是大学生素质提升和能力拓展的重要内容及其表现，是构成大学生顺利毕业的必备条件，因此，必须以学分的形式予以认定，这样才有统一的参考标准，也才能最终引起学校和师生的高度重视。对于集中统一开展的社会责任教育实践活动，相关组织部门和教师可以根据活动目标要求，依据大学生在活动中的实际表现和完成情况统一评定学分，公平合理；对于分散自主开展的社会责任教育实践活动，原则上由参与学生根据自己在活动中的实际表现及其完成情况，结合对方和他人的评议结论，自我评定学分。为了保证大学生社会责任教育实践活动开展的实效性，组织部门和教师必须对大学生在活动中的实际表现、完成情况以及学分自我认定的合理性与科学性进行回访和复核。

五、实践活动预期实现目标

培养什么样的人、如何培养人是新时代建设什么样的中国特色社会主义、如何建设中国特色社会主义对人才标准的基本政治和道德界定，也是社会主义核心价值观建设打造所突出和强调的根本问题，直接关系到特色社会主义建设事业后继接班人的政治立场和道德境界问题，责任重大，影响深远，从而赋予了新时期我国高等教育在人才培养目标上所肩负的神圣使命。努力塑造当代大学生具有国家意识、民族意识、坚定的政治理想和信念意识、勇于担当的责任意识，是民族复兴大任对新时代人才培养标准的基本要求。具体来说：

1.热爱祖国就是要通过实践活动进一步培养大学生对祖国怀有最深厚、最炽热的情感，深化对祖国全面而理性的认识，将来不管在任何时候、在任何情况下，对祖国的挚爱始终保持忠贞不渝。热爱祖国的大好河山、热爱祖国悠久灿烂的历史文化、热爱祖国大家庭每一位民族同胞以及拥护中国共产党的领导、坚持社会主义道路、促进祖国统一和反对民族分裂也是对当代大学生爱国思想情感和行为的基本要求。

2.传承民族优秀文化就是要全面继承和弘扬中华民族优秀传统文化、革命优良道德传统、改革开放时代精神。大学生是传承民族优秀文化的重要载体和依靠力量，对他们而言，希望通过实践活动不断增进对民族传统文化的自信，凭借逐渐了解、认知、熟读、精读传统经典，慢慢培养对传统文化的喜爱，并随着时代发展和新时代特色社会主义文化建设的需要，推陈出新，不断赋予民族优秀传统文化新的时代内涵和价值意义，使古老悠久的民族传统文化焕发出新的时代气息，走向世界，迈向未来。

3.坚定政治信念就是希望通过实践活动，帮助大学生更进一步全面深刻了解和认识中国共产党领导的新民主主义革命所取得的伟大胜利以及在探索社会主义建设、推进改革开放和努力开辟特色社会主义建设事业新局面等方面所取得的卓绝成就，以此不断增强他们对中国的道路自信、制度自信、理论自信，从而使他们更加坚信中国特色社会主义建设事业终将必胜、人类共产主义伟大事业终将必胜。

4.牢固政治立场就是希望通过实践活动，帮助大学生在更加全面了解中国共产党领导全国人民进行的波澜壮阔的伟大的新民主主义革命斗争和努力探索建设中国特色社会主义的伟大实践基础上，深化他们对中国共产党立党宗旨和肩负历史使命的认识，从而增强他们对中国共产党衷心拥护和由衷爱戴的自觉性，使自己在政治立场和思想认识上始终与党保持高度一致，在行动中不断强化政治意识、核心意识、大局意识和看齐意识。

大学生“热爱祖国，传承民族优秀文化，坚定政治信念，牢固政治立场”实践活动方案实施具体设计如下：

表5　大学生实践活动方案三

类　别	内　容
一、实践活动主题	热爱祖国，传承民族优秀文化 坚定政治信念，牢固政治立场
二、实践活动参与对象	大三年级学生
三、实践活动主题确立的依据	具体略
四、实践活动指导思想和原则	具体略

续 表

类 别	内 容
五、实践活动预期实现目标	具体略
六、实践活动主要内容	组织学生开展多种形式纪念“五·四”运动和“一二·九”运动活动；利用春游踏青之际，在大学生中积极开展爱我祖国江山、赞我家乡美景的摄影征文活动；结合全国读书月活动，在大学生中广泛开展阅读经典、传承经典的读书竞赛活动；充分利用媒体和网络等渠道组织学生认真观看“复兴之路”和“砥砺奋进五年”大型图片展
七、实践活动基本形式	学校部门统一组织和个人自由参与相结合
八、实践活动成果与认定	为了确保教育实践活动的成效、便于活动组织部门科学认定实践活动学分，大学生在实践活动结束后应及时提交实践活动成果。为了更好体现对“五.四”运动和“一二.九”运动爱国精神的弘扬和传承，要求大学生在参加纪念活动后，必须写一篇纪念活动心得。对于开展的摄影征文活动，必须是大学生自己制作的作品，图文并茂，既可以是摄影集，也可以是文学作品，意在培养强化大学生的家国情怀。对于开展的阅读经典、传承经典的读书竞赛活动，要求大学生在接触一定传统经典的基础上，向组织方推荐一部自己最喜爱的传统经典读本，并提交一份简要的读后感。在组织大学生观看“复兴之路”和“砥砺奋进五年”大型图片展后，要求他们写一篇观后评论，旨在提高大学生对党的执政地位和执政能力的认同感，增强政治自信。学校相关组织部门对大学生提交的实践活动成果，必须认真评阅、复审，并在此基础上给予相应的学分认定，最后统一汇总到学校教务部门，造册存档

续 表

类　别	内　容
九、实践活动评析	学校相关活动组织部门除对大学生提交的社会责任教育实践活动成果进行必要的评阅、复审和学分认定外，还要对整个社会责任教育实践活动开展情况进行认真总结评析，既要对活动开展过程与效果进行总结评析，又要对大学生在活动开展过程中的表现与收获进行总结评析。对大学生社会责任教育实践活动开展过程与效果的总结评析，既要客观公正肯定其所取得的积极成效，又要如实科学分析其存在的不足，并提出改进提高的参考建议。对大学生在社会责任教育实践活动开展过程中的表现与收获的总结评析，旨在通过表彰先进与优秀，提高大学生对责任教育社会实践活动开展重要性与意义的认识，激励他们积极参与社会实践活动。强调对大学生社会责任教育实践活动开展结果的总结评析，既是活动开展环节完整性的需要，更是确保活动开展科学性和实效性的需要

实践活动方案四

一、实践活动主题

爱岗敬业，遵纪守法，善待他人，奉献社会。

二、实践活动参与对象

大四学生。

三、实践活动主题确立的依据

大学生是国家重要的人才后备力量，是建设中国特色社会主义的生力军，是党和国家事业的接班人，是践行中华民族伟大复兴“中国梦”的接力者。青年兴则国兴，青年强则国强，青年有责任担当，民族复兴就有希望。大四学年是大多数青年大学生将告别校园走上社会完成由学生身份向社会青年身份转变的衔接阶段，也是承接由学校学生生活模式向社会市民生活模式转变的过渡时期。因此，大四阶段在之前教育培养的基础上，重在塑造大学生对民族和国家、对社会、对家庭、对他人、对自己的责任意识，培养大学生对事业和正义勇于担当的责任情怀。大学生在大四学年进行相应必要的角色转变训练以及角色转变训练完成程度，直接关系到他们毕业后能否适应社会生活和工作的需要。开展以“爱岗敬业，遵纪守法，善待他人，奉献社会”为主题的责任实践教育活动，既是对四年来大学生责任能力和责任品质形成发展状况的较为系统全面的检验，也为他们责任能力和责任品质进一步完善提高提供有效的锻炼途径和发展平台。爱岗敬业是职业劳动对大学生责任品质的要求；遵纪守法和奉献社会是社会正义对大学生责任人格的期待；善待他人是和谐人际关系对大学生责任“至善”境界的呼唤。

四、实践活动指导思想和主要原则

（一）指导思想

以中外传统伦理思想中有关责任思想的科学理论、马克思主义责任思想特别是习近平总书记新时代责任思想为指导，以当前社会主义核心价值观为引领，全面贯彻和遵循党的十八届三中全会《决议》《中华人民共和国教育法》、中共中央、国务院印发的《关于加强和改进新形势下高校思想政治工作的意见》以及国家颁布的《国家中长期教育改革和发展规划纲要（2010—2020）》中关于大学生责任教育的基本精神和要求，旨在强化大学生社会责任意识，培育大学生社会责任情怀。

（二）主要原则

1.活动主题统一性与活动形式多样性相结合原则。大学生社会责任教育活动主题的选择与确定不是随心所欲的，体现了大学生社会责任教育体系化和全程化的必然要求。每一学年确定不同主题的责任教育实践活动，既遵循了大学生思想成长规律，又契合了责任教育目标发展指向性要求，只有按统一时间节点和统一主题要求，才能确保教育实践活动高效顺利开展，实现预期教育效果。但由于学校专业众多且各个专业人才培养目标和培养模式有所不同，因此，大学生社会责任教育主题实践活动开展必须与专业人才培养目标和培养模式结合起来，采取灵活多样的活动形式，才能突显教育效果。

2.活动形式集中与分散相结合原则。为了克服学生多、统一活动时间难以保证且经费投入和安全保障相对不足的矛盾，大学生社会责任教育实践活动开展应采取集中与分散相结合原则，是一种行之有效而又尊重实际的必然选择。大学生社会责任教育实践活动集中开展通常由不同学院和专业学生代表组成，在相关组织部门和教师直接统一指导下有计划有目的地进行，便于组织部门和教师及时了解活动开展情况，收效相对较好；而大学生社会责任教育实践活动分散开展则是在大学生明确教育主题和目标的前提下，自由自主开展活动，既可以是单个活动，也可以是集体开展。教学实践活动分散开展的教育效果取决于学生的自觉程度和教师的督查程度。

3. 活动学分认定统一评定与自我评定相结合原则。由于社会责任教育实践活动开展是大学生素质提升和能力拓展的重要内容及其表现，是构成大学生顺利毕业的必备条件，因此，必须以学分的形式予以认定，这样才有统一的参考标准，也才能最终引起学校和师生的高度重视。对于集中统一开展的社会责任教育实践活动，相关组织部门和教师可以根据活动目标要求，依据大学生在活动中的实际表现和完成情况统一评定学分，公平合理；对于分散自主开展的社会责任教育实践活动，原则上由参与学生根据自己在活动中的实际表现及其完成情况，结合对方和他人的评议结论，自我评定学分。为了保证大学生社会责任教育实践活动开展的实效性，组织部门和教师必须对大学生在活动中的实际表现、完成情况以及学分自我认定的合理性与科学性进行回访和复核。

五、实践活动预期实现目标

大学毕业走出校门即意味着走向社会，必须接受社会和工作对自己的考察和挑选，只有被考评合格，才能适应社会发展、胜任工作职责的需要。大学生只有立足了社会，拥有了工作，才有可能实现自我价值。服务社会、胜任工作、实现自我价值必须建立在个体一定的社会化水平和社会实践能力的基础之上。开展以“爱岗敬业，遵纪守法，善待他人，奉献社会”为主题的社会责任实践教育活动，旨在强化大学生爱岗敬业、爱屋及乌、遵纪守法等社会责任意识，不断提高大学生科学对待和协调自我关系、人际关系、人社关系、工作关系的能力，以满足适应社会、奉献社会的工作和生活的需要，在报答祖国和服务社会的工作实践中实现自我人生价值，成为一个对自己、对他人、对集体、对事业有无比责任心的合格乃至优秀的社会公民。具体来说：

1. 爱岗敬业就是建立在大学生对自己所选择职业认同与喜爱的基础上，培养他们对工作的职业情感和岗位责任感，并能为胜任岗位的需要和出色完成工作任务不断强化敬业精神、提高履职能力、夯实专业技能。

2. 遵纪守法就是建立在对大学生实施普法教育的前提下，树立法律权威，培养他们对法纪的敬畏感，维护法律尊严，在具体工作和生活实践中能自始至终自觉做到懂规矩、守制度，不断强化纪律意识和法治思维，依规行事，按章办事，主持公道，匡扶正义。

3. 善待他人就是希望通过道德责任教育把大学生培养成拥有一颗永恒仁爱之心的道德责任主体，使他们在生活工作中对亲人、对好友、对同事以及对他人具有普遍关爱之心，表现为“成人之美”的助人为乐精神，甘为人梯，善解人意，主动替他人分忧解愁，急人之所急，想人之所想，从而营造良好的和谐人际关系。

4. 奉献社会就是希望通过加强对大学生职业责任感和社会责任感教育，培养他们全心全意为人民服务的公仆情怀，履职尽责应有“鞠躬尽瘁，死而后已”的牺牲精神，以民族、国家、人民利益为重，甘愿把全部智慧青春甚至生命都无怨无悔献给选择最能为人民谋幸福、实现中华民族伟大复兴“中国梦”的正义事业。

大学生“爱岗敬业，遵纪守法，善待他人，奉献社会”实践活动方案实施具体设计如下：

表6　大学生实践活动方案四

类　别	内　容
一、实践活动主题	爱岗敬业，遵纪守法，善待他人，奉献社会
二、实践活动参与对象	大四年级学生
三、实践活动主题确立的依据	具体略
四、实践活动指导思想和原则	具体略
五、实践活动预期实现目标	具体略

续 表

类 别	内 容
六、实践活动主要内容	利用大四学生的岗前毕业实习环节，加深他们对岗位责任认识，培养他们职业责任感；结合部分考驾学生的交通岗亭执勤见习经历，强化他们严肃法纪、正视规范的责任意识；发动大学生参与社会慈善机构或学校相关部门组织的助残、助贫、助学活动，培养爱心；鼓励大学生积极投身建设美丽中国的自觉行动、甘愿无偿献血、主动申请义务赴西部贫困山区和边远乡村支教，奉献社会
七、实践活动基本形式	学校部门统一组织和个人自由参与相结合
八、实践活动成果与认定	为了确保教育实践活动的成效、便于活动组织部门科学认定实践活动学分，大学生在实践活动结束后应及时提交实践活动成果。对于参加岗前实习和义务支教的学生必须撰写详细的实习报告或支教感言，全面总结实习和支教过程中的收获与体验，并附有接收单位鉴定的评议意见。对于参与交通岗亭执勤见习的学生，必须撰写详细的见习心得，表达自己参与此项活动后的心理感受和思想认识，并附有交警部门鉴定的评议意见。对于大学生善待他人、奉献社会的义举，应以社会、单位、个人向其颁发的证书、奖状、锦旗或寄发的感谢信为活动成果的认定形式。学校相关组织部门对大学生提交的实践活动成果，必须认真评阅、复审，并在此基础上给予相应的学分认定，最后统一汇总到学校教务部门，造册存档
九、实践活动评析	学校相关活动组织部门除对大学生提交的社会责任教育实践活动成果进行必要的评阅、复审和学分认定外，还要对整个社会责任教育实践活动开展情况进行认真总结评析，既要对活动开展过程与效果进行总结评析，又要对大学生在活动开展过程中的表现与收获进行总结评析。对大学生社会责任教育实践活动开展过程与效果的总结评析，既要客观公正肯定其所取得的积极成效，又要如实科学分析其存在的不足，并提出改进提高的参考建议。对大学生在社会责任教育实践活动开展过程中的表现与收获的总结评析，旨在通过表彰先进与优秀，提高大学生对责任教育社会实践活动开展重要性与意义的认识，激励他们积极参与社会实践活动。强调对大学生社会责任教育实践活动开展结果的总结评析，既是活动开展环节完整性的需要，更是确保活动开展科学性和实效性的需要

后 记

中国共产党第十九次全国代表大会胜利召开，宣示中国特色社会主义已经进入新时代。当今中国，互联网，大数据，人工智能，已经渗透进人们生活的方方面面，它不仅改变了人类的生产方式、生活方式，也改变了人们的思维方式和伦理道德观念。因而以血缘和地缘关系为纽带的传统伦理，已经不能完全适应今天的社会生活；顺势而生的以业缘和情缘关系为纽带的责任伦理，作为中国特色社会主义道德的一个分支应运而生。《中华人民共和国教育法》和《中华人民共和国高等教育法》，已经把对各级各类学校学生进行责任教育写进了“总则”。因而，对大学生进行责任教育，应是各级各类学校的应然之责，也是每一个担负教育责任的教师的分内之责。

我是20个世纪九十年代初开始从伦理学的视角研究责任的。1990年10月我的第一篇关于责任的论文《论责任教育》在上海《社会科学》发表，1991年我作为罗国杰教授的国内访问学者到中国人民大学哲学系进修伦理学，写作《责任论：关于当代中国责任理论与实践的思考》(以下简称《责任论》)，1994年10《责任论》一书由中国林业出版社出版，著名伦理学家罗国杰为之作序；直到2010年8月，我主持的2006年度国家社会科学基金项目《责任伦理研究》的最终成果《责任伦理导论》由人民出版社出版，总算把中国责任伦理梳理出了一个粗浅的轮廓来。在河北工业大学马克思主义学院副院长魏进平研究员等人的努力下，在北京青年政治学院刘世保教授等人的全力支持下，2013年9月下旬，第一届“全国大学生责任教育论坛”在河北工业大学召开，成立了高校大学生责任教育联盟，“全国大学生责任研究中心”也同时在河北工业大学马克思主义学院挂牌。从此责任教育和责任研究进入了一个新阶段。

因为我是中国最早从伦理学视角研究责任的高校教师之一，所以也荣幸地受邀参与其中，拙作《责任伦理导论》也作为会议用书，发给与会同志人手一册。2016年8月，我在1994年出版的《责任论》的基础上，经过一年多的修订、补充、润色，更名为《责任论：一种新道德理论与实践的探究》由合肥工业大学出版社出版。这本书也作为当年会议用书，分发与会同志。

抛砖引出美玉，鹿鸣邀来佳朋。《责任论：一种新道德理论与实践的探究》出版后，我的同事、皖西学院马克思主义学院的李邦红副教授提出要将拙作的学术体系改写成教学体系，变成可在课堂上使用的教程，并邀我参加。虽然罗国杰教授在《责任论》的《序》中写道，“作者在高校从事宣传工作多年，熟悉党的方针政策，能够以马列主义毛泽东思想为指导，坚持集体主义原则，说理深入浅出，论述观点正确，可以作为培训干部和对大学生进行思想品德教育的教材使用”，但此书出版毕竟过去许多年了，且我已退休，由年轻人担纲重写、提高，更有教育的针对性，岂不是好事？于是我欣然应允，并提出一些编写建议，由邦红同志具体操作此事。邦红同志雷厉风行，马上付诸实施，先是申请立项，接着进入紧张的改写和创作之中。

经过一年的艰辛努力，《大学生社会责任教程》（以下简称《教程》）终于杀青付梓了，我感到由衷的高兴。《教程》是根据安徽省教育厅关于开展大学生责任教育的意见和全国大学生责任教育高校联盟历届年会精神编写的。

《教程》编写的目的是将我的《责任论：一种新道德理论与实践的探究》一书，由学术体系的专著变成教学体系的教材。在皖西学院教务处的大力支持下，由邦红同志执笔担纲编写。编写的基本想法是：以《责任论：一种新道德理论与实践的探究》的结构和内容为基本架构，依教学需要，适当增减章节，并在每章前加导言、教学目标和教学建议，每章后加思考题等。邦红同志执笔编写基本完稿后，我看了部分章节，提出意见，作为邦红同志修改定稿时参考。宋代大儒张载曰：“学不能推究事理，只是心粗。”写学术理论著作，推究事理应该深入、精细、透彻，粗疏和松散是学者要努力克服的毛病。拙著尚显粗疏，因而在《教程》中也显露了一些痕迹。今后，我当为克服研究中的粗疏和肤浅而做不懈努力。

邦红同志在借鉴拙著的基本框架、基本思想和基本内容的基础上，付出了辛勤的劳动和卓越的智慧。《教程》既有对拙著的借鉴、改写，也有根据他本人的理解和演绎，对拙作有所延伸、拓展和补充，当然也少不了对其他论著的吸纳和借鉴。学术观点本应各抒己见，不要定于一尊。所以，邦红同志的拓展和演绎部分，有些并非拙著的意见和观点，我尊重邦红同志的意见，不予更改。因而，本《教程》的成书，主要是邦红同志的辛勤劳作，我的付出是有限的；之所以要署上我的名字，只能说明此书与我之前的拙著有某种渊源而已。正如邦红同志在《自序》中所说："《大学生社会责任教程》是把《责任论：一种新道德理论与实践的探究》从学术专著体系转化为教材教学体系的一部新作。"

现代新儒学泰斗熊十力先生说过一句非常深刻的话："为学不易，做人实难。"对于一个以知识为志业的知识分子来说，做人与为学是一致的，人品就是文品，文品就是人品。学问是其根基，语言是其光华，文章显其风骨，思想彰显灵魂，正所谓"文如其人"是也。负责任，是一种科学的态度，对自己负责、对他人负责、对社会负责、对国家负责、对人类负责，更要对学生负责。将责任扛在肩上，将道义记在心中，方可坐得稳、行得正，德行天下，无愧于前世今生。虽不能至，心向往之。这是我们编写《教程》的初衷，我和邦红同志也愿以此语与读者诸君共勉。

有兴趣的读者，也可把《责任论：一种新道德理论与实践的探究》找来看看，以便与《教程》互参互鉴。

程东峰

2018年8月11日于皖西学院